La ventaja de ser Introvertido

Si este libro le ha interesado y desea que lo mantengamos
informado de nuestras publicaciones, puede escribirnos a
sirio@editorialsirio.com,
o bien suscribirse a nuestro boletín de novedades en:
www.editorialsirio.com

Título original: THE INTROVERT ADVANTAGE: HOW TO THRIVE IN AN EXTROVERT WORLD
Traducido del inglés por Pedro Ruiz de Luna González
Diseño de portada: Editorial Sirio, S.A.
Diseño y maquetación de interior: Toñi F. Castellón

©   de la edición original
    2002, Marti Olsen Laney

    Publicado con autorización de Workman Publishing Company, Nueva York.

©   de las ilustraciones
    2002, Harry Bates

©   de la presente edición
    EDITORIAL SIRIO, S.A.
    C/ Rosa de los Vientos, 64
    Pol. Ind. El Viso
    29006-Málaga
    España

www.editorialsirio.com
sirio@editorialsirio.com

I.S.B.N.: 978-84-17030-66-7
Depósito Legal: MA-67-2018

Impreso en Imagraf Impresores, S. A.
c/ Nabucco, 14 D - Pol. Alameda
29006 - Málaga

Impreso en España

Puedes seguirnos en Facebook, Twitter, YouTube e Instagram.

Dra. Marti Olsen Laney

La ventaja de ser Introvertido

Usa tu poder para triunfar
en un mundo extrovertido

EDITORIAL
SIRIO

Índice

Dedicatoria

A Michael, mi esposo durante más de treinta y ocho años, que me arrastró a la extraversión y amplió mi universo. Te dedico este libro por enseñarme a seguir respirando a través del largo proceso de su nacimiento. Y se te concede la más alta Medalla de Honor a la Gestión por haber dedicado tantas horas a leer página tras página sobre los introvertidos (más de lo que cualquier mortal extravertido debería tener que hacer jamás). Por último, si bien no menos importante, unas gracias finales por prepararme alimentos nutritivos mientras yo me quedaba sentada consultando y tecleando en mi ordenador.

A mis hijas y sus familias, a las que quiero muchísimo y que han enriquecido mi vida de incontables maneras: Tynna, Brian, Alicia y Christopher DeMellier, Kristen, Gary, Kaitlin y Emily Parks.

Dedico también este libro a todos mis pacientes que valientemente me han permitido introducirme en sus vidas.

Preludio

El principal objetivo de la felicidad es
que un hombre esté dispuesto a ser lo que es.

ERASMUS

Al crecer me sentía desconcertada conmigo misma muchas veces. Me invadían unas contradicciones que me confundían. Yo era una niña rara: lo hice tan mal en el primer y segundo cursos que mis profesores querían que los repitiese, pero en tercero me fue genial. A veces estaba muy animada, hablaba mucho y hacía comentarios agudos y pertinentes. De hecho, si se trataba de un tema del que yo supiera algo, podía hablar con alguien hasta dejarlo extenuado. Otras veces quería expresarme, pero se me quedaba la mente en blanco; o pensaba en algo para decirlo en la clase, levantaba la mano —entusiasmada, porque la participación en el aula suponía el 25% de la nota— pero cuando me cedían la palabra mi comentario se esfumaba, mi pantalla interior se oscurecía. Lo que quería era meterme a gatas bajo mi pupitre. Y luego había veces en las que mis comentarios resultaban dubitativos y confusos, lo que me hacía parecer mucho menos enterada de lo que estaba. Desarrollé toda clase de técnicas para evitar la mirada de la profesora cuando oteaba la clase para que alguien respondiera una pregunta. No podía confiar en mí misma, no sabía nunca cómo iba a reaccionar.

Me confundía aún más que, cuando me expresaba en voz alta, la gente me dijera a menudo lo bien que hablaba y lo concisa que era. Otras veces, mis compañeros de clase me trataban como si estuviera discapacitada intelectualmente. Yo no creía ser estúpida, pero tampoco es que me creyese muy aguda.

Me desconcertaba la forma que tenía mi cerebro de trabajar. No podía entender por qué no se me ocurrían muchísimos comentarios a toro pasado. Cuando por fin daba mi opinión sobre algo, mis profesores y mis amigos me preguntaban, en tono de enfado, por qué no había hablado antes. Parecía que creían que retenía mis pensamientos y mis sentimientos a propósito. Averigüé que mis pensamientos eran como las maletas extraviadas en los viajes aéreos, que llegaban algún tiempo después.

Cuando crecí empecé a creer que era una persona que pasaba totalmente desapercibida. Me sentía invisible. Hubo muchas veces en las que decía algo y nadie replicaba. Después, otra persona decía *lo mismo* y se lo reconocían. Creía que pasaba algo en mi manera de hablar. En otras ocasiones, cuando la gente me oía hablar o leer algo que había escrito, me miraba con expresión de asombro. Ocurrió tantas veces que esa «mirada», que parecía decir «¿que *tú* has escrito eso?», se convirtió en algo a lo que me acostumbré. Esa reacción me inspiraba sentimientos encontrados porque me gustaba que me reconocieran, pero la atención me agobiaba.

Estar en sociedad era una experiencia confusa también. Yo disfrutaba con la gente, y parecía gustarles a los demás, pero frecuentemente me sentía intimidada a la hora de salir de casa. Daba vueltas y vueltas para decidirme a acudir a una fiesta o a algún acontecimiento público. Llegué a la conclusión de que era una cobardica social. A veces me sentía incómoda y fuera de lugar; otras me sentía bien. Sin embargo, incluso cuando estaba pasándomelo maravillosamente tenía un ojo puesto en la puerta y fantaseaba con meterme en la cama acurrucada entre las mantas.

Otra fuente de dolor y frustración era mi baja energía; me fatigaba fácilmente. Parecía como si no tuviese el mismo vigor que mis amigos y mi familia. Cuando estaba cansada, caminaba despacio, comía despacio y hablaba despacio, con muchísimas interrupciones angustiosas en mi conversación. Por el contrario, si me encontraba descansada, podía parlotear tan rápido saltando de un pensamiento a otro que la gente con la que estaba debía de sentirse mareada. De hecho, algunas personas creían que tenía mucha energía. Créeme, no la tenía (y sigo sin tenerla).

A pesar de ello, incluso con mi ritmo lento perseveré hasta que acabé por lograr la mayor parte de lo que quería en la vida. Me costó años descubrir que todas mis desconcertantes contradicciones tenían sentido en realidad: simplemente era una persona introvertida. ¡Qué alivio me reportó este descubrimiento!

Obertura

La democracia no puede sobrevivir
sin la guía de una minoría creativa.

HARLAN F. STONE

¿Recuerdas cuando de niños nos comparábamos los ombligos? En aquel entonces se consideraba mejor ser un *innie* que un *outie*.* Nadie quería tener un ombligo que sobresaliese, así que yo estaba contenta con el mío.

Después, cuando en mi mente *innie* llegó a significar «introvertido» y *outie* se convirtió en «extravertido», era todo lo contrario: extravertido era «bueno», introvertido era «malo». Puesto que, por mucho que lo intentase, yo no tenía aquellas cualidades extravertidas, creí que me ocurría algo. No lograba comprender muchas cosas de mí misma. ¿Por qué me sentía agobiada en ambientes que a otra gente le entusiasmaban? ¿Por qué huía de las actividades en el exterior como si me faltase el aire? ¿Por qué me sentía como un pez fuera del agua?

---

* En la cultura anglosajona, sobre todo en Estados Unidos, la comparación entre ombligos hacia dentro (*innies*, de *in* «dentro»)y ombligos hacia fuera (*outies*, de *out* «fuera») es una especie de juego popular entre los niños pequeños. En concordancia con el tono desenfadado del texto, la autora utiliza a menudo estos términos, de difícil traducción, para referirse a los introvertidos y los extrovertidos.

¿POR QUÉ SON LOS *OUTIES* EL IDEAL CULTURAL?

Nuestra cultura valora y premia las cualidades de los extravertidos. Los Estados Unidos se edificaron sobre un robusto individualismo y basándose en la importancia de que la ciudadanía se expresaba directamente. Valoramos la acción, la velocidad, la competitividad y el impulso.

No es extraño que la gente se ponga a la defensiva ante la introversión. Vivimos en una cultura que tiene una actitud negativa ante la reflexión y la soledad. «Salir ahí fuera» y «simplemente hacer» son los ideales. En su libro *The Pursuit of Happiness* [la búsqueda de la felicidad], el psicólogo social David Myers afirmaba que la felicidad consiste en poseer tres rasgos: autoestima, optimismo y extraversión. Myers basaba sus conclusiones en estudios que «demuestran» que los extravertidos son «más felices». En estos estudios se pedía que los participantes estuviesen de acuerdo o en desacuerdo con frases como «me gusta estar con los demás» y «la gente se lo pasa bien conmigo». Los introvertidos no describen la felicidad de la misma manera, de modo que se los percibe como infelices. Para ellos, las declaraciones del tipo «me conozco a mí mismo», «estoy muy cómodo conmigo mismo» o «soy libre de seguir mi propio camino» son los puntos de referencia de una sensación de satisfacción personal; pero a ellos no se les preguntan sus reacciones ante esas frases. Debe de ser que esos estudios los desarrolló un extravertido.

Cuando se da por descontado que la extraversión es el resultado natural de un desarrollo saludable, a la introversión no le queda otra opción que convertirse en el «temible otro». De alguna manera, los introvertidos han fracasado a la hora de conseguir socializar adecuadamente y están condenados a una infelicidad aislada.

Otto Kroeger y Janet Thuesen son asesores psicológicos que utilizan el indicador de tipos de personalidad Myers-Briggs (hablaremos sobre esto más adelante). En su libro *Type Talk: The 16 Personality Types That Determine How We Live, Love and Work* [Hablemos sobre tipos: los 16 tipos de personalidad que determinan cómo vivimos, amamos y trabajamos] analizan el aprieto en el que se encuentran los introvertidos:

A los introvertidos los superan en número en una proporción aproximada de tres a uno. Como resultado de ello, deben desarrollar en la vida habilidades extraordinarias de superación, porque sufrirán una exorbitante presión para que «entren en vereda», para que actúen como todos los demás. El introvertido siente la presión a diario, casi desde el mismo momento de despertar, para responder al mundo exterior y amoldarse a él.

Creo que es necesario que el terreno de juego de la vida se iguale un poco. Los extravertidos se llevan la mayor parte de los comentarios positivos. Es hora de que los introvertidos nos demos cuenta de lo singulares y especiales que somos. Estamos listos para que se dé un cambio cultural hacia las bondades de la introversión. Es correcto que dejemos de intentar encajar y «entrar en vereda». Tenemos que valorar nuestra propia forma de ser tal cual es. Este libro intenta ayudarnos a hacerlo. En él aprenderás tres habilidades básicas: cómo establecer si eres una persona introvertida (a lo mejor te sorprendes), cómo conocer y valorar las ventajas de ser introvertido y cómo alimentar tu valiosa naturaleza con numerosos consejos y herramientas útiles.

NO ME PASA NADA, SOLO QUE SOY INTROVERTIDO

> Es una sorpresa encantadora descubrir al final
> lo poco solitario que puede ser estar solo.
>
> ELLEN BURSTYN

A los treinta y tantos cambié de profesión: de bibliotecaria en la sección infantil de una biblioteca a psicoterapeuta (como habrás notado, son dos ocupaciones propias de los introvertidos para las que se necesita tener habilidades sociales). Aunque en muchos aspectos disfrutaba de ser bibliotecaria, yo quería trabajar en un nivel más personal con la gente. El hecho de facilitar el crecimiento y desarrollo individual para ayudar a los demás a vivir vidas más satisfactorias me parecía un propósito vital muy gratificante. En la escuela de posgrado aprendí por segunda vez que el fenómeno de la introversión es solo un temperamento o estilo diferente. Como parte del trabajo del curso me sometí a unos cuantos test de personalidad y en varios de ellos aparecí como introvertida, lo que me sorprendió. Cuando los catedráticos hablaban de los resultados, explicaban que la introversión y la extraversión están en los extremos opuestos de un continuo de energía. Dependiendo de en qué punto nos situemos en ese continuo se puede pronosticar de dónde provendrá nuestra energía vital. La gente que se sitúa en el extremo más introvertido del continuo se concentra hacia dentro para conseguir energía; la gente que se ubica en el extremo más extrovertido del continuo se enfoca hacia fuera para lo mismo. Esa diferencia de enfoque fundamental podemos verla en prácticamente todo lo que hacemos. Los catedráticos hacían hincapié en los aspectos positivos de cada temperamento y dejaban claro que los dos estaban bien, que simplemente eran diferentes.

La idea de las distintas necesidades con respecto a la energía me gustó. Empecé a comprender mi necesidad de estar sola para recargar mis pilas. No me sentía tan culpable por querer tiempo aparte de mis hijos. Al final caí en la cuenta de que no me ocurría nada, que solo era introvertida.

Conforme me fui informando de las fortalezas y debilidades de los introvertidos, me fui sintiendo menos avergonzada. Cuando supe que la proporción de extravertidos con respecto a los introvertidos es de tres a uno, me di cuenta de que vivía en un mundo estructurado para todos esos *outies*. No tenía nada de raro que me sintiera como un pez fuera del agua, ¡si vivía en un mar de extravertidos!

Empecé también a tener mejor percepción de por qué odiaba las largas reuniones de personal a las que se me obligaba a acudir todos los miércoles por la tarde, en el centro de asesoramiento en el que trabajaba de estudiante en prácticas. Comprendí por qué hablaba tan pocas veces en la supervisión de grupo y por qué se bloqueaba mi mente tan frecuentemente cuando estaba en una habitación en la que hubiera más de unas pocas personas.

Ser introvertido en un mundo orientado hacia los extravertidos afecta a todos los aspectos de la vida de una persona. El psicoanalista

Carl Jung desarrolló sus teorías sobre la introversión y la extraversión y pensó que nos sentimos atraídos hacia nuestros opuestos para fortalecer y completar lo que nos falta a cada uno. Él creyó que la introversión y la extraversión eran como dos sustancias químicas: cada una de ellas puede verse transformada por la otra cuando se mezclan. Vio también que esto es una manera natural, innata en nosotros, de valorar las cualidades complementarias entre unos y otros. Este concepto no se aplica a todo el mundo, pero ciertamente ha demostrado ser cierto en mi matrimonio durante casi cuarenta años.

Al principio, Mike, mi esposo, no comprendía mi introversión, y yo no podía entender su extraversión. Recuerdo cuando fuimos los dos a Las Vegas justo después de casarnos. Yo iba tambaleándome al pasar por el casino, con el cerebro entumecido. Los colores bailaban por todas partes y las luces me estallaban en los ojos. El repiqueteo de las monedas de las jugadas ganadoras que caían rodando en receptores metálicos me retumbaba en la cabeza. Le pregunté a Mike una y otra vez «¿está muy lejos el ascensor?» (En Las Vegas utilizan el truco de hacerte caminar a través de un laberinto de máquinas brillantes, lleno de una neblina de humo de tabaco, para llegar al ascensor y al silencioso oasis de la habitación).

Mi marido, el extravertido, estaba listo para meterse de lleno en la diversión. Tenía las mejillas sonrosadas y le brillaban los ojos: todo ese ruido y aquella acción le excitaban. No comprendía por qué me quería ir a la habitación. Yo estaba verde aguacate y me sentía como la trucha que vi una vez sobre un lecho de hielo picado en un mercado de pescado. Al menos la trucha podía descansar.

Después, cuando me desperté de la siesta, me vi rodeada por doscientos dólares de plata que Mike había ganado. Evidentemente, los extravertidos tienen muchos encantos. Y para nosotros, los del tipo introvertido, son un buen equilibrio: ellos nos ayudan a ir de un lado para otro, y nosotros los ayudamos a frenar un poco.

POR QUÉ HE ESCRITO ESTE LIBRO

Da un paso adelante hacia la luz de los seres,
deja que la naturaleza sea tu maestra.

WILLIAM WORDSWORTH

Julia, una paciente introvertida, y yo estábamos una tarde trabajando en común sobre cómo podía afrontar un próximo taller de formación.

—Le tengo miedo —me dijo.

Desarrollamos varias estrategias que le ayudasen a pasarlo y, cuando estaba a punto de marcharse, bajó un poco la cabeza y me miró a los ojos con intención.

—Ya sabes que sigo detestando tener que codearme con la gente —dijo como si creyese que yo esperaba que fuese una persona sociable.

—Lo sé —le confesé—. Yo también sigo odiándolo.

Exhalamos un suspiro de complicidad juntas.

Al cerrar la puerta de mi despacho, pensé en mi propia lucha con la introversión. Recordé las caras de todos los pacientes introvertidos con los que he trabajado durante todos estos años. Pensé que el lugar donde caiga una persona en el continuo introvertido/extravertido afecta a todos los aspectos de su vida. He oído a muchos echarse la culpa por cualidades que tienen y que no les gustan. Yo pensaba: «Ay, me gustaría que se dieran cuenta de que no les pasa nada, que simplemente son introvertidos».

Recuerdo la primera vez que me atreví a decirle a una paciente:

—Creo que eres introvertida.

Se le pusieron los ojos como platos por la sorpresa.

—¿Y por qué crees eso? —me preguntó.

Entonces le expliqué que la introversión es un conjunto de rasgos con el que nacemos. No tiene nada que ver con que a uno no le guste la gente, ni siquiera con ser tímido. Ella pareció muy aliviada.

—¿Quieres decir que existe un motivo por el que soy así? —me dijo.

¡Es asombrosa la cantidad de gente que es introvertida y ni siquiera lo sabe!

Al hablar de mis ideas con otros terapeutas, me sorprendió descubrir que muchos de ellos no comprendían en realidad la teoría original de la introversión. La veían desde el punto de vista de la patología, no del temperamento. Cuando presenté mi disertación para conseguir mi título psicoanalítico sobre la materia, la increíble respuesta que recibí me conmovió hasta llorar y me entusiasmaron los comentarios que recibí de muchos de mis colegas.

—Ahora miro a mis pacientes desde el punto de vista del continuo introvertido/extravertido —me dijo uno de ellos— y me ha ayudado mucho a comprender a los que son más introvertidos, en lugar de tratarlos como si padeciesen una patología. Me he dado cuenta de que los había mirado a través de una lente extravertida.

Sé bien lo poderoso que es no sentir ya la vergüenza de ser introvertido. Es un gran alivio dejar de intentar ser quien uno no es. Una vez que encontré la conexión, me di cuenta de que tenía que escribir un libro útil para que la gente comprendiera la introversión.

CÓMO ESCRIBÍ ESTE LIBRO

*Se ve a menudo que la gente silenciosa
tiene percepciones profundas.
En los arroyos y los ríos las aguas superficiales corren aprisa;
las aguas profundas parecen más calmadas.*

JAMES ROGERS

A muchos introvertidos les parece como si no supieran bastante de un tema hasta que lo saben casi todo de él, y por eso he encarado así este trabajo. Esto sucede por tres razones. La primera es que los introvertidos pueden imaginarse la amplitud de cualquier tema. La segunda es que conocen por propia experiencia los bloqueos de su cerebro, de modo que intentan evitar ese espantoso momento en el que se queda la mente en blanco preparándose en exceso y acumulando tanta información como puedan. La tercera es que, puesto que frecuentemente no hablan de lo que piensan, no reciben comentario alguno que les ayude a confirmar lo acertado de sus conclusiones.

A pesar de que ya había trabajado muchos años con los introvertidos y había estudiado la introversión en profundidad, quería saber qué nuevas investigaciones estaban disponibles sobre la fisiología y la genética de los cerebros de los introvertidos. Como antigua bibliotecaria, mi primer paso fue mirar en la biblioteca biomédica de la Universidad de California en Los Ángeles. Cuando escribí en el buscador de temas la palabra *introversión*, me sorprendió encontrar que aparecían más de dos mil referencias de revistas de los campos de la personalidad, el temperamento, la neurofisiología y la genética. La mayoría de las investigaciones se habían llevado a cabo en países europeos, donde se acepta más la introversión como una forma de temperamento innato. Hablaré en el capítulo 3 de algunos de los descubrimientos de las investigaciones que explican la introversión desde el punto de vista de la genética y de la dotación fisiológica.

Mi segundo paso fue mirar en Internet. Encontré varios cientos de páginas web sobre la introversión. Muchas de esas páginas estaban ligadas al indicador de tipos de personalidad Myers-Briggs, una valoración ampliamente utilizada basada en los cuatro aspectos del temperamento. El primero y más válido estadísticamente de todos ellos es el continuo introversión/extraversión. Fue desarrollado por Isabel Myers y Katharine C. Briggs, y se basa en las teorías originales de Jung. El punto fuerte de este inventario es que no habla de patología en ningún caso; simplemente las clasifica según las preferencias innatas. La introversión también está incluida en varias páginas web sobre los superdotados, puesto que existe una correlación entre la introversión y la inteligencia (por cierto, en caso de que te interese, hay un grupo de *rock* llamado *Introversión*; se puede encontrar su calendario de actuaciones en Internet).

La biblioteca y la investigación por Internet resultaron muy útiles y reveladoras, pero lo que más aprendí acerca de la introversión vino de mis propias experiencias y las de mis pacientes, además de la gente que entrevisté para este libro. Hice más de cincuenta entrevistas con personas de diferentes ámbitos, como escritores, ministros eclesiásticos, terapeutas, historiadores, docentes, artistas, estudiantes universitarios, investigadores y profesionales informáticos (se han cambiado los nombres y ciertos detalles de identificación). Varios de los entrevistados habían hecho el test Myers-Briggs, de modo que ya sabían que eran *innies*.

Aunque se los escogió sin tener presente ningún criterio profesional específico, una cantidad sorprendente de ellos estaba en lo que la doctora Elaine Aron llama puestos de «asesoría o consejo»: gente que trabaja independientemente, que lucha con las decisiones, que ha tenido que aprender a ponerse en el lugar de los demás y a comunicarse con la gente. Estas personas son creativas, imaginativas, inteligentes y consideradas. Son observadoras. Es frecuente que su trabajo tenga impacto sobre mucha gente, y tienen el valor y la perspectiva de decir lo que nadie quiere oír. En su libro *El don de la sensibilidad*, la doctora Aron expone que la otra clase, la clase de los guerreros, es la que actúa en el mundo. Necesitan el consejo de los asesores, y los asesores necesitan que los guerreros emprendan la acción y hagan que las cosas sucedan. Muchos teóricos tienen la impresión de que por eso solamente un 25% de la población consiste en gente introvertida, ya que se precisan menos introvertidos.

En muchas entrevistas oí a los *innies* criticarse a sí mismos por sus cualidades introvertidas, sobre todo cuando ni siquiera sabían que fuesen introvertidos. Estaban confusos porque se sentían ignorados e invisibles. Como sé que a los introvertidos les gusta tener tiempo para pensar en sus experiencias, hice llamadas de seguimiento varias semanas después de cada entrevista para ver si habían tenido algún pensamiento que quisieran añadir.

Me sorprendió —y me animó— ver que tras nuestra conversación muchos de ellos se sentían mucho mejor por ser *quienes* eran: «Simplemente con haber aprendido que mi cerebro es diferente y que vivo en un mar de extravertidos, me siento más en calma conmigo mismo», dijeron muchos de ellos. Tener la prueba, en forma de investigaciones científicas, de que es normal ser diferente fue una fuerza poderosa que redujo la culpa, la vergüenza y las demás opiniones negativas que la gente había desarrollado sobre sí misma. Estas experiencias alimentaron mi motivación para publicar esta obra.

Escribo este libro fundamentalmente para los introvertidos. Quiero que comprendan que hay razones válidas tras su a veces desconcertante temperamento. También quiero que sepan que no están solos.

Sin embargo, existen dos razones válidas para que los extravertidos también lo lean. La primera es que pueden conseguir un conocimiento mayor sobre aquellos enigmáticos introvertidos que haya en sus vidas. La segunda es que los extravertidos, sobre todo al entrar en la mediana edad, tienen que equilibrar las limitaciones físicas del envejecimiento desarrollando sus capacidades introspectivas. Este libro les puede abrir la puerta, no solo a una nueva forma de percibir a los introvertidos, sino también al desarrollo de sus propias cualidades introspectivas.

LÉELO A TU MANERA

> Nada proporciona más encanto a un mueble
> que unos cuantos libros.
>
> SYDNEY SMITH

Como los introvertidos sienten muchas veces hay algo en ellos que no funciona, intentan averiguar la «manera correcta» de hacer las cosas. Aunque vivimos en un mundo extravertido, la «manera correcta» no siempre es adecuada para los *innies*. Así que lee este libro de principio a fin, o sumérgete en él donde te guste. Aprender a descomponer en fragmentos manejables la información nueva es una forma de no sentirse sobreestimulado. Con eso me refiero a la sensación física y mental de que algo *es demasiado*, de estar agitados como un automóvil cuyo punto de ralentí está regulado demasiado alto, lo que le deja a uno incapaz de asimilar ningún estímulo más.

He dividido el texto en pequeños apartados. Se puede leer capítulo a capítulo o abrirlo al azar. A título personal, me gusta empezar los libros por el final. Ese hábito les choca mucho a algunos amigos míos. Utiliza el libro de la manera que sientas que te va mejor. Siéntelo como un colega dispuesto a ayudarte.

Si la información que hay en un capítulo dado te parece relevante, estupendo; si algo parece ser menos pertinente, también está bien. Estas páginas son una herramienta para que te comprendas a ti mismo y a cualquier introvertido que conozcas. Te proponen un juego que consiste en crear un nuevo espacio en el que cosas inesperadas pueden suceder.

Una vez que comprendas tu propia introversión (o la introversión de alguien cercano a ti), verás qué alivio. Te dirás: «Entonces, ¡eso era todo!». Tú no eres extraño, ni inútil, ni estás solo; hay otros peces introvertidos en el mar.

Este libro te ayudará a aprender a recargarte. Puedes crear un plan para abordar la vida diaria; probablemente no será de la misma manera que lo hacen los extravertidos, pero será la forma en que les funciona a los introvertidos. Celebra la ventaja que tienes al ser introvertido.

Puntos que considerar

- ▶ El 75% de la población mundial es extravertida.
- ▶ Ser introvertido afecta a todas las áreas de tu vida.
- ▶ A ti no te pasa nada.
- ▶ Los introvertidos se sienten agotados y sobreestimulados.
- ▶ Ser introvertido es algo que hay que celebrar.

El pez fuera del agua

Soy lo que soy.

POPEYE

CAPÍTULO

¿Qué es un *innie*?
¿Lo eres tú?

La excepción que confirma la regla...

PROVERBIO

L a introversión es en su raíz un tipo de temperamento. No es lo mismo que la timidez, ni que tener una personalidad retraída, ni una patología. Y tampoco es algo que puedas cambiar; pero puedes aprender a trabajar *con* ella y no *contra* ella.

La característica más fuerte que distingue a los introvertidos es su fuente de energía: obtienen su energía de su *mundo interior* de ideas, emociones e impresiones. Son conservadores de energía. Pueden verse fácilmente sobreestimulados por el mundo exterior y experimentar la incómoda sensación de «demasiado». Esto puede sentirse como nerviosismo o letargo; en cualquier caso, tienen que limitar sus experiencias sociales de manera que estas no los dejen exhaustos. Sin embargo, los introvertidos deben equilibrar su tiempo a solas con el tiempo en sociedad, o se arriesgan a perder otras perspectivas y contactos. Las personas introvertidas que equilibran su energía son perseverantes y tienen la capacidad de pensar de manera independiente, de concentrarse profundamente y de trabajar con creatividad.

¿Cuáles son las características más evidentes de los extravertidos? A ellos les da energía el *mundo exterior*: actividades, gentes, lugares,

29

objetos y experiencias. Son derrochadores de energía. Los largos períodos de pasar el rato, de contemplación interna o de estar solos o únicamente con una persona los estimulan muy poco. Sin embargo, tienen que equilibrar su tiempo de *hacer* con intervalos de simplemente *ser*, o pueden perderse en un torbellino de ansiosa actividad. Los extravertidos ofrecen mucho a nuestra sociedad: se expresan con facilidad, se concentran en los resultados y disfrutan con las multitudes y la acción.

Los introvertidos son como las baterías recargables. Tienen que dejar de gastar energía y descansar para recargarse. Eso es lo que un ambiente menos estimulante les proporciona. Recobran energía; es su espacio natural.

Los extravertidos son como los paneles solares. Para ellos, estar solos, o *dentro*, es como vivir bajo una pesada cubierta de nubes. Los paneles solares necesitan el sol para recargarse; del mismo modo, los extravertidos necesitan estar de un lado para otro para llenar el tanque de gasolina. Igual que la introversión, la extraversión es un temperamento innato; no se puede cambiar. Uno puede aprender a trabajar *con* ello, no *contra* ello.

DIFERENCIAS PRINCIPALES ENTRE LOS *INNIES* Y LOS *OUTIES*

Valora tu singularidad.

CAPITÁN CANGURO

La fuente de energía es la diferencia más notoria entre introvertidos y extravertidos, pero hay otras dos diferencias principales entre ellos: su respuesta a la estimulación y su estrategia para el conocimiento y la experiencia. Los extravertidos se crecen ante una gran diversidad de estímulos, mientras que a los introvertidos eso puede parecerles demasiado. De la misma forma, por lo general los *outies* arrojan una red amplia cuando se trata de acumular conocimientos y experiencias, mientras que a los *innies* les gusta un enfoque más reducido y profundo.

Recarga del depósito

Hablemos un poco más de la energía. Como he dicho antes, la diferencia fundamental entre introvertidos y extravertidos está en cómo recargan sus pilas. Los *outies* obtienen su energía del mundo exterior. A la mayoría de ellos les gusta charlar, involucrarse en actividades sociales y trabajar rodeados de gente, de experiencias y de objetos. Sin embargo, al contrario de lo que la mayoría cree, los extravertidos no son necesariamente más de salir ni más animados que un introvertido, simplemente están enfocados hacia el mundo exterior.

Los extravertidos gastan energía libremente y a menudo tienen problemas para frenar un poco. Pueden refrescarse con facilidad haciendo algo en el mundo exterior, especialmente porque hoy hay mucho donde escoger. De hecho, pueden experimentar la soledad y la sensación de estar agotados cuando no permanecen en contacto con la gente del mundo exterior. Normalmente son ellos los que están deseando seguir *después* de una fiesta y preguntan «¿qué hacemos ahora?». Con frecuencia, para ellos lo más difícil es relajarse y darle un descanso a sus cuerpos.

Por el contrario, los introvertidos sacan energía del mundo interior: las ideas, las impresiones y las emociones. En contra del estereotipo que tenemos de ellos, no son necesariamente callados o retraídos, sino que su enfoque está dentro de sus cabezas. Necesitan un lugar tranquilo y reflexivo donde puedan pensar y recargarse: «¡Uf, ha sido estupendo ponerse al día con Bill, pero me alegro mucho de que la fiesta haya terminado!», dicen con alivio.

Recargar energía no es nada fácil para los introvertidos, sobre todo en el mundo acelerado de hoy. La consumen más deprisa que los extravertidos y les cuesta mucho más reponerla. Los introvertidos tienen que calcular cuánta energía les costará algo y cuánta tienen que conservar y hacer planes en consecuencia.

Por ejemplo, el día *anterior* a una jornada frenética de venta en venta en Los Ángeles, mi paciente, Sandra, una comercial que trabaja desde casa, hace hueco para un día tranquilo de papeleo con pocas interrupciones exteriores. Se va a la cama temprano y se toma un buen desayuno antes de ponerse en marcha. A lo largo del día tiene descansos programados en los que puede estar a solas para recuperar energías. Hace planes de esta manera para sus necesidades de energía, de modo que esta no llegue a agotarse.

La estimulación: ¿amiga o enemiga?

La segunda diferencia entre el introvertido y el extravertido reside en cómo experimenta cada uno la estimulación externa. A los *outies* les gusta mucho experimentar, mientras que los *innies* prefieren saber todo lo que puedan sobre un tema antes de experimentar algo al respecto.

Para los introvertidos que tienen un nivel alto de actividad interior, todo lo que venga de fuera es percibido con intensidad, una intensidad que se dispara rápidamente. Es como cuando te hacen cosquillas: la sensación va desde sentirse bien y ser divertido a ser «demasiado» e incómodo en un instante.

Los introvertidos, a menudo sin darse cuenta de por qué, intentan regular las experiencias de sobreestimulación limitando el aporte exterior. Mi paciente Katherine quiere plantar un jardín en su patio trasero. Es maestra, y su trabajo se lleva la mayor parte de su concentración y su energía. Es novata en esto de crear jardines, así que se sienta a leer un *Manual básico de jardinería de fin de semana*. Según va leyendo, se va dando cuenta poco a poco de la magnitud del proyecto. Tiene que aprender sobre plantas de sombra, acidez del suelo, abonos, riegos, control de plagas de insectos y exposición al sol. Prevé la complejidad y las necesidades de energía de acudir al vivero y escoger plantas bajo el deslumbrante sol: tantas posibilidades entre las que escoger... Piensa en el tiempo que le llevará preparar el terreno, plantar las plantas, quitar las malas hierbas, eliminar a los insectos, expulsar a los caracoles y regar todos los días. Su sensación de disfrute se va desvaneciendo. Hay que saber tantas cosas, hay tanto que hacer, que empieza a sentir que va a ser demasiado. La cabeza le da vueltas y se siente agobiada. Toma la decisión de limitar su jardín a un trozo más pequeño del terreno.

Los introvertidos disfrutan de la complejidad cuando pueden concentrarse en una o dos áreas sin sentirse presionados; pero si tienen demasiados proyectos, se sienten agobiados fácilmente. En capítulos posteriores hablaré de las formas de gestionar la experiencia de la sobreestimulación.

Simplemente estar con gente puede ser algo sobreestimulante para los introvertidos. Su energía se agota en las multitudes, en las aulas o en cualquier otro entorno ruidoso y agresivo. Es posible que las personas les gusten mucho, pero después de hablar con *cualquiera* empiezan por lo general a sentir necesidad de alejarse, de darse un descanso y respirar algo de aire. Esa es la razón de la experiencia del bloqueo mental que he mencionado en el preludio. Cuando está sobreestimulada, la mente del introvertido puede llegar a dejar de funcionar, quedarse a oscuras y decir: «No más *input*, por favor».

Los extravertidos también necesitan descansos, pero por motivos diferentes. Si van a la biblioteca, pueden pasar solamente un corto periodo de tiempo estudiando (que es un proceso interno) antes de tener que darse un paseo alrededor de los estantes, dirigirse a las máquinas expendedoras o hablar con la bibliotecaria. Les gustan los entornos animados «donde está la acción». Están deseando la recarga cuanto más *infraestimulados* se sienten por dentro; pero, lo mismo que los descansos pueden aumentar la estimulación del extravertido, pueden hacer que disminuya la estimulación del introvertido. Por ejemplo, cuando los introvertidos estudian, pueden llegar a absorber tanta información que esta se transforme en agobio, como le ocurrió a Katherine cuando hacía planes para su jardín.

¿Cómo de profundo es el océano, cómo de ancho es el cielo?

La tercera diferencia entre extravertidos e introvertidos tiene que ver con el concepto de amplitud y de profundidad. En líneas generales, a los extravertidos les gusta la amplitud: muchos amigos y una gran cantidad de experiencias, saber un poco de todo, ser generalistas. Por lo general, lo que absorben del entorno no se desarrolla internamente conforme procesan la experiencia. Ya están en la siguiente.

Como me dijo una amiga mía, una *outie*: «Me encanta revolotear en las fiestas y captar solo lo más destacado de cada conversación». No le gusta perderse nada. Para los extravertidos, la vida consiste en coleccionar experiencias. Los extravertidos ven el mundo como un amplio desayuno-almuerzo de domingo. Pueden picotear en el bufet libre, atiborrarse de toda clase de caprichos suculentos y salir de él solo cuando están llenos a reventar. Quieren exprimir cada gota de estímulo que les brinde la vida. La variedad los estimula y les da energía.

Los introvertidos limitarán sus experiencias, pero sentirán cada una de ellas intensamente. A menudo tienen menos amigos, pero más intimidad. Prefieren profundizar en los temas y buscan «calidad», más que «cantidad»; por eso les es necesario limitar sus temas de conversación a uno o dos, o pueden llegar a agobiarse. Sus mentes absorben información del entorno exterior y luego reflexionan sobre ello y lo amplían. Y mucho después de que hayan absorbido la información todavía la están mascando y triturando, a la manera en que las vacas rumian sus alimentos. ¿Cómo podría haber tenido la paciencia de estudiar los patrones de apareamiento de la mosca tsé-tsé surafricana alguien que no fuera un introvertido? Esta es la razón de que los introvertidos se molesten con las interrupciones, como explicaré después. Les resulta difícil salirse de su profundo pozo de concentración, y recuperar esa concentración les cuesta mucha energía extra que a menudo no poseen.

Golpes diferentes para personas diferentes

Un buen ejemplo de las diferencias entre introvertidos y extravertidos es la manera que tenemos mi marido, Mike, y yo de decidir nuestras vacaciones. Como ya he dicho, Mike es un extravertido y yo una introvertida. No estamos de acuerdo en absoluto sobre lo que constituye unas vacaciones «divertidas» y satisfactorias.

Nuestras formas favoritas de pasar las vacaciones son tan contrapuestas que tenemos turnos para elegir destino. Un año escojo yo; el siguiente escoge él. El año después de que Mike eligiera unas vacaciones de «nueve países en nueve días», yo me decanté por unas en las que no hicimos otra cosa que explorar el área minera histórica de Leadville, en el estado de Colorado. Sentados al lado de la chimenea del hotel la primera tarde, leímos el folleto de una página de la Cámara de Comercio local: «Qué ver en Leadville». Mi estómago se estremecía de entusiasmo; Mike se quedó dormido.

Desde que vi la película *Molly Brown, siempre a flote* he querido conocer el lugar donde descubrió plata Horace Tabor. En Leadville están la Ópera Tabor, el Museo del Patrimonio, el Salón Nacional de la Fama de la Minería y el Inigualable Museo de las Minas, por no hablar del tren de Leadville y las visitas a las minas propiamente dichas. ¿Quién podía pedir más? Mike dijo:

—Parece que acabaremos de ver Leadville mañana por la tarde. ¿Qué vamos a hacer después?

Yo había planeado ver una de las atracciones al día; quería impregnarme de la sensación de cómo vivían los mineros un siglo atrás. Mike me propuso:

—Mira, estamos a solo cien kilómetros de Aspen, podemos ir allí mañana por la tarde.

—¡Hala, ni hablar! —protesté—. ¿A quién le tocaba escoger las vacaciones, por cierto?

Leadville fue verdaderamente una de mis vacaciones preferidas. He sobrellevado con mucho gusto años de bromas de Mike sobre los cuatro días en Colorado que a él le parecieron como cuatro años.

—Mira, pues tienes suerte —dije—, no todo el mundo tiene la sensación de que el tiempo se amplía, sobre todo en las vacaciones.

LOS *INNIES* Y LOS *OUTIES* SEGÚN CARL JUNG

> El péndulo de la mente oscila entre el sentido
> y el sinsentido, no entre el bien y el mal.
>
> C. G. Jung

A principios del siglo XIX, el psicoanalista Carl Jung estaba trabajando con Sigmund Freud y Alfred Adler, los otros dos psicoanalistas teóricos pioneros, cuando se dio cuenta de algo desconcertante.

Cuando Freud y Adler hablaban de los mismos casos de pacientes, cada uno de ellos se concentraba en informaciones muy diferentes. Y también habían desarrollado teorías casi contrapuestas. Jung pensó que *ambos* habían captado algo valioso. Reflexionó sobre ello (adivina qué era Jung, ¿introvertido o extravertido?) y desarrolló su propia teoría.

Jung creyó que Freud era un extravertido porque su orientación personal era para fuera, hacia el mundo de gentes, lugares y objetos. Muchas de las teorías freudianas se desarrollaron en conjunción con una extensa correspondencia y debates con numerosos colegas: creía que el objetivo del desarrollo psicológico era encontrar gratificación en el mundo de la realidad exterior. Por lo que respecta a Adler, para Jung era un introvertido, puesto que su teoría y su enfoque eran introspectivas, hacia los propios pensamientos y sentimientos. Las teorías de Adler se basaban en la lucha interna para superar los sentimientos de impotencia, expresada en su «complejo de inferioridad». Veía a las personas como artistas creativos que moldean sus propias vidas.

Las diferencias teóricas entre Freud, Adler y Jung acabaron amargamente. Los tres se separaron y cada uno siguió su camino. En ese momento, Freud empezó a utilizar el concepto de introversión como algo negativo —porque implica un giro hacia dentro y alejarse del mundo— en sus escritos sobre el narcisismo. Esto cambió la evolución del concepto de introversión, desviándola de lo sano y dirigiéndola hacia lo enfermizo, una idea equivocada que permanece aún hoy día.

Jung siguió desarrollando su teoría, y conjeturó que nacemos con una dotación de temperamento que nos sitúa en alguna parte de un continuo, entre muy extravertido y muy introvertido. Creía que existe un fundamento fisiológico para estas propensiones. ¡Ahora la ciencia está descubriendo que su intuición era correcta! Se dio cuenta de que podríamos adaptarnos mejor al mundo si fuésemos capaces de desplazarnos fácilmente en ese continuo, haciéndonos introvertidos y extravertidos cuando fuera necesario. Sin embargo, reconoció que no parece que los seres humanos funcionemos así, sino que estamos orientados —o nos sentimos más atraídos— hacia una dirección más que hacia la otra. Llegó a la conclusión de que todos tenemos un «espacio natural» donde funcionamos mejor. Jung pensó también que, aparte de uno de los extremos, cualquier lugar del continuo es saludable. Creía que es dañino empujar a un niño fuera de la gama natural de su temperamento, porque eso «violaría la disposición innata del individuo»; de hecho, estaba convencido de que esa era la causa de algunas enfermedades mentales.

Sin embargo, señaló que los demás aspectos del continuo están todavía a nuestro alcance. Nuestra capacidad de desplazarnos por él puede mejorar con nuestra conciencia del proceso. Por ejemplo, es

LO QUE NOS DICEN LOS GEMELOS SOBRE EL TEMPERAMENTO

En su libro *Entwined Lives* [Vidas entrelazadas], la eminente doctora e investigadora de gemelos, Nancy Segal, escribió sobre los descubrimientos increíbles que hizo durante el tiempo que trabajó en un centro creado en la Universidad de Minnesota para investigar específicamente todo lo relacionado con gemelos y adopción. Varios estudios fascinantes compararon las semejanzas en gemelos (del mismo óvulo) y mellizos (óvulos diferentes) criados juntos o por separado. En las cincuenta parejas de gemelos que pasaron por el centro, las semejanzas eran asombrosas. Aquellos que se habían criado separados mostraban un increíble despliegue de rasgos específicos compartidos, sobre todo los gemelos idénticos. A una de esas parejas de gemelos le encantaba hablar de su tema favorito, la cría de caballos y perros. En otra pareja de idénticos, los dos eran bomberos voluntarios y ambos eran conocidos por el desdén que mostraban hacia la cocina de mala calidad. Los miembros de otra pareja, que no se habían conocido antes, llegaron a la reunión en sendos automóviles Chevrolet color azul claro. Otra pareja más utilizaba la misma pasta de dientes, una rareza traída de Suecia. Conforme el centro estudiaba a más gemelos reunidos, se hizo patente que sus temperamentos eran más parecidos de lo esperado. La doctora Segal escribe: «Los resultados referentes a la percepción de los valores tradicionales fueron inesperados; sorprendentemente, vivir con alguien no marca los parámetros morales ni los patrones de conducta o de crianza». Los estudios mostraron también que los mellizos criados juntos son mucho menos parecidos entre sí que los gemelos idénticos criados separadamente. Estos estudios revelan lo que Jung señalaba hace tanto tiempo: que nacemos con un temperamento innato. La doctora Segal continúa: «Lo importante es que vivir juntos no hace parecidos a los miembros de una familia, y que las semejanzas se explican por los genes compartidos».

posible aprender a almacenar energía, y de esa manera disponer de una reserva que te permita actuar desde tu lado menos natural. Imagina escribir todo el día con tu mano menos dominante. Podrías hacerlo, pero necesitarías más esfuerzo y concentración para lograrlo. Jung creyó que así es como uno se siente al funcionar fuera del territorio natural: puedes hacerlo, pero consumirá energía extra sin crear energía nueva alguna.

¿ERES INTROVERTIDO?

> Se necesita un esfuerzo constante
> para ver lo que tenemos frente a las narices
>
> GEORGE ORWELL

Ahora viene la parte divertida. ¿Eres *tú* un pez fuera del agua? La Hacienda pública nos da a los contribuyentes formularios generales y simplificados para nuestras declaraciones, y yo te doy la misma opción. Haz el cuestionario rápido que sigue o la autoevaluación más larga para la introversión que hay a continuación, lo que más te atraiga. O haz los dos y veamos cuál es el resultado.

Cuestionario rápido

Echa un vistazo a las listas de cualidades clave que te muestro más adelante. ¿Con cuál de ellas te identificas más? (Ten en cuenta que no encajarán todas las característica de una lista). Responde tal cual *eres*, no como te gustaría ser. Déjate llevar por lo primero que te venga a la mente.

Cualidades A
- Te gusta estar en medio de la acción.
- Disfrutas con la variedad, te aburre hacer siempre lo mismo.
- Conoces a montones de personas y las consideras amigas.
- Disfrutas del parloteo, incluso con desconocidos.
- Te sientes estimulado después de cada actividad, deseoso de más.
- Hablas o actúas sin tener que pensar primero.
- Por lo general, eres bastante dinámico.
- Tiendes a hablar más que a escuchar.

Cualidades B

- Prefieres relajarte solo o con unos pocos amigos íntimos.
- Consideras amigos solamente a las relaciones profundas.
- Necesitas descansar después de las actividades exteriores, incluso aquellas con las que disfrutas.
- Escuchas a menudo, pero hablas mucho de temas que para ti son importantes.
- Te muestras calmado e independiente, y te gusta observar.
- Tiendes a pensar antes de hablar o de actuar.
- En grupos, o bajo presión, tu mente se queda en blanco.
- No te gusta que te apremien demasiado.

¿Cuál de las listas te describe mejor? Si es la lista A, eres extravertido; si es la B, eres introvertido. Es probable que no tengas *todas* las cualidades de una lista, pero una de ellas encajará contigo mejor que la otra. Puesto que todos vivimos en una sociedad que apuesta por la extraversión, y que tu trabajo y las exigencias de tu familia pueden necesitar que funciones mucho como un extravertido, es posible que sea difícil decidir qué retrato se parece más a ti. Si no lo tienes claro, plantéate esta pregunta: «¿Me revitaliza la calma (introvertido), o me revitaliza la acción (extravertido)?». Si todavía sigues sin estar seguro, haz la autoevaluación para introvertidos que viene a continuación.

Autoevaluación para introvertidos

Haz el examen para la introversión un día que te sientas relajado y sin estrés acumulado. Escoge un rincón acogedor en el que no te interrumpan. Considera cada afirmación desde el punto de vista de lo que para ti es generalmente verdadero o falso, no de la manera que te gustaría ser o de cómo eres parte del tiempo. No analices ni examines demasiado en profundidad cada una de las afirmaciones. La primera impresión es generalmente la mejor. Para tener una visión sobre ti mismo desde el exterior, puede resultar esclarecedor hacer que un compañero o un amigo responda por ti. Compara tus resultados con la puntuación de tu amigo. Si los dos cómputos difieren, hablad de vuestros dos puntos de vista.

Responde las preguntas siguientes como V (verdadero) o F (falso), suma luego las respuestas marcadas con V y comprueba la puntuación que hay al final de la lista para ver si eres introvertido, si caes en mitad del continuo o si eres extravertido.

_____ Cuando necesito descansar, prefiero pasar tiempo solo o con una o dos personas cercanas, más que con un grupo.

_____ Cuando trabajo en mis proyectos, me gusta tener largos períodos de tiempo sin interrupciones, en lugar de otros más pequeños.

_____ En ocasiones hago ensayos antes de hablar, y de vez en cuando tomo notas para mí mismo.

_____ Por lo general, me gusta escuchar más que hablar.

_____ A veces la gente cree que soy silencioso, enigmático, distante o calmado.

_____ Me gusta compartir ocasiones especiales solamente con una persona o con unos pocos amigos íntimos, más que asistir a grandes celebraciones.

_____ Normalmente necesito pensar antes de responder o de hablar.

_____ Tiendo a darme cuenta de detalles que mucha gente no ve.

_____ Si dos personas acaban de tener una pelea, siento la tensión en el aire.

_____ Si digo que voy a hacer algo, lo hago casi siempre.

_____ Me pongo nervioso si tengo una fecha límite o presión para acabar un proyecto.

_____ Puedo «quedarme en fuera de juego» si ocurren demasiadas cosas.

_____ Me gusta observar una actividad un tiempo, antes de decidir unirme a ella.

_____ Creo relaciones duraderas.

_____ No me gusta interrumpir a los demás, ni me gusta que me interrumpan.

_____ Cuando absorbo mucha información, me cuesta un poco ponerla en orden.

_____ No me gustan los entornos sobreestimulantes. No entiendo por qué quiere ir la gente a ver películas de terror o subir a las montañas rusas.

_____ A veces reacciono excesivamente a los olores, los sabores, los alimentos, el clima, los ruidos, etc.

_____ Soy creativo o imaginativo.

_____ Me siento agotado después de las situaciones sociales, incluso cuando me lo paso bien.

_____ Prefiero que me presenten a alguien a presentarlo yo.

_____ Puedo ponerme gruñón si estoy demasiado tiempo rodeado de gente o participando en actividades.

_____ Frecuentemente me siento incómodo en entornos nuevos.

_____ Me gusta que la gente venga a mi casa, pero no me gusta que se quede demasiado tiempo.

_____ A menudo temo devolver las llamadas telefónicas.

_____ Veo que mi mente se queda en blanco a veces, cuando conozco a gente o cuando me piden inesperadamente que hable.

_____ Hablo despacio o tengo huecos entre mis palabras, sobre todo si estoy cansado o si intento hablar y pensar a la vez.

_____ No creo que los conocidos casuales sean amigos.

_____ Tengo la sensación de que no puedo enseñar mi trabajo o mis ideas a los demás hasta que estén completamente desarrollados.

_____ Los demás pueden sorprenderme al pensar que soy más inteligente de lo que *yo* creo que soy.

Suma la cantidad de V. Luego, lee lo que sigue para ver dónde caes.

20-29 V: muy introvertido. Como resultado de ello, es sumamente importante para ti comprender cómo mantener el flujo de tu energía y cómo procesa información tu cerebro. Te relacionas con la vida por medio de tus ideas, impresiones, esperanzas y valores. No estás a merced de tu entorno exterior. Este libro puede ayudarte a utilizar tu conocimiento interior para crear tu propio camino.

10-19 V: en algún lugar del medio. Es como ser ambidextro, eres tanto introvertido como extravertido. Es posible que te sientas dividido entre la necesidad de estar solo y el deseo de salir por ahí. De modo que te será muy útil darte cuenta de dónde te sientes más enérgico regularmente. Te juzgas a ti mismo por tus propios pensamientos y sentimientos y por los criterios de los demás. Esto te proporciona una visión amplia, pero a veces puedes quedarte atrapado entre los dos polos de una situación y no saber dónde estás tú. Es importante aprender a valorar tu temperamento, de manera que puedas mantener tu energía y tu equilibrio. Hablaré más de esto en el capítulo 2.

1-9 V: eres más extravertido. Te juzgas a ti mismo a la luz de los valores y la realidad de los demás. Solo concibes el cambio dentro de los límites de lo que ya existe. Conforme llegas a la mediana edad y tu cuerpo se vuelve más lento, es posible que sientas la necesidad de reducir el ritmo social y dedicar más tiempo a tu vida interior. Si no sabes cómo equilibrar ambas tendencias, hay varias técnicas que puedes desarrollar para conseguirlo.

Si todavía no estás seguro de si eres un *innie* o un *outie*, ten en cuenta la siguiente pregunta: en una crisis, ¿tiendes a sentirte apagado y algo desapegado, además de responder a cámara lenta?, ¿o tiendes a mover el cuerpo inmediatamente y emprender una acción sin siquiera pensar? Durante un acontecimiento que implique mucho estrés, volvemos a nuestra predisposición básica. Si normalmente te echas para atrás, con un silencio que cae sobre ti como una niebla, eso significa que eres más introvertido; si eres más extravertido, reaccionarás lanzándote hacia delante a la acción. Cualquiera de las dos reacciones es válida.

LOS *INNIES* Y LOS *AUTIES* SON IGUAL DE VALIOSOS

Para hacer un mundo se necesita de todo.

DICHO POPULAR

Para Jung, el objetivo de una vida bien vivida era alcanzar la integridad. Integridad no significa perfección ni completitud, sino lograr la armonía por medio de conocer y valorar tus puntos fuertes y debilidades. Como he dicho, Jung creía que todos los puestos en el continuo introvertido/extravertido eran sanos y necesarios. Aunque algunos de nosotros somos más extravertidos o introvertidos de manera innata, todo el mundo tiene un punto de descanso natural donde recargar –o gastar menos– energía. Según envejecemos, la mayoría de nosotros nos vamos acercando al centro del continuo; pero necesitamos las fortalezas de cada tipo de temperamento para equilibrar el mundo.

Iré destacando a lo largo del libro las ventajas y las fortalezas ocultas de los introvertidos y hablaré de ellas. Los extravertidos han recibido infinidad de comentarios positivos durante toda su vida. No equilibraré cada fortaleza de un introvertido con las de un extravertido. De hecho, me concentraré en que las ventajas de los introvertidos contribuyen a complementar las limitaciones de los extravertidos. Cada temperamento proporciona fortalezas donde el otro tiene limitaciones.

Recuerda que todos los seres humanos somos poliédrico y tenemos muchas facetas. La introversión y la extraversión no son las únicas cualidades que han sido clasificadas como positivas o negativas. Parece que el ser humano tiene la manía de dividirse a sí mismo en piezas buenas y piezas defectuosas. Por ejemplo, en 1995, el doctor Daniel Goleman publicó un libro innovador, *Inteligencia emocional*. Hasta entonces se pensaba en la inteligencia con el pensamiento racional. Se creía que las emociones eran irracionales y menos valiosas. Los seres humanos se dividieron entre el «corazón» y la «cabeza». Sin embargo, todos nos damos cuenta de que algunas personas son muy inteligentes, pero carecen de sentido común o son incapaces de sentir compasión. Otras son extremadamente empáticas pero muestran una capacidad intelectual limitada. El doctor Goleman planteó esta pregunta: «¿Cómo podemos aportar inteligencia a nuestras emociones, más civismo a nuestras calles y más afecto a nuestra vida social?». Necesitamos la cabeza y el corazón. Es evidente que tenemos que aprender de gente con talentos contrapuestos; nuestra sociedad se beneficia de todas las facetas de la humanidad.

En los capítulos siguientes me concentraré sobre las ventajas que tienen para ofrecer los introvertidos. Aportamos atributos importantes a la *fiesta*: la capacidad de concentrarse profundamente, la comprensión de cómo afectan los cambios a todos los implicados, la capacidad de observar, la propensión a pensar de manera no convencional, la fortaleza de tomar decisiones impopulares y el potencial para reducir el ritmo frenético del mundo actual. Por supuesto, ¡los introvertidos preferirían soltar estas cualidades por el camino y salir pitando para casa!

Puntos que considerar

- ▶ Los introvertidos son diferentes, y eso está bien.
- ▶ Sus diferencias fundamentales son:

  - Su fuente de energía.
  - Su respuesta a la estimulación.
  - Su tendencia a la profundidad o a la amplitud.

- ▶ A los *innies* les gusta la gente.
- ▶ El mundo necesita a los introvertidos, con sus cualidades singulares y valiosas.

CAPÍTULO

2

¿Por qué son los introvertidos una ilusión óptica?

Y si no podemos poner fin a nuestras diferencias ahora, por lo menos podemos ayudar a que el mundo sea un lugar seguro para la diversidad.

JOHN F. KENNEDY

E n el capítulo anterior he explicado lo que *son* los introvertidos. Son personas que necesitan su propio espacio privado para recargarse, que *no* consiguen su energía primordial de actividades externas, que normalmente necesitan tiempo para reflexionar y pensar antes de hablar. En este capítulo hablaré de lo que *no* son. No son cobardicas, ni personas tímidas, ni solitarios egocéntricos. Ni tampoco son necesariamente hurraños o antisociales. Como sociedad, no vemos a los introvertidos con exactitud, porque los miramos a través de una lente de suposiciones incorrectas. La mayoría de los introvertidos no comprende su propio temperamento, porque ha crecido con ideas equivocadas sobre la introversión.

Así que vamos a pulir y corregir esa lente distorsionada.

NO SON LA FEA DEL BAILE

Antes de nada, quiero echar por tierra algunas creencias sobre que los introvertidos tienden a recluirse y aislarse. Al contrario de lo que mucha gente cree, un buen número de personalidades públicas son introvertidas, y claramente esa gente no se queda confinada entre cuatro paredes.

Consideremos por ejemplo a la ganadora de un Emmy, Diane Sawyer, copresentadora de los programas *Good Morning America (Buenos días América)* y *PrimeTime Thursday (La hora de mayor audiencia de los jueves)*. En las listas de Internet de introvertidos famosos y en numerosos libros sobre los tipos de personalidad Myers-Briggs. Ha hablado también en varias entrevistas sobre su temperamento tranquilo: «La gente supone que uno no puede ser reservado y salir en televisión —dijo—; la gente se equivoca». Una biografía publicada *online* declara que «decidió dedicarse a una profesión en la industria de la comunicación debido a su deseo de escribir y al reto de entrar en un campo dominado por los hombres». Dice también que «se la conoce por su profesionalidad fría y distante». Tiene una buena reputación por investigar exhaustivamente y por su capacidad de entrevistar a políticos difíciles como Fidel Castro, Saddam Hussein y Boris Yeltsin. Se ha convertido en una líder en su campo. Su especialidad es colar las preguntas más controvertidas cuando los entrevistados bajan la guardia. «La gente cree que es distante, pero Diane es divertidísima», dice su compañera Oprah Winfrey. Sus amigos aseguran que es muy típico de Sawyer mandarles correos electrónicos para decirles: «Pienso en ti».

Imagínate a Katie Couric, la extravertida presentadora de noticiarios y copresentadora de *The Today Show (El programa de hoy)*, y a Diane Sawyer sentada junto a ella en un sofá. Estas dos mujeres impresionantes ilustran claramente las diferencias de energía entre los introvertidos y los extravertidos. Couric es dinámica, espontánea y elocuente; Sawyer es contenida, discreta y más reflexiva. Las dos son eficaces en su trabajo.

La premiada actriz Joan Allen es también una introvertida típica, consumada, pero no de la manera ostentosa que llama la atención. Ha recibido una nominación al Óscar a la mejor actriz por su retrato de la vicepresidenta en *La conspiración* y fue nominada dos veces a la mejor actriz de reparto por sus papeles en *Nixon* y *El crisol*. En Broadway ha ganado los premios Tony y Obie. Cuando se le preguntó sobre haber sido nominada para un premio de la Academia, dijo: «Ganar un Óscar no es un objetivo en mi vida, pero sé que a mi madre le va a emocionar». Se preocupa principalmente por los buenos guiones, que le parecen difíciles de encontrar. Cuando se le preguntó sobre los aspectos de su propia personalidad que había aportado a su papel en *La conspiración*, respondió: «El problema de la intimidad es muy importante para mí, soy una persona muy reservada». Se la conoce por la profundidad de sus interpretaciones, y tardó mucho en salir de Broadway para probar suerte en el cine porque, como dijo, «sentía que no me iba la velocidad». Ha llegado a valorar su propio ritmo, lento pero constante. Llamó a su empresa de producción *Little by Little* (*Poco a poco*).

Algunos introvertidos se vieron forzados a estar en el candelero. Piensa en la vida del príncipe William, de la Casa Real británica. Le disgusta que se publiquen escándalos sobre él y que le saquen fotografías, y la intimidad le preocupa más que a cualquier otro miembro de la familia real. «Me siento incómodo con tanta atención», ha comentado en entrevistas. Se le describe como «despreocupado» y uno de sus amigos dijo de él: «Él quiere ser un tipo normal». Prefiere que la gente lo llame Wills o William. El palacio, conocido por «arrojar» miembros de la familia a la hambrienta prensa británica, intenta ayudarle a sobrellevar las presiones de la vida

> **UNOS CUANTOS INTROVERTIDOS FAMOSOS**
>
> - Abraham Lincoln, decimosexto presidente de los Estados Unidos.
> - Sir Alfred Hitchcock, director de cine.
> - Michael Jordan, baloncestista.
> - Thomas Edison, inventor.
> - Grace Kelly, actriz.
> - Gwyneth Paltrow, actriz.
> - David Duvall, golfista.
> - Laura Bush, primera dama.
> - Bill Gates, pionero del *software*.
> - Candice Bergen, actriz.
> - Clint Eastwood, actor y director de cine.
> - Charles Schulz, humorista gráfico creador de *Snoopy*.
> - Steve Martin, cómico, actor y escritor.
> - Harrison Ford, actor.
> - Michele Pfeiffer, actriz.
> - Katherine Graham, escritora y última propietaria del *Washington Post*.

UNA IMAGEN VALE MÁS QUE MIL PALABRAS

A veces, las respuestas a los problemas de la vida están en las películas.

GARY SALOMON

Hay muchas películas que tienen como tema la introversión y la extraversión. Una manera entretenida de ampliar tu punto de vista sobre los introvertidos es ver unas cuantas de ellas. Muchos introvertidos ven a los demás con mucha más claridad de la que tienen para verse a sí mismos. Y algunos se sienten críticos con sus propios actos, pero no lo son cuando observan a otra persona que hace lo mismo. Observar el comportamiento de personajes introvertidos puede ayudarte a valorar tus cualidades positivas.

Amélie: una chica introvertida francesa mueve desde bastidores, silenciosa y astutamente, los hilos de los que están a su alrededor y cautiva a un tipo introvertido.
El diario de Bridget Jones: una chica introvertida, a menudo avergonzada por sus propias meteduras de pata, se tropieza por fin con un tipo bueno e introvertido.
Chocolat: una chica introvertida bate remedios para las vidas de los demás, y al final encuentra su propia salsa secreta.
Paseando a Miss Daisy: un hombre afroamericano introvertido es la columna vertebral de la película.
Un abril encantado: la introversión se disfruta en la soleada Italia.
Gosford Park: una introvertida doncella inglesa es testigo de una conspiración, pero se queda callada.
Notting Hill: el introvertido propietario de una librería conoce a una actriz introvertida; los percances se suceden y saltan chispas.
Cosas que importan: una hija introvertida aprende a comprender a su madre extravertida a través de la enfermedad.
Gente corriente: un hijo, culpable e introvertido, hace las paces con su extravertido hermano muerto, favorito de su madre.
Salvad al soldado Ryan: un capitán introvertido dirige a su equipo.
El sexto sentido: un niño introvertido con cualidades extrasensoriales.

pública. Los observadores de la Casa Real escriben sobre su inteligencia, su sensibilidad y su naturaleza reflexiva. Se cuenta que su influencia fue definitiva en la decisión de la princesa Diana de renunciar al título de Alteza Real después del divorcio: «A mí no me importa cómo te llamen —le dijo—; tú siempre serás mami». Existe también cierta preocupación por que al final decline la corona, ya que no desea la agobiante atención inherente al cargo. Si se convierte en rey, no obstante, podría aportar al trono las cualidades propias de la introversión.

Conocido por su amor a la soledad, Albert Einstein es un ejemplo de que los entornos duros pueden perjudicar a los introvertidos y socavar su potencial. En el libro de Denis Brian, *Einstein*, el escritor nos cuenta lo difícil que fue la escuela para él en la Alemania de finales del siglo XIX: «Era silencioso y retraído: el observador». Se creyó que era mentalmente discapacitado, o bien «obtuso», debido a su dificultad para memorizar y a su extraño comportamiento. No dio nunca una respuesta *rápida* a pregunta alguna, como los demás alumnos, sino que siempre dudaba. De hecho, si se hubiera quedado en las escuelas alemanas, podría no haberse desarrollado hasta ser un físico genial. Afortunadamente (e irónicamente), la falta de agudeza comercial de su padre llevó a la familia a Italia. Maja, la hermana de Einstein, estaba pasmada por el cambio que dio su hermano en solo seis meses: «El soñador nervioso y reservado se ha convertido en un joven amigable y extravertido con un mordaz sentido del humor. ¿Ha sido el aire de Italia?, ¿sus cálidas gentes?, ¿su huida del purgatorio?», se preguntaba.

Después, cuando Einstein prosiguió sus estudios en Suiza, al principio le preocupaba que la atmósfera allí resultase tan represora como en Alemania; pero «Albert gozaba con la atmósfera relajada en la que los profesores debatían libremente temas controvertidos con los alumnos, hasta temas políticos —algo impensable en los colegios alemanes—, y los animaban a concebir y poner en práctica sus propios experimentos químicos, excepto hacer volar el edificio». Más adelante, Einstein afirmó: «No es que yo sea más inteligente, es que dedico más tiempo a resolver los problemas». Para desplegar sus talentos —como la capacidad de concentrarse y de cuestionar— los introvertidos necesitan un entorno adecuado.

De manera que, indudablemente, los introvertidos no son las más feas del baile. Sin embargo, lo que los impulsa al centro del escenario es frecuentemente muy diferente de lo que impulsa a los extravertidos.

Los introvertidos salen a la palestra debido a su búsqueda de un trabajo que tenga significado para ellos, a una aptitud extraordinaria o en circunstancias excepcionales. Es posible que disfruten de breves períodos en el resplandor que va unido a ser una persona famosa, pero eso también es un *gran* drenaje de energía. Julia Roberts, una introvertida temperamental, dijo en una entrevista publicada por la revista *Time* que cuando está haciendo una película aprovecha las pausas para el almuerzo para echarse la siesta. «Eso me hace ser una persona más agradable el resto del día», dijo. Muchos introvertidos que viven vidas públicas deben buscar tiempo para sí lejos del brillo social.

DIFERENCIAR LOS TÉRMINOS: TÍMIDOS, ESQUIZOIDES Y MUY SENSIBLES

> Tal vez, ser uno mismo es
> siempre un gusto adquirido
>
> PATRICIA HAMPL

Tímido, *esquizoide* y *muy sensible* son términos vagos que se utilizan a menudo de manera intercambiable con *introversión*. Estos términos *no* son lo mismo que introversión, pero creo que cada palabra capta algún aspecto importante de la naturaleza humana. Permíteme que defina cada uno de ellos de manera que no resulte vaga y que describa lo que ilustra cada uno. Tanto los introvertidos como los extravertidos pueden ser tímidos, esquizoides o muy sensibles.

Introvertido: la introversión permite conectar con el mundo interior; una capacidad muy saludable. Se trata de una cualidad constructiva y creativa que se da en muchos pensadores independientes cuyas contribuciones han enriquecido el mundo. Los introvertidos tienen habilidades sociales, les gusta la gente y disfrutan con algunas maneras de socializar. Sin embargo, el parloteo de la fiesta agota su energía y no les da mucho a cambio. Disfrutan con conversaciones uno a uno, pero las actividades en grupo pueden resultar sobreestimulantes y agotar su energía.

Tímido: la timidez es ansiedad social, una forma extrema de cohibición cuando uno se encuentra rodeado de gente. Es posible que tenga raíces genéticas (un centro del miedo altamente reactivo), pero normalmente se aprende por las experiencias del colegio, con amigos o en las familias. Para ciertas personas, la timidez va y viene según las épocas y en ciertas situaciones. Los tímidos pueden llegar a sentirse incómodos con las conversaciones uno a uno o en situaciones de grupo. No es un problema de energía, es carencia de confianza en situaciones sociales, el miedo a lo que los demás piensen de ti. Produce sudor, temblores, cara o cuello enrojecidos, latidos acelerados, autocrítica y la creencia de que la gente se ríe de uno. Es la sensación de que se es la única persona que se halla en pie bajo un rayo gigante de intensa luz blanca y uno desearía que se abriera el suelo y se lo tragase. La timidez no es quien *tú eres* (como lo es la introversión); es lo que tú crees que los *demás* creen que eres, y por lo tanto responde a los cambios de conducta. Los extravertidos que necesitan estar con los demás para recargarse pueden sufrir muchísimo si además son tímidos. La buena noticia es que, al aprender estrategias para cambiar tu conducta, puedes reducir la timidez de manera significativa. En la bibliografía que hay al final de este libro he incluido varios volúmenes prácticos sobre la timidez. Prueba alguna de las sugerencias que ofrecen esos libros. Funcionan.

Esquizoide: quienes sufren este desorden mental viven en un dilema doloroso. Necesitan tener relaciones, pero temen involucrarse mucho con los demás. En la mayoría de los casos, estas personas han crecido en hogares traumáticos o irresponsables y se han encerrado en sí mismas o se han desapegado para evitar cualquier otro dolor que provenga del contacto humano. La enfermedad de la personalidad esquizoide es un diagnóstico común en el campo de la salud mental. Hay demasiados psicoterapeutas que la confunden con la introversión y la timidez, como si todas fueran lo mismo. No lo son.

PERSONAJES INTROVERTIDOS

Algunos de nuestros personajes literarios, de las películas o de la televisión más queridos son introvertidos. Es probable que se deba a que muchos escritores y artistas también lo son, de modo que incluyen a los introvertidos en sus obras. Échale un vistazo a esta lista y piensa en cualidades como la sabiduría, el pensamiento lateral, la capacidad de percibir los detalles, la consideración para con las necesidades del grupo y la habilidad para tomar decisiones difíciles.

- **Búho, Cerdito** (introvertido tímido) y **Christopher Robin,** en *Cuentos completos de Winnie the Pooh.*
- **Radar,** de M*A*S*H.
- **Linus Van Pelt, Schroeder, Franklin** y **Marcie,** de *Snoopy.*
- **Jean-Luc Picard** y el **Consejero Troi,** en *Star Trek, la nueva generación.*
- **Ally McBeal,** en *Ally McBeal.*
- **Presidente Josiah Bartlet,** en *El ala oeste de la Casa Blanca.*
- **Hércules Poirot,** detective.
- **El pensador,** escultura.
- **Atticus Finch,** en *Matar un ruiseñor.*
- **Jonas,** en *El dador de recuerdos.*

Muy sensible: estas son personas nacidas con una serie de rasgos que a menudo se describen como un sexto sentido. Son sumamente perspicaces, intuitivas y observadoras, con un discernimiento más agudo que la mayoría de nosotros. Es posible que se queden al margen de los compromisos sociales debido a que temen la horrorosa inundación que sufrirán sus sentidos. Tanto los introvertidos como los extravertidos pueden ser muy sensibles. Encontrarás un libro de Elaine Aron sobre este tipo de personas en la bibliografía.

Si acudes a psicoterapia, asegúrate de que tu terapeuta conoce la diferencia entre estos cuatro términos.

¿CULPABLE DE TODOS LOS CARGOS, O SE DEBERÍAN RETIRAR?

Dirijámonos ahora a dos de las acusaciones más comunes lanzadas contra los introvertidos: que son egocéntricos y que son antisociales. Es fácil que los introvertidos podamos parecer egocéntricos o indiferentes, porque apagamos los estímulos exteriores cuando ya no podemos absorberlos más. ¿Por qué? Porque tenemos que comparar las experiencias exteriores con nuestra experiencia interior, para intentar comprender la nueva información comparándola con nuestra información anterior. Nosotros pensamos: «¿Qué efecto ha tenido en mí esta experiencia?».

Más que egocéntricos, muy frecuentemente los introvertidos somos en realidad lo opuesto. Nuestra capacidad de enfocarnos en nuestro mundo interior y de reflexionar en lo que sentimos y experimentamos nos permite comprender mejor el mundo exterior y a los demás seres humanos. Lo que parece ser egocentrismo es en realidad la capacidad de ponerse en la piel del otro.

También los extravertidos se concentran en el *yo*, pero de manera diferente. A ellos les gusta socializar y necesitan la compañía de los demás, pero eso tiene tanto que ver con la necesidad de estímulo —involúcrate conmigo, desafíame, dame algo ante lo que reaccionar— como con la de pertenencia. Como no generan tanta estimulación interna

¿ENSIMISMADOS O DADOS A LA INTROSPECCIÓN?

Es irónico que a los introvertidos se los considere egocéntricos cuando frecuentemente una de las mayores tareas del psicoterapeuta que trabaja con pacientes nuevos es la de ayudarles a *desarrollar* la capacidad de ser introspectivos. Nos esforzamos para hacerles salir de las actividades exteriores de modo que puedan observar sus propios pensamientos, sentimientos y acciones. Sin introspección es demasiado fácil que la gente se quede atrapada en el ciclo de repetir la misma conducta una y otra vez. Debido a alguna extraña razón, a los extravertidos, que normalmente son mucho menos habilidosos para la introspección que los introvertidos, se los considera más sanos que a estos últimos, incluso en el campo de la psicología.

como los introvertidos, necesitan conseguirla del exterior. Es posible que sea esa la razón de que los *outies* menosprecien a los *innies*: se sienten amenazados porque somos reservados y no caemos en el chismorreo ni socializamos de la manera que ellos necesitan.

Eso me lleva a otra tergiversación importante sobre los introvertidos: que somos antisociales. Los introvertidos no somos antisociales, sencillamente somos sociables de otra manera. Necesitamos menos relaciones, pero nos gusta que esas relaciones tengan más vínculos y más intimidad. Como precisamos una buena cantidad de nuestra energía para involucrarnos con los demás, somos reacios a tener que emplear demasiada energía en socializar. Por eso no disfrutamos con el parloteo ocioso; preferimos conversaciones más sustanciosas que nos nutran y nos den energía. Esas conversaciones nos dan lo que los investigadores de la felicidad llaman «golpes de euforia». Cuando rumiamos los pensamientos, nos asalta una gran sensación de satisfacción y de disfrute. Para conservar nuestra energía preferimos observar a los demás que unirnos a ellos.

El cerebro de los extravertidos libera unos cuantos «golpes de euforia» simplemente con estar en la muchedumbre o hallarse sentado en las gradas animando con entusiasmo a su equipo. Sentarse calladamente en las bandas los haría marchitarse de aburrimiento. Como consiguen su energía de fuentes y actividades sociales, les gusta salir por la ciudad y revolotear de flor en flor. Los extravertidos dicen: «Dame solamente el calambrazo de la estimulación, y allá que voy». Lo repetiré otra vez: esto es únicamente una manera *distinta* de socializar, y no un método *mejor*. No dejes que la gente te haga sentir culpable por tu temperamento. A los extravertidos no les estás causando ningún problema por ser diferente. Retira las acusaciones contra ti mismo.

HABLAR SIN PENSAR

> Si la naturaleza hubiera querido que hablásemos más que
> escuchásemos, nos habría dado dos bocas y una sola oreja.
>
> ANÓNIMO

Como los extravertidos son mayoría, influyen en el punto de vista cultural de la introversión. Su facilidad de palabra intimida a los introvertidos, lo que hace aún más fácil que lleguen a la conclusión de que no deben hablar. Uno de los investigadores más punteros a nivel mundial, el doctor Bernardo J. Carducci, en su libro *Psychology of Personality: Viewpoints, Research, and Applications* [Psicología de la personalidad. Puntos de vista, investigaciones y aplicaciones], afirma:

A nuestros padres fundadores* los rechazaron por sus creencias religiosas, de manera que realizaron grandes esfuerzos para asegurar que todos nosotros pudiésemos decir lo que pensamos. Hoy día valoramos el atrevimiento y el individualismo. Los *habladores* se perciben como gente influyente y se convierten en modelos que seguir. Valoramos mucho la habilidad verbal, el valor y la franqueza.

Es muy llamativo que, en este caso, el «individualismo» se presente como una cualidad propia de una persona *extravertida*. Las alocuciones se valoran en la mayoría de las sociedades occidentales. No tienes más que considerar las series populares de televisión, como *The McLaughlin Group, Crossfire* o *Hardball*. El juego de moda es el torneo verbal.

Los introvertidos no hablan por hablar; cuando lo hacen, dicen lo que piensan. A veces se guardan hasta eso. Un día, varias amigas mías del instituto quedaron para merendar. Jamie, una chica inteligente y callada, dijo:

—Yo solo me permito hacer dos comentarios por seminario.

Todo el mundo se le echó encima:

---

* Se llama así a los pioneros occidentales de los Estados Unidos, sobre todo a los políticos que lograron la independencia del país de Inglaterra y redactaron la constitución.

—Por favor, no hagas eso, nos encantan tus comentarios.

Jamie estaba sorprendidísima. No habría recibido ese comentario de no haber mencionado su estrategia en los seminarios. Como muchos introvertidos, temía acaparar demasiado el tiempo. Le indicamos que no queríamos dejar de oír sus valiosos comentarios.

Otorgamos un gran valor a las personas con labia que se muestran confiadas en sí mismas y decididas. Los introvertidos presentan frecuentemente las cualidades exactamente opuestas a las de esos líderes a quienes tenemos en tan alta estima. Eso crea una brecha entre los introvertidos y los extravertidos, llena de malas interpretaciones y de críticas exigentes.

POR QUÉ PERTURBAN LOS *INNIES* A LOS *OUTIES*

> Una de las necesidades mayores de los Estados
> Unidos es descubrir la soledad creativa
>
> CARL SANDBURG

Existen varias razones para que los introvertidos se sientan a veces tan extraños y para que se los malinterprete con tanta frecuencia —es como si su nave espacial hubiera aterrizado en un planeta desconocido—. Los introvertidos dejan ver menos de sí mismos y de sus actos, hasta el punto de que pueden parecer distantes y enigmáticos. Y, como hemos visto, muchas sociedades ensalzan las virtudes de la extraversión y muchos extravertidos lanzan una mirada escéptica a los dones que los introvertidos aportan al mundo. Tristemente, ni siquiera nosotros mismos comprendemos nuestras propias contribuciones.

Vamos a echar un vistazo a las cualidades de los introvertidos que pueden fomentar las sospechas de los extravertidos. Cuando mires la lista, recuerda que los introvertidos pueden ser incluso más complicados. Según los altibajos de su energía, pueden llegar a parecer inconsecuentes. Sus pilas pueden estar cargadas un día y estarán parloteando y saliendo por ahí todo el tempo; al día siguiente estarán arrastrando el carro y apenas podrán hablar. Esto puede desorientar y confundir a la gente que los conoce.

Es probable que los introvertidos:

- Concentren la energía en su interior, lo que hace difícil que los demás los conozcan.
- Estén absortos en sus pensamientos.
- Duden antes de hablar.
- Eviten las muchedumbres y busquen el silencio.
- No presten atención a lo que hacen los demás.
- Actúen con precaución a la hora de conocer gente y solo participen en actividades escogidas.
- No ofrezcan sus ideas libremente, sino que esperen a que les pidan su opinión.
- Se inquieten cuando no tienen tiempo para estar solos sin que nadie los moleste.
- Reflexionen y actúen de manera muy cuidadosa.
- No muestren muchas reacciones ni expresiones faciales.

Si miramos la lista, es fácil ver por qué piensan los extravertidos que somos un poco enigmáticos. Hay tres diferencias principales entre los introvertidos y los extravertidos que provocan grietas que se amplían hasta llegar a ser grandes malentendidos.

1. Los introvertidos piensan y hablan de manera diferente

Los extravertidos piensan y hablan a la vez; lo hacen sin esforzarse. De hecho, las cosas se van poniendo más claras para ellos según van hablando en alto. Por el contrario, los introvertidos necesitan tiempo para pensar y no hablan espontáneamente a menos que se trate de un tema conocido. Les pueden parecer cautelosos o pasivos a los extravertidos, que están tan acostumbrados a decir en alto todo lo que piensan que pueden llegar a desconfiar de ellos, más reservados. Cuando los introvertidos hablan titubeando, los extravertidos llegan a sentirse impacientes: «Solo tienes que soltarlo de una vez», piensan. ¿Por qué no tienen más confianza en sus propias opiniones?, ¿qué tratan de ocultar? Los extravertidos pueden deducir que los introvertidos retienen información o ideas. Por ejemplo, después de una reunión, varias personas extravertidas, conocidas mías, me preguntaron por qué me había callado y no les había dicho lo que realmente pensaba. ¿Por qué no participé para dar mi opinión?

No me cabe en la cabeza que alguien pueda pensar que estoy ocultando algo; pero como ya he mencionado, me han dicho que soy «enigmática». Desde mi punto de vista, cuando hablo lo digo todo en serio. Pongo al descubierto mis pensamientos y mi perspectiva. Pero, aparentemente, desde el punto de vista de los extravertidos, me cuesta tantísimo tiempo decir lo que quiero expresar que piensan que me guardo algo *a propósito*.

Los extravertidos tienen que aprender que los introvertidos necesitan tiempo para formar y expresar bien sus opiniones. Sin embargo,

IMPREGNADO EN EL IDIOMA

¡Cuánto más fácil es criticar que tener razón!

BENJAMIN DISRAELI

Cuando las percepciones perduran profundamente en una cultura, se entretejen con el idioma. Nuestro idioma refleja los valores y las creencias que mantenemos y que nos mantienen. Busqué *introversión* en varios diccionarios, incluido uno de sinónimos. En el *Diccionario de Psicología* se define como: «[...] orientación hacia dentro, dirigida hacia el yo. El introvertido está embebido en sus propios pensamientos, evita el contacto social y tiende a alejarse de la realidad». El *Diccionario Internacional de Psicología* expone que la introversión es: «[...] un rasgo muy importante de la personalidad, caracterizado por una obsesión con el yo, carencia de sociabilidad y pasividad». En el *Nuevo Diccionario Universitario Webster* se describe como: «[...] el estado o tendencia hacia estar, por entero o predominantemente, preocupado por –e interesado en– la propia vida mental de uno». Y ahora prepárate para este, el *Diccionario de Sinónimos Nuevo Mundo de Webster*, en el que se dice que el introvertido es: «[...] un lobo solitario enfurruñado que se observa a sí mismo, egoísta, narcisista y misántropo». Cuando lo leí, empecé a imaginarme al Unabomber* en su exigua cabaña en el bosque.

---
* Theodore Kaczynski, filósofo, matemático y terrorista estadounidense que enviaba cartas bomba.

deberían ser conscientes también de que si los introvertidos han pensado cuidadosamente sus ideas sobre un tema, o saben mucho sobre un asunto, ¡cuidado!: los labios de los anteriormente silenciosos *innies* empezarán a agitarse intensa y rápidamente.

2. Los introvertidos son invisibles

Cuando los introvertidos parecen reticentes a hablar, o hablan despacio, frecuentemente no involucran a los extravertidos. Estos pueden llegar a creer (también pueden creerlo los introvertidos) que aquellos no tienen nada que aportar. A los introvertidos les disgusta interrumpir, de modo que pueden decir algo en voz baja o sin hacer hincapié en ello. Otras veces, los comentarios que hacen los

Cuando busqué *extraversión* en los mismos libros de referencia, se hizo rápidamente claro por qué a la mayoría de nosotros le parece un tanto sospechoso ser introvertido. En el *Diccionario de Psicología* se dice: «[...] una tendencia a dirigir la personalidad hacia fuera; el extravertido es sociable, un hombre [estoy segura de que también querían decir mujer] de acción y cuyos motivos están condicionados por los acontecimientos externos». En el *Diccionario Internacional de Psicología*: «[...] la extraversión está marcada por el interés en el mundo exterior, e incluye la confianza en sí mismo, la sociabilidad, la firmeza, la búsqueda de sensaciones y el dominio». En el *Nuevo Diccionario Universitario Webster* se lee: «[...] está marcada por conseguir gratificación desde lo que está fuera del yo, es amistosa y desinhibida».[*] Por último, en el *Diccionario de Sinónimos Nuevo Mundo de Webster* se afirma: «[...] persona orientada a los demás, sociable, el alma de las fiestas, presuntuosa». Eso es todo lo negativo que se dice de los extravertidos. ¿Empiezas a percibir la implicación de todo ello? Si en este libro parece como si estuviera tocando la bocina a favor de los introvertidos, es porque lo estoy haciendo. Intento simplemente equilibrar el terreno de juego; ha estado desnivelado demasiado tiempo.

---

[*] Las definiciones recogidas por la RAE siguen la misma línea: Introversión: Condición de la persona que se distingue por su inclinación hacia el mundo interior, por la dificultad para las relaciones sociales y por su carácter reservado. Extraversión: Condición de la persona que se distingue por su inclinación hacia el mundo exterior, por la facilidad para las relaciones sociales y por su carácter abierto.

introvertidos tienen más profundidad que el nivel medio general de la conversación; como eso puede hacer que la gente se ponga incómoda, no tienen en cuenta el comentario. Más tarde, otra persona puede decir *lo mismo* y recibir una gran respuesta. De ese modo, el introvertido se siente invisible, lo que hace que se frustre y se confunda.

Desde fuera, muchos introvertidos no dan pistas de los mecanismos mentales que rechinan y se engranan dentro de ellos. Sus caras pueden parecer impasibles o desinteresadas en las situaciones sociales. A menos que se sientan agobiados, o que verdaderamente no les interese (si el tema es demasiado insustancial), normalmente están pensando en lo que la gente dice. Si se les pregunta, compartirán sus pensamientos. Con los años he aprendido a preguntar lo que pensaban o sentían mis pacientes introvertidos. Casi siempre dicen algo que amplía lo que estábamos hablando; pero sus caras son tan inexpresivas que yo no tenía ni idea de si estaban a un millón de kilómetros de allí o no. En una situación de grupo, alguien puede empezar a excluir a los introvertidos si no mantienen contacto visual y no dan señales de que están escuchando.

3. Los introvertidos presionan a los extravertidos para que se detengan y piensen

La tercera razón de que los extravertidos desconfíen de los introvertidos es porque nosotros, los introvertidos, hacemos algo que ellos odian: nos atrevemos a insinuar que dejen de reaccionar y empiecen a reflexionar antes de entrar como una tromba. Los *outies* se ponen nerviosos cuando los introvertidos sugieren que frenen un poco, que planeen, que piensen en las consecuencias y que se concentren mucho más tiempo antes de actuar. Los extravertidos pueden ver ya el fin de un proyecto, como flores nuevas recién plantadas en el jardín trasero, por ejemplo. Están listos para ir al vivero a comprar plantas de vivos colores. Son como los caballos de carreras, que relinchan y tiran de las riendas si uno intenta refrenarlos. Por contraste, a los introvertidos, de paso más lento, les gusta detenerse y oler las rosas: «Vamos a sentarnos a mirar el jardín trasero y a pensar primero cómo queremos plantarlo», dicen. Intentar hacer que «aceleren el paso» es como intentar acelerar una tortuga: simplemente no pueden aumentar su ritmo, incluso si les prendes fuego bajo la tripa. Indudablemente, los *innies* y los *outies* pueden tener roces entre ellos.

CULPABILIZADOS Y DIFAMADOS

> Errar es humano; echarle la culpa a otro es más humano todavía.
>
> BOB GODDARD

Crecer mientras se es comparado constantemente con los extravertidos puede ser algo muy dañino. La mayoría de los niños introvertidos reciben el mensaje —manifiesto o encubierto— de que les ocurre algo. Sienten que los culpan —¿por qué no pueden responder más deprisa?— y que los difaman —a lo mejor es que *no son* muy listos—. Cuarenta y nueve de cada cincuenta introvertidos que he entrevistado se habían sentido rechazados y estigmatizados por ser como eran. Sin embargo, el número cincuenta, Greg, pastor eclesiástico, no lo hizo.

Oí a Greg dar una conferencia en la que se refirió a sí mismo, de modo muy informal, como introvertido. Inmediatamente después le pregunté si podría entrevistarlo para este libro. Yo quería averiguar por qué parecía no afectarle en absoluto su introversión. Resulta que provenía de una gran familia de introvertidos, de modo que no experimentó nunca esa sensación de ser un pez fuera del agua. Greg había creado una vida introvertida y equilibrada que incluía el sentimiento básico de aceptarse a sí mismo ya desde muy al principio.

Este ejemplo muestra lo importante que es un entorno que alimente nuestra naturaleza. Desgraciadamente, la mayoría de nosotros no crecimos en familias que aceptasen y alimentasen las cualidades propias de la introversión.

Por lo común, los niños introvertidos captan muy claro el mensaje de que algo les ocurre. En un estudio —que se repitió tres veces con los mismos resultados—, se preguntó a los participantes si su yo ideal era introvertido o extravertido. Les preguntaron también si su líder ideal era introvertido o extravertido. Como reflejo de los prejuicios que tiene nuestra cultura, todos ellos escogieron extravertido como su identidad y su líder ideales. Vivimos en una cultura que satisface y enaltece a los extravertidos. Indudablemente, aprendemos que es así como *deberíamos* ser.

La culpa y la vergüenza

He trabajado con varios pacientes inteligentes e introvertidos que creían tener un defecto fundamental; estaban convencidos de que algo les faltaba realmente en el cerebro. Para empeorar las cosas, sentían vergüenza y culpa. Con mucha frecuencia, la gente utiliza estas dos palabras indistintamente, pero son sentimientos realmente diferentes, aunque a veces difíciles de diferenciar.

La vergüenza es un sentimiento intensamente humillante y doloroso que se te adhiere al cuerpo como si fuera alquitrán caliente lleno de plumas.* Es muy difícil liberarse de ese sentimiento pegajoso y repelente. Si tienes alguno de estos síntomas es posible que estés experimentando un ataque de vergüenza:

- El impulso de encogerte o de ocultarte.
- El deseo de desaparecer.
- La sensación de que todo tu cuerpo se está debilitando.
- La sensación de que hablar es incluso más difícil de lo normal.

La vergüenza está relacionada con *ser*. Sentimos vergüenza cuando creemos que somos indignos o que tenemos defectos innatos. El resultado de la vergüenza es la sensación de impotencia y de desesperación. La vergüenza nos incita a replegarnos y a ocultarnos.

Existen muchos refranes y expresiones que reflejan este sentimiento: «Me quería meter bajo tierra», «Vergüenza debería darte» o «Yo esperaba que el suelo se abriese y me tragase» son solo algunos de ellos. La vergüenza es un sentimiento miserable que aplasta la alegría de compartir nuestro mundo interior con los que nos rodean. En

---

* Embrear y emplumar eran las formas típicas de castigar a los timadores en el Viejo Oeste.

lugar de eso, sentimos que exponerse duele demasiado y que tenemos que permanecer ocultos.

La vergüenza es compleja y confusa, y las condiciones tienen que ser justamente las correctas para que se dispare, muy a la manera en que tienen que darse las condiciones atmosféricas concretas para que se produzca el rayo que divide el cielo y el estallido del trueno que oímos. Para que alguien experimente vergüenza ha de estar muy involucrado en *revelar* algo profundamente personal a otro individuo. Imagina que le muestras a un amigo tuyo algo de lo que te sientes muy orgulloso. Si en lugar de agradecimiento lo que recibes es un gesto o una mirada de repugnancia, de ira, de reprobación o de indiferencia, eso puede disparar un deseo intenso de ocultarte. Dicho de otra manera, *vergüenza*.

Aunque la vergüenza afecta a todo el mundo, para los introvertidos es doblemente dolorosa. Disponemos de muy pocos recursos para superarla. Es posible que nos retraigamos y no nos mostremos durante mucho tiempo. Eso es una pérdida para todos.

La culpa es una emoción mucho menos compleja, y está relacionada con nuestros actos. Se trata de un sentimiento incómodo y persistente de *haber obrado mal*.

A menudo sentimos culpa cuando le hacemos daño a alguien o cuando nos hemos saltado una regla o una norma y nos preocupa que alguien se dé cuenta de ello. La culpa nos motiva a confesar lo que hayamos hecho mal para restituirlo.

Demasiada culpa puede hacer que los introvertidos se replieguen. Hay varias razones por las que los introvertidos pueden sentirse culpables. Muchos de ellos ven el panorama general y son conscientes de que todos estamos interconectados, de manera que se preocupan de cómo afectan sus actos a los demás. Es posible que piensen también que lo que les molesta a ellos —las interrupciones, por ejemplo— le molesta a todo el mundo. Como a menudo son muy observadores, pueden sentirse culpables por pequeños deslices. Se preocupan muchas veces por haber tratado mal a los demás, cuando no lo han hecho en realidad. Además, con el fin de evitar hacer algo que pueda dañar a otra persona, a veces se retiran aún más del mundo. Como consecuencia de esta decisión, ellos se privan de muchas de las cosas buenas de la vida, y la sociedad se pierde todo lo que ellos pueden aportar.

Antídotos para la culpa y la vergüenza

> Los sentimientos están por todos lados, así que ten cuidado.
>
> J. Masai

Para los introvertidos es muy importante aprender a controlar la culpa y la vergüenza; de otra manera, podrían pasarse mucho tiempo sintiéndose abatidos. Utiliza estos remedios para encarrilarte de nuevo:

- Si te sientes culpable, intenta averiguar si le has hecho daño a alguien *realmente*. A veces creemos que hemos ofendido a otra persona, pero es solo una percepción errónea. Por ejemplo, a los introvertidos no les gusta interrumpir a la gente; si se meten en una conversación e interrumpen las palabras de alguien, pueden sentirse culpables. Pero hay mucha gente a la que no le importa que le interrumpan, de modo que antes de suponer que eres responsable de haber molestado a alguien, compruébalo con esa persona. A lo mejor no reaccionó de la manera en que creíste que lo hizo. Dite a ti mismo: «Estaba un tanto nervioso por unirme a la conversación e interrumpí a Jane. Ella no parece molesta, así que todo está bien».
- Si le has hecho daño a alguien, discúlpate sinceramente y luego sigue adelante: «Ay, Jane, lo siento mucho, no te he dejado terminar. ¿Qué decías?». El antídoto principal de la culpa es la disculpa. Todos cometemos errores; perdónate a ti mismo.
- Si notas el embarazoso y difícil sentimiento de la vergüenza, intenta averiguar qué la ha disparado. Por ejemplo, si un compañero te pregunta algo en una reunión y tú quieres responder pero no se te ocurre nada, eso puede disparar en ti el

sentimiento de vergüenza. Te entran ganas de esconderte y piensas: «No soy bueno, no soy inteligente». ¡Alto! Dite: «Eso es solamente la manera de funcionar que tiene mi cerebro. No siempre tengo una respuesta rápida. Tampoco la tenía Albert Einstein. Puedo decirle a mi compañero que tengo que pensar en su pregunta y que luego le contestaré». Y déjalo correr. El antídoto principal de la vergüenza es la alta autoestima. Repítete a ti mismo que no hay nada malo en ti, que no te ocurre nada, que simplemente tu cerebro funciona de otra manera. Eres una persona reflexiva, y eso es bueno.

TOMAR LA TEMPERATURA DE TU TEMPERAMENTO

> Mantén elevadas las aspiraciones, moderadas las
> expectativas y pequeñas las necesidades.
>
> H. STEIN

Cuanto más introvertido seas, tanto más probable será que te hayas encontrado con la vergüenza y la culpa debido a tu forma de ser y tanto más probable será que te hayas sentido incomprendido, incluso por ti mismo. Esas experiencias pueden haberte llevado al retraimiento. Existen dos técnicas que pueden serte útiles para evitar que te retraigas demasiado: una es aprender a utilizar los antídotos contra la culpa y la vergüenza descritos antes; la otra es aprender a tomar la temperatura de tu temperamento, como si leyeras el nivel del mercurio en un termómetro. Una vez sepas cómo hacerlo, se convertirá en una adicción.

Puedes calcular tu nivel de energía todos los días. De ese modo, podrás ajustar el día, o la semana, o la vida de cara a mantener el equilibrio de oferta y demanda. Al hacerlo, puedes llegar a ser un introvertido seguro de sí mismo, menos vulnerable a estar exhausto, a quedarse en blanco, a sentirse avergonzado y culpabilizado por los demás. Intentémoslo.

¿Ha estado la tía Vera de visita? ¿Te ha seguido por toda la casa hablando a ciento cincuenta kilómetros por hora toda la semana?

Date cuenta de cómo te sientes. ¿Brazos pesados?, ¿te zumba la cabeza?, ¿cuerpo agotado?, ¿sientes los pies como si estuvieran metidos en botas de cemento? Si es así, tendrás que crear muchos descansos a lo largo de esta semana para recuperar tu energía. Si no es así, ¿te has quedado arropado en tu tranquilo hogar todo el fin de semana? Sientes que tu cuerpo está lleno de energía, que hay toda clase de ideas sobre lo que quieres hacer zumbando en tu cabeza. Estás deseando ponerte a ello. Este es un buen momento para hacer algunas de las tareas o actividades que has ido postergando.

Evidentemente, la mayor parte del tiempo no tendrás tan claro tu nivel de energía, así que aquí van algunas preguntas que plantearte para hacer una lectura de esa temperatura:

- ¿Cuál es mi nivel de energía mental? ¿Alerta? ¿Confuso? ¿Muerte cerebral?
- ¿Cuál es mi nivel de energía corporal? ¿Estoy hecho polvo? ¿Vivaz? ¿Inquieto?
- ¿Me siento sobreestimulado o infraestimulado?
- ¿Qué tengo que hacer hoy? ¿Qué es optativo?
- ¿Puedo añadir algo a la lista si tengo más energía?
- ¿Puedo dejar algo fuera de la lista si me queda poco combustible o si el depósito está vacío?
- ¿Puedo incluir descansos extra en mi horario?
- ¿Necesito tiempo a solas?
- ¿Qué clase de tiempo a solas necesito? (leer, echarme una siesta, mirar por la ventana, sentarme dentro en silencio, escuchar música, ver la televisión...).
- ¿Podría beneficiarme alguna estimulación externa? (ver amigos, ir al museo...).
- ¿Qué necesito hoy?

Si practicas esto de analizar tu cuerpo y comprobar tu energía mental, puedes aprender a leer la temperatura de tu temperamento. Si alguien te propone salir a comer comida china, si estás bien recargado de energía te sentirás más seguro de decir que sí. Si tu combustible está bajo, puedes decir que no sin sentir ni culpa, ni vergüenza, ni miedo de no volver a salir nunca más. Sabes que aceptarás la próxima vez que tu depósito de combustible esté hasta arriba.

Puntos que considerar

- Incluso las figuras públicas son introvertidas.
- Los introvertidos no necesariamente son tímidos, ni esquizoides, ni muy sensibles.
- A muchos introvertidos los han culpabilizado o los han avergonzado y difamado. Utiliza los antídotos.
- Aprende a tomarte la temperatura de tu temperamento.

CAPÍTULO

3

Teorías emergentes sobre el temperamento: ¿se nace siendo introvertido?

Dentro de ti hay un sosiego y un refugio a los que puedes retirarte cuando quieras y ser tú mismo.

HERMANN HESSE

¿Cómo es que hemos acabado por tener temperamentos más introvertidos o más extravertidos? El cerebro ha sido lento a la hora de revelar sus secretos. Hasta hace muy poco solamente podíamos comprender lo que ocurre en el cerebro observando la conducta y haciendo deducciones sobre lo que *podría* estar ocurriendo. Con conocimiento de causa, Carl Jung hizo la «suposición» de que la introversión y la extraversión tienen una base fisiológica. A principios del siglo XX no tenía manera alguna de estar seguro de eso; ahora, con la desarrollada tecnología de las resonancias magnéticas y los escáneres cerebrales, estamos más cerca de comprender los senderos de la comunicación y cómo se reflejan estos en la conducta humana. Por ejemplo, podemos hacer el mapa del territorio interno del cerebro y relacionar áreas concretas de actividad cerebral con experiencias y conductas determinadas. El desarrollo del mapa cerebral aclara y constata qué funciones de este órgano tienen influencia sobre el comportamiento.

Los científicos están todavía en la etapa de exploración del viaje cerebral, pero parece que el paisaje que emerge es increíblemente

69

complejo. Esto se refleja en el hecho de que casi todos los investigadores tengan una teoría ligeramente diferente sobre cómo funciona el cerebro. Algunas de las ideas que presento en este capítulo son todavía especulaciones. Aún queda mucho por recorrer, pero sin duda vamos bien encaminados. Tarde o temprano se pondrán al descubierto los maravillosos y enigmáticos secretos del cerebro.

Cada uno de nosotros ha nacido con ciertos «ingredientes» básicos, o rasgos innatos, que constituyen nuestro temperamento. En su libro *Molecules of Emotion* [Moléculas de emoción], Candice Pert intenta separar el temperamento de las demás características humanas:

> Asimismo, los expertos distinguen entre emoción, estado de ánimo y temperamento: las emociones serían lo más temporal y claramente identificable en lo que respecta a lo que las causa; el estado de ánimo puede durar horas o días, y es más difícil determinar su origen; y en cuanto al temperamento, que tiene una base genética, por lo general estamos atrapados en él (con ciertas modificaciones) para toda la vida.

Además del hecho de que sea bastante estable en el tiempo y que se halle bajo influencia genética, los investigadores concuerdan en que el temperamento tiene otras dos cualidades básicas: es distinto para cada persona y aparece desde edad temprana.

No existe un acuerdo real sobre los rasgos básicos que constituyen nuestro temperamento. No obstante, todas las listas de rasgos que elaboran los teóricos de la personalidad incluyen el par introversión/extraversión como el constructo* más fiable en lo que se refiere al temperamento.

---

* Constructo: Psicol. Categoría descriptiva bipolar con la que cada individuo organiza datos y experiencias de su mundo, como el frío y el calor, lo dinámico y lo estático, etc.

DIVERSIDAD DEL TEMPERAMENTO

> Lo más incomprensible del universo
> es que sea comprensible.
>
> ALBERT EINSTEIN

La explosión actual de la creación de mapas genéticos y cerebrales está abriendo una ventana científica a los enigmas de la naturaleza humana. Se mezclan algunas de las teorías de Charles Darwin con las de la psicología para dar forma a una nueva perspectiva, llamada psicología evolutiva. Los investigadores de este campo se preguntan si ciertas estrategias conductistas aumentan nuestras posibilidades de supervivencia y de reproducción. Darwin estudió a los pinzones en las islas Galápagos. Averiguó que, como respuesta a las exigencias medioambientales, los pájaros se habían adaptado desarrollando picos especializados. La versatilidad de los picos les permitía poder acceder a diferentes nichos ecológicos de alimentación. En lugar de consumir solamente insectos, podían comer una dieta variada que consistía en insectos, bayas silvestres, semillas y frutos secos. Eso hizo que aumentasen las posibilidades de supervivencia de toda la especie.

Cuando Jung, que admiraba a Darwin, escribió sus primeros artículos sobre introversión y extraversión, estaba claro que pensaba en el temperamento desde una perspectiva evolutiva. Vio que cada variación del temperamento era algo que necesitaba su propio entorno óptimo, un espacio natural donde poder florecer. Que haya gente que prospere en entornos óptimos diferentes aumenta las posibilidades de supervivencia de la raza humana en su conjunto. Es la forma que tiene la naturaleza de preservar las especies.

Jung escribió que los introvertidos conservan su energía, tienen menos niños, disponen de más formas de protegerse y viven más tiempo. Como valoran la vida sencilla, desarrollan apegos íntimos, planean, reflexionan sobre nuevas formas de hacer las cosas y animan a los demás a que sean prudentes, a que desarrollen la introspección y que piensen antes de actuar.

Por otra parte, Jung creyó que los extravertidos gastan su energía, se reproducen más a menudo, tienen menos maneras de protegerse y se extinguen más aprisa. Actúan rápidamente cuando amenaza el peligro y poseen la habilidad de llevarse bien con grupos grandes. Como su meta es aventurarse mucho más lejos para encontrar nuevos territorios, alimentos y otras culturas, estimulan las exploraciones de gran calado.

En la naturaleza, la estabilidad se basa frecuentemente en la tensión entre dos fuerzas opuestas. Liebres corredoras y tortugas lentas. Introvertidos y extravertidos. Hombres y mujeres. Pensar y sentir. Los seres humanos estamos hechos para adaptarnos. Estamos programados para no estar nunca completamente equilibrados o satisfechos, y eso nos mantiene fisiológicamente flexibles y deseando los cambios. Tenemos la capacidad de amoldarnos a muchos entornos diferentes.

La estabilidad del cuerpo humano se basa en la capacidad de adaptarse mientras se mantiene invariable. Nuestro organismo dispone de mecanismos reguladores opuestos que mantienen un *equilibrio* fluido. Semejante a los balancines, todos los sistemas corporales tienen un lado estimulador, o «encendido», y un lado inhibidor, o «apagado». Existen varios grupos de puntos en el cuerpo que señalan si algo no va bien. Las señales viajan a través de bucles de retroalimentación interconectados y apagan o encienden los sistemas hasta que el cuerpo regresa a una homeostasis variable.

Desde el principio de la humanidad, la gente ha intentado explicar las evidentes diferencias entre las personas, y muy a menudo se observaban esas diferencias a través de las lentes del equilibrio. La teoría de los humores, que empezó en los siglos V y IV antes de Jesucristo, era lo que estaba más de moda. Se creía que, para un temperamento equilibrado, el cuerpo necesitaba cantidades iguales de los cuatro humores: bilis amarilla, bilis negra, sangre y flema. En China, el equilibrio se basaba en las cinco fuerzas de la energía llamada *ch'i*: madera, fuego, tierra, metal y agua. Muchos esquemas de categorización diferentes han ido poniéndose y pasándose de moda con los siglos. El concepto de temperamento innato se arrinconó durante decenios, después de que los nazis abusasen de él al emplear estereotipos como pretexto para asesinar a judíos, gitanos, homosexuales y miembros de otros grupos. La idea del temperamento ha resucitado recientemente, con los avances tecnológicos que se han dado en psicobiología, en la investigación con gemelos, en la investigación animal y en los estudios con pacientes aquejados de lesiones cerebrales.

Hace tiempo que se reconoce que todos tenemos un clima natural de temperamento en el que nos sentimos más cómodos, donde mejor nos desempeñamos y mantenemos un equilibrio fundamental para nuestra especie. Lo nuevo es que estamos empezando a comprender que el temperamento es una función de mecanismos cerebrales subyacentes.

TU RECETA GENÉTICA

*La naturaleza está a menudo escondida, a
veces es dominada, rara vez extinguida.*

SIR FRANCIS BACON

¿De dónde viene nuestro temperamento? Empieza con los genes. Estamos configurados por nuestros genes, combinaciones químicas heredadas que establecen la estructura de cada individuo: las células, tejidos, órganos y sistemas que crean las intrincadas redes de nuestro cuerpo y nuestra mente. Todos los seres humanos compartimos el 99,9% de la misma fórmula genética. Nuestras diferencias individuales provienen del 0,1% de nuestro material genético que es *solamente nosotros*. Los genes de los chimpancés y de los seres humanos son iguales en un 98%. ¡No se necesita mucho material genético para hacernos muy distintos!

¿Cómo afectan los genes a nuestro temperamento? Parece que las diferencias en el temperamento provengan fundamentalmente de nuestra neuroquímica. Nuestra herencia genética consta de una reserva privada de unas ciento cincuenta sustancias y fórmulas químicas cerebrales para el desarrollo de nuestros neurotransmisores, que guían los mensajes de célula a célula y dirigen todas las funciones cerebrales. Se han identificado unos sesenta neurotransmisores hasta el momento. Los principales son la dopamina, la serotonina, la noradrenalina, la acetilcolina y las endorfinas. Estos neurotransmisores disponen de ciertos senderos en el cerebro. Según viajan por ellos, dirigen hacia *dónde* circula la sangre y regulan *la cantidad* de ella que fluye hacia varios centros cerebrales. La ruta y el flujo de sangre tienen influencia sobre qué partes del cerebro y del sistema nervioso central están «encendidas». La respuesta que tengamos ante el mundo y nuestra manera de comportarnos dependen de qué partes de los sistemas estén activadas.

EN TUS GENES

Sigamos el efecto de un gen, el *D4DR*, que influye sobre el temperamento. Ten presente que no hay ningún gen *simple* que provoque un temperamento concreto. Sin embargo, el *D4DR*, o «gen de la búsqueda de novedades», se ha estudiado extensamente y los resultados son bastante sorprendentes. Este gen está alojado en el cromosoma 11, al que Matt Ridley, en su libro *Genoma. Autobiografía de una especie en 23 capítulos*, llamó «cromosoma de la personalidad» por la influencia que tiene sobre la conducta. Los estudios sobre este gen empezaron a revelar las diferencias de temperamento entre la reina Victoria, que amaba la rutina, y Lawrence de Arabia, que era amante de la adrenalina.

El gen *D4DR* afecta al neurotransmisor dopamina, que controla los niveles de excitación y es vital para la motivación y la actividad física. Dean Hamer, jefe de estructura genética y normas del Instituto Nacional del Cáncer de Bethesda, en el estado de Maryland, lo estudió examinando familias a las que les gustaba saltar atados con gomas desde puentes, tirarse en paracaídas y la escalada sobre hielo. La pasión de los portadores de este gen es buscar experiencias por el gusto de hacer algo nuevo. Les encanta la música poco convencional, los viajes exóticos y cualquier cosa que sea innovadora. No pueden soportar las experiencias repetitivas, el trabajo rutinario y la gente aburrida. Pueden ser impulsivos y temperamentales, e incluso caer en adicciones, lo que los puede llevar a quemarse pronto. Hablan deprisa y son persuasivos. Están deseosos de correr riesgos y conseguir recompensas. Sus fortalezas son vivir la vida al máximo y desplazar los límites a nuevas alturas. Se descubrió que los buscadores de novedades tienen un gen

D4DR largo y son menos sensibles al neurotransmisor dopamina. Por lo tanto, tienen que experimentar las emociones y los escalofríos de la vida de cara a producir niveles más altos de este neurotransmisor.

A continuación Hamer estudió a individuos de perfil opuesto en lo que a búsqueda de novedad se refiere. Llegó a la conclusión de que sus genes *D4DR* eran cortos y que eran muy sensibles a la dopamina. Como ya reciben la suficiente dopamina en las actividades tranquilas, no necesitan tanta «agitación» en sus vidas. Reciben también una clase diferente de buenas sensaciones de otro neurotransmisor del que hablaré luego.

Estos individuos tienden a ser reflexivos y prefieren vivir a una velocidad más lenta. Sienten más incomodidad que disfrute en lo que respecta a buscar emociones o a correr riesgos. Son ordenados y

UNA VIDA INTERIOR

Imagina que tienes una mente muy activa atrapada dentro de un cuerpo que está completamente paralizado excepto por la capacidad de mover lateralmente los ojos y de parpadear. Hay unas cuantas personas viviendo esa pesadilla, llamada síndrome de enclaustramiento. Unos simples milímetros marcan la diferencia entre acabar en coma (inconsciente) o en un síndrome de enclaustramiento (consciente).

Ambos son provocados por traumatismos del bulbo raquídeo (que se sitúa en la base del cuello y está involucrado en la regulación de las funciones corporales básicas). Si el traumatismo ha ocurrido en la parte frontal del bulbo raquídeo, los senderos motores se destruyen, pero los pacientes mantienen la conciencia. Puesto que los nervios que se emplean para parpadear y para los movimientos de los ojos están en la parte trasera del bulbo raquídeo, todavía pueden moverlos. Esta trágica condición nos ha proporcionado una pista fascinante sobre la relación entre la acetilcolina y el disfrute que consiguen los introvertidos con la introspección. Aunque pareciera que la gente que padece el síndrome del enclaustramiento tuviese que sentirse claustrofóbica y aterrorizada, los investigadores se quedaron estupefactos cuando averiguaron que no era así. Estos pacientes, aunque están tristes debido a su situación, informan de una sensación de tranquilidad y de carencia de terror por su pérdida de libertad física. En ellos, la acetilcolina tiene bloqueado su camino hacia los músculos, pero no a los senderos cerebrales, de manera que permanece intacta su capacidad de sentirse bien por vivir en su mundo interior (el disfrute de pensar y sentir).

recavidos y disfrutan de la comodidad de la rutina y de lo conocido; así pues no corren muchos riesgos. A los que no se sienten genéticamente atraídos por la novedad les gusta ver la imagen completa antes de zambullirse en algo y se concentran bien en proyectos a largo plazo. Son ecuánimes, leales y saben escuchar.

Como dice Hamer en *Living with Our Genes* [Vivir con nuestros genes]:

> Los buscadores y los *evitadores* de novedad, no se diferencian en su deseo de sentirse bien —a todo el mundo le gusta sentirse bien—, sino que se diferencian en lo que les hace sentirse bien. Los que obtuvieron mayor puntuación en el test necesitan excitación para que su cerebro se sienta bien; el mismo nivel de agitación hace que los que obtuvieron las puntuaciones más bajas se pongan nerviosos. Una situación predecible y constante aburre a un buscador, pero reconforta a un *evitador*.

¿Verdad que esos buscadores/*evitadores* se parecen mucho a los introvertidos y los extravertidos? Aunque los investigadores no los describen con estos términos, creo que se acercaron mucho a la hora de describir los dos extremos del continuo del temperamento. Parece que la dopamina juega un papel importante en qué senderos cerebrales utilizan los introvertidos y los extravertidos y en cómo afectan esos circuitos a su temperamento y su conducta.

TRAS LAS HUELLAS DE LOS SENDEROS CEREBRALES

*La tortuga entierra sus pensamientos,
como sus huevos, en la arena,
y deja que el mar incube a los pequeños.*

PROVERBIO NATIVO NORTEAMERICANO[*]

La investigación cerebral ha puesto al descubierto que el cerebro tiene senderos diferentes para neurotransmisores diferentes. Muchos

---

[*] Por motivo de la corrección política, a los indios norteamericanos se los conoce como «nativos» o «primeras naciones».

estudios han delineado los senderos cerebrales asociados con la dimensión introversión/extraversión de la personalidad. Sin embargo, hasta que seamos capaces de crear realmente una imagen visual de la cantidad y situación del flujo sanguíneo en el cerebro, solo podemos hacer suposiciones fundadas.

La doctora Debra Johnson informó en la *American Journal of Psychiatry* del primer intento de reproducir, utilizando tomografías por emisión de positrones, estudios anteriores de la función cerebral de los introvertidos y los extravertidos. La doctora Johnson pidió a un grupo de introvertidos y a otro de extravertidos (que se establecieron mediante respuestas a cuestionarios) que se tumbasen y se relajasen. Se les inyectó en el torrente sanguíneo una minúscula dosis de radiactividad. Luego se los escaneó para calcular la parte más activa del cerebro. En el escáner, el rojo, el azul y otros colores brillantes revelaron dónde fluía la sangre y en qué cantidad.

La investigadora realizó dos descubrimientos que reproducían lo que experimentos menos complejos habían indicado ya. El primero es que los introvertidos tienen un flujo de sangre en el cerebro *mayor* que los extravertidos. Más flujo de sangre indica más estimulación interna. Cuando la sangre fluye a una parte de tu cuerpo, como cuando te cortas en un dedo, esa parte se vuelve más sensible. El segundo es que la sangre de los introvertidos y de

RECUPERACIÓN DE PALABRAS

Los introvertidos tienen problemas a menudo para encontrar la palabra que quieren cuando están hablando *en alto*. Nuestro cerebro utiliza muchas áreas diferentes para hablar, leer y escribir; por lo tanto la información tiene que circular libremente entre áreas separadas. La recuperación de palabras puede ser un problema para los introvertidos, porque la información se mueve despacio. Una de las causas de esto es que utilizan la memoria a largo plazo, de modo que cuesta más tiempo y se necesita la asociación correcta (algo que les recuerde la palabra) para alcanzar su memoria a largo plazo y localizar la palabra exacta que desean. Si están nerviosos, es posible que sea incluso más difícil encontrarla y expresarla. Las palabras escritas utilizan senderos distintos en el cerebro, que parece circular más fluidamente en muchos introvertidos.

los extravertidos fluye por senderos diferentes. La doctora Johnson averiguó que el sendero de los introvertidos es más complejo y más centrado internamente. La sangre de estos fluía hacia partes del cerebro involucradas en las experiencias internas, como recordar, resolver problemas y hacer planes. Este sendero es largo y complejo. Los introvertidos se estaban ocupando de sus pensamientos y sentimientos internos.

También hizo el seguimiento del rápido sendero cerebral de los extravertidos y mostró cómo procesan la entrada de información que influye sobre su actividad y su motivación. La sangre de los extravertidos fluía hacia áreas del cerebro encargadas de los procesos sensoriales, como la vista, el oído, el tacto y el gusto (incluso el olfato). Su sendero principal es corto y menos complejo. Los extravertidos ponían atención a lo que ocurría en el laboratorio; estaban centrados en la entrada de información sensorial. El estudio constató un concepto clave del rompecabezas de los temperamentos introvertido y extravertido. La doctora Johnson llegó a la conclusión de que las diferencias en la conducta que existen entre unos y otros resultan del uso de senderos cerebrales diferentes, que influyen sobre aquello a lo que dirigimos nuestra concentración, interna o externamente.

Como extravertida que es, Dana se siente eufórica en un animado partido de fútbol, absorbiendo las imágenes y los sonidos. Está entusiasmada y utiliza su memoria a corto plazo para charlar del juego con su pareja, Nathan, durante el descanso, contando todas las jugadas. Cuando sale del estadio, se siente dinamizada y «arriba».

Peter, que es introvertido, va al museo deseando ver su cuadro de Monet preferido. Según entra en el museo, que no está atestado de gente, se siente agobiado. Reduce inmediatamente su concentración, quizá sin siquiera darse cuenta de ello. Enseguida se dirige hacia la sala donde está colgado el Monet. Piensa en el cuadro y en su respuesta ante él, metiéndose en su memoria a largo plazo y comparando la experiencia actual con la de la última vez que vio el cuadro. Se imagina visitas futuras y añade suaves sentimientos de melancolía y un estremecimiento de excitación a la experiencia. Dentro de su cabeza, Peter dialoga consigo mismo sobre los pasteles sutiles de la pintura. Sale del museo sintiéndose bien.

Al aprender los circuitos exactos del cerebro que se activan en los introvertidos y los extravertidos, arrojamos luz sobre algunas de las razones por las que nos comportamos como lo hacemos. Pero la pista más valiosa aún está por llegar.

TRAS LAS HUELLAS DE LOS NEUROTRANSMISORES

No solamente es que la sangre de los introvertidos y la de los extravertidos sigan senderos diferentes, es que cada sendero necesita un neurotransmisor diferente. Recordemos que Dean Hamer averiguó, basándose en los genes, que los buscadores de novedad tienen que buscar emociones para cumplir con su mayor demanda de dopamina. Dije que se asemejaban mucho a los extravertidos extremos. Y resulta que el sendero que utilizan los extravertidos se activa por la dopamina, un potente neurotransmisor implicado en el movimiento, la atención, el estado alerta y el aprendizaje. En su libro *El nuevo mapa del cerebro*, Rita Carter expone:

> Parece que demasiada dopamina provoca alucinaciones y paranoia, y su insuficiencia provoca temblores y la incapacidad de empezar el movimiento voluntario. Está implicada en los sentimientos de sinsentido, de apatía y de tristeza. La baja dopamina tiene como resultado también carencia de atención y de concentración, ansiedad y síndrome de abstinencia.

Tener la cantidad correcta de dopamina en el cuerpo es fundamental. Y este neurotransmisor tiene otra función importante. En su libro *States of Mind* [Estados de la mente], Steven Hyman afirma: «Una forma de definir la función de este circuito de dopamina es describirlo como un sistema de recompensa. En efecto, dice: "Eso ha estado bien, vamos a hacerlo otra vez y vamos a recordar exactamente cómo lo hicimos"». Por eso son tan adictivas la cocaína y las anfetaminas, porque aumentan la dopamina.

Puesto que los extravertidos tienen una sensibilidad baja a la dopamina y a pesar de eso necesitan grandes cantidades de ella, ¿cómo consiguen la suficiente? Ciertas partes del cerebro segregan algo de dopamina; pero los extravertidos necesitan a su compañera, la adrenalina —que se libera por acción del sistema nervioso simpático—, para fabricar más dopamina en el cerebro. De modo que cuanto más activo sea un extravertido, tantos más golpes de euforia se dispararán para aumentar la dopamina. Los *outies* se sienten bien cuando tienen lugares a los que ir y gente a la que ver.

Por el contrario, los introvertidos son muy sensibles a la dopamina. Demasiada dopamina, y se sentirán sobreestimulados. Ellos utilizan un neurotransmisor completamente diferente, la acetilcolina, en su sendero predominante. En su libro *Wet Mind* [Mente húmeda], Stephen Kosslyn y Oliver Koenig ubicaron el sendero cerebral de la acetilcolina, y, ¿lo adivinas?: es el mismo sendero que la doctora Johnson estableció para los introvertidos. La acetilcolina es otro neurotransmisor importante, implicado en muchas funciones vitales del cerebro y del resto del cuerpo. Afecta a la atención y al aprendizaje (especialmente el perceptual), influye sobre la capacidad de mantener un sentimiento calmado y alerta y de utilizar la memoria a largo plazo y activa el movimiento voluntario. Estimula una sensación positiva al pensar y al sentir. Gran parte de las investigaciones actuales sobre la acetilcolina nos ayudan a comprender mejor el cuerpo y la mente de los introvertidos.

La acetilcolina fue el primer neurotransmisor que se identificó, pero, conforme se detectaban los demás neurotransmisores, la investigación se concentró en los más nuevos. Sin embargo, se ha hallado recientemente una conexión entre la deficiencia de acetilcolina y la enfermedad de Alzheimer. Este descubrimiento ha dado lugar a más investigaciones sobre la acetilcolina y su conexión con el almacenamiento de la memoria y los procesos del sueño. Parece que tiene un papel muy importante en nuestros estados de sueño y de vigilia. Soñamos cuando estamos en la fase REM (movimientos rápidos de los ojos, por sus siglas en inglés) del sueño. La acetilcolina «enciende» el sueño REM, que inicia los sueños, y luego nos paraliza (desconecta el movimiento voluntario) de manera que podamos soñar sin «representar» lo que soñamos. Los investigadores han comprobado que necesitamos dormir para codificar nuestros recuerdos, haciéndolos avanzar desde la memoria a corto plazo hasta la memoria a largo plazo durante el sueño REM. Como dice Ronald Kotulak en su libro *Wet Mind*, «la acetilcolina es el aceite que hace funcionar la máquina de la memoria. Cuando se seca, la máquina se detiene». Otro dato interesante es que el estrógeno evita la bajada de la acetilcolina. Esa es una de las razones por las que las mujeres, conforme disminuye su nivel de estrógeno durante la menopausia, experimentan pérdidas de memoria. De manera que los introvertidos necesitan un rango limitado de dopamina, que no sea demasiada ni demasiado poca, y un buen nivel de acetilcolina para sentirse en calma y sin depresión ni ansiedad. Es una zona de confort muy limitada.

Descubrir qué neurotransmisores utilizan los introvertidos y los extravertidos es fundamental, porque cuando se liberan los neurotransmisores en el cerebro, también se involucra el sistema nervioso autónomo (o neurovegetativo). Este sistema conecta mente y cuerpo e influye en gran medida en

LA CONEXIÓN CON LA NICOTINA

Una pista para el enigma de por qué se sienten diferentes los introvertidos y los extravertidos en cuanto a reflexión y acción proviene de una fuente extraña: la investigación sobre el porqué de la adicción al tabaco. En los estudios realizados, los fumadores informan de que fuman porque notan que se concentran mejor, que aprenden con más facilidad, que recuerdan mejor y que tienen una sensación de «estar espabilados». Los receptores de nicotina en el cerebro imitan la acción de la acetilcolina. Los senderos que utilizan este neurotransmisor, que aumenta la atención, la memoria y la sensación de bienestar, dominan en los introvertidos. La nicotina provoca también que el cuerpo segregue dopamina e influye en la descomposición de la serotonina y la norepinefrina, neurotransmisores que se activan en los extravertidos cuando están activos. Los cigarrillos desencadenan una sensación de bienestar en los dos lados del continuo introvertido/extravertido, así que no es de extrañar que fume tanta gente, incluso conociendo los peligros.

SENDERO LARGO DE LA ACETILCOLINA EN LOS INTROVERTIDOS

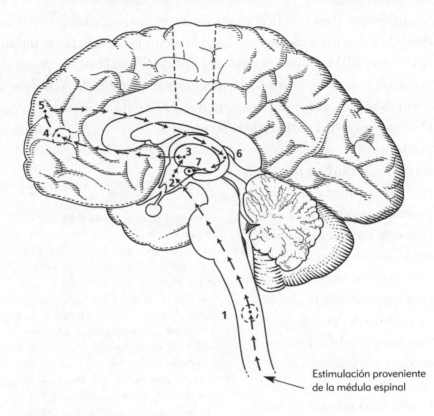

Estimulación proveniente
de la médula espinal

1. **Sistema de activación reticular:** los estímulos entran aquí donde se regula el estado de vigilia. Disminuido en los introvertidos.
2. **Hipotálamo:** regula la sed, la temperatura y el apetito. Activa el sistema a cámara lenta en los introvertidos.
3. **Núcleo anterior del tálamo:** estación de transmisión. Envía estímulos al lóbulo frontal o los rechaza en el caso de los introvertidos.
4. **Área de Broca:** área del habla, donde se activa el monólogo interior.
5. **Lóbulo frontal:** donde se procesan el pensamiento, la planificación, el aprendizaje y el razonamiento.
6. **Hipocampo:** sintonizado con el entorno, pasa la información a la memoria a largo plazo.
7. **Amígdala:** centro emocional, en el caso de los introvertidos es donde las emociones se traducen en pensamientos.

SENDERO CORTO DE LA DOPAMINA EN LOS EXTRAVERTIDOS

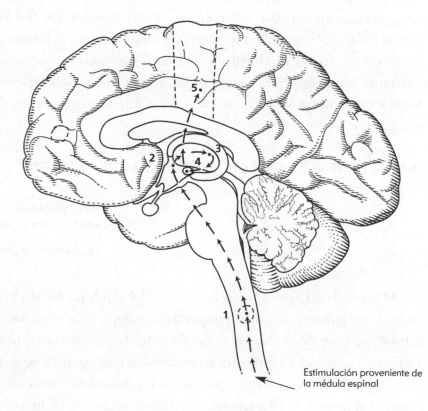

Estimulación proveniente de la médula espinal

1. **Sistema de activación reticular:** los estímulos entran aquí donde se regula el estado de vigilia. Amplificado en los extravertidos.
2. **Hipotálamo:** regula la sed, la temperatura y el apetito. Activa el sistema a toda máquina en los extravertidos.
3. **Núcleo posterior del tálamo:** estación de transmisión. Envía los estímulos amplificados a la amígdala.
4. **Amígdala:** centro emocional, en el caso de los extravertidos es donde las emociones se traducen en acciones.
5. **Área temporal y del movimiento:** el movimiento se conecta con la memoria funcional (a corto plazo). También es el centro del aprendizaje y de procesado de los estímulos sensoriales y emocionales. A toda máquina o a cámara lenta.

las decisiones que tomamos acerca de cómo comportarnos y reaccionar ante nuestro mundo. Creo que el enlace entre qué neurotransmisores viajan por cuáles senderos y cómo se conectan con las diferentes partes del sistema nervioso autónomo es la llave maestra que desbloquea el rompecabezas del temperamento. Mientras que el temperamento extravertido está vinculado al sistema nervioso simpático de dopamina/adrenalina y al de energía, los introvertidos están vinculados al sistema nervioso parasimpático de acetilcolina y al ahorro de energía.

LA VIDA ENGENDRA ENERGÍA; LA ENERGÍA CREA ENERGÍA

> Solo empleándose uno
> sabiamente se hace rico en vida
>
> ELEANOR ROOSEVELT

El hipotálamo, que se sitúa en la base del cerebro y tiene el tamaño de un guisante, regula la temperatura corporal, las emociones, el hambre, la sed y el sistema nervioso autónomo. Este sistema se llamó *autónomo* (del término griego αὐτόνομος, que significa «que se gobierna a sí mismo»). Existen dos ramas del sistema nervioso autónomo: el simpático y el parasimpático. Ambos actúan en contraposición mutua, como los pedales del acelerador y del freno de un automóvil. Controlan las funciones inconscientes como el ritmo cardíaco, la respiración y la regulación de los vasos sanguíneos; son los que más directamente están involucrados en mantener fluida la homeostasis. Funcionan como un círculo de retroalimentación, envían mensajes al cerebro por medio de los neurotransmisores que ellos mismos segregan y regulan la energía, el estado de ánimo y la salud.

Cuando se necesita movilidad, el sistema simpático —llamado a menudo el «sistema de lucha, miedo o huida»— se pone en movimiento. Lo llamo «sistema a toda máquina». Lo activa en el cerebro el neurotransmisor estimulante dopamina. Cuando se necesita que se retire, el sistema parasimpático, al que denomino «sistema a cámara lenta», relaja el cuerpo y nos calma. Lo activa en el cerebro el neurotransmisor inhibidor acetilcolina

Creo firmemente que estos dos potentes sistemas primarios, el «a toda máquina» (simpático) y el «a cámara lenta» (parasimpático), son los fundamentos de los temperamentos introvertido y extravertido. En su libro *Affect Regulation and the Origin of the Self* [Regulación de los afectos y origen del Yo], el doctor Allan Schore expone que cada persona tiene un punto de descanso entre los dos lados de esos sistemas. El punto de descanso es donde conseguimos la mayor parte de la energía y donde mejor nos sentimos. A lo largo de nuestras vidas iremos fluctuando en torno a nuestros puntos de descanso. En una conversación personal con el doctor Schore, me expuso que «el temperamento es la clave», que si conocemos nuestro punto de descanso, podremos entonces ajustar nuestra energía para conseguir nuestros objetivos.

Un estudio de los investigadores David Lester y Diane Berry confirma mi conclusión. Seleccionaron introvertidos y extravertidos basándose en cuestionarios y examinando sus respuestas fisiológicas, como hipertensión o hipotensión, nivel de actividad física, boca seca o húmeda y frecuencia de las punzadas de hambre. En la revista *Perceptual and Motor Skills* informaron de que habían averiguado que el sistema parasimpático del sistema nervioso autónomo era el dominante en los introvertidos.

El sistema a toda máquina

Digamos que te estás dando un paseo por el barrio a eso de las nueve de la noche y de repente, inesperadamente, hay un coyote grande que da vueltas en torno a ti con la cabeza baja y mirándote como a un sabroso tentempié de tarde. Tu cuerpo se acelera y pasas al sistema a toda máquina. Se te dilatan las pupilas para dejar entrar más luz, tu corazón bombea más rápido en tu pecho y tu presión arterial se eleva para proporcionar oxígeno extra a tus músculos y órganos. Se te estrechan los vasos sanguíneos para reducir el sangrado en caso de que salgas herido. Tu cerebro recibe la señal de ponerse en alerta hiper-concentrada. Se elevan el azúcar en sangre y los ácidos grasos libres para darte más energía. Se hacen más lentos tu digestión, la creación de saliva y los procesos de eliminación. Este sistema de lucha, miedo o huida se activa en las emergencias, reales o imaginarias. Es nuestro sistema activo para enfrentarnos a lo externo; nos prepara para adoptar decisiones rápidas para luchar si fuera necesario o para

SISTEMAS A TODA MÁQUINA/A CÁMARA LENTA

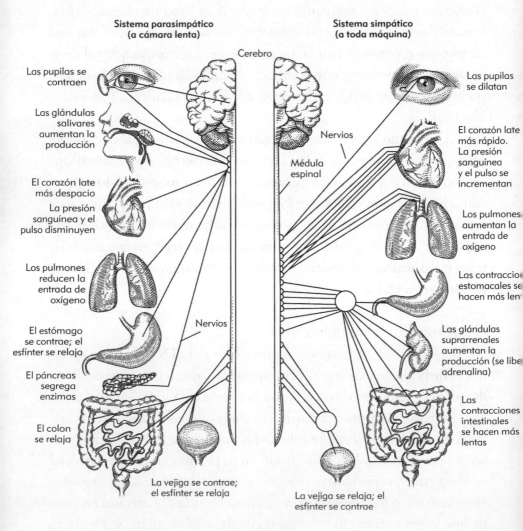

Sistema parasimpático (a cámara lenta)

Sistema simpático (a toda máquina)

Cerebro

Las pupilas se contraen

Las glándulas salivares aumentan la producción

El corazón late más despacio

La presión sanguínea y el pulso disminuyen

Los pulmones reducen la entrada de oxígeno

El estómago se contrae; el esfínter se relaja

El páncreas segrega enzimas

El colon se relaja

La vejiga se contrae; el esfínter se relaja

Nervios

Médula espinal

Nervios

Las pupilas se dilatan

El corazón late más rápido. La presión sanguínea y el pulso se incrementan

Los pulmones aumentan la entrada de oxígeno

Las contraccio estomacales se hacen más len

Las glándulas suprarrenales aumentan la producción (se libe adrenalina)

Las contracciones intestinales se hacen más lentas

La vejiga se relaja; el esfínter se contrae

salir huyendo. El pensamiento se reduce y la concentración recae sobre la actividad. En esta situación necesitamos este sistema para mover los brazos y gritarle al coyote o, si esto falla, tomar la vía rápida.

Nuestro cuerpo funciona principalmente en este sistema hasta que tenemos unos dos años de edad. Eso nos da la energía y el entusiasmo para explorar el mundo: lo que los psicólogos del desarrollo llaman «fase de prácticas». Como adultos, el sistema nervioso simpático nos moviliza hacia lo novedoso: nuevos alimentos, nuevas fronteras y nuevas compañías, todo lo que necesitamos para la supervivencia. Lo utilizamos cuando somos activos, inquisitivos o atrevidos. Si estamos sentados en las gradas animando a nuestro equipo de béisbol, este sistema libera energía enviando neurotransmisores del bienestar al cerebro. Libera también energía para nuestro cuerpo en forma de glicógeno y oxígeno.

Como hemos visto, los extravertidos se sienten con más energía con los comportamientos activos. El sistema a toda máquina está orientado al gasto, no a la recuperación. Por ello, si los extravertidos no aprenden a utilizar el sistema a cámara lenta, pueden llegar a quemarse y dañar su salud. Pueden aparecer problemas digestivos y del sueño, enfermedades cardíacas y deficiencias en su sistema inmunitario. El sistema a cámara lenta no les proporciona la energía, o los golpes de euforia (que he mencionado en el capítulo 2) que proporciona el sistema a toda máquina. Los extravertidos pueden equilibrar sus fortalezas naturales externas desarrollando capacidades internas y aprendiendo a utilizar el sistema a cámara lenta, ocupándose de los pensamientos, sentimientos, sensaciones y mensajes corporales.

El sistema a cámara lenta

Imagínate que vas caminando por una carretera polvorienta del desierto. Te apoyas en una piedra para observar una catarata que cae. De repente, oyes un cascabel; suena muy cerca. Vuelves despacio la cabeza y ves un crótalo adamantino enroscado que mueve su cascabel y te mira directamente con sus ojos pequeños y brillantes. Tu cuerpo se convierte en madera petrificada y todo se ralentiza. Una bombilla parpadea en tu cabeza: ¿qué debes hacer? Estas son las respuestas del sistema responsable de la conservación y almacenamiento de la energía, el sistema nervioso parasimpático. Este sistema manda señales al cuerpo para preservarse y retirarse. Tus pupilas se contraen para reducir la luz. Tu ritmo cardíaco y tu presión arterial se aminoran para bajar el consumo de oxígeno. Tus músculos se relajan. La digestión, las secreciones y la eliminación aumentan —por eso se lo llama a veces «sistema de descansar y digerir»—. La concentración hacia fuera se reduce y aumenta la concentración hacia dentro. La mente es capaz de pensar y de reflexionar. Decides ir alejándote despacio, con micromovimientos, de la piedra y de la serpiente de mal agüero.

Este sistema se hace más activo cuando los niños tienen entre dieciocho meses y dos años de edad. Aprendemos a calmarnos para poder controlar los esfínteres y el lenguaje. Cuando estás tumbado en la hamaca mirando las nubes, o simplemente relajándote, este es el sistema que predomina. Tu cuerpo está almacenando energía, no gastándola. Los neurotransmisores de «sentirse bien» de los introvertidos están en marcha conforme se relajan en una contemplación pensativa. Este sistema es restaurador y nos prepara para utilizar el

LAS CLAVES PARA LIBERAR TU MEMORIA A LARGO PLAZO

La memoria humana es algo muy complejo que utiliza muchas áreas cerebrales diferentes. El cerebro almacena recuerdos en múltiples lugares y crea enlaces entre ellos, llamados asociaciones. A menudo, los que somos introvertidos creemos que no tenemos nada de interés en la cabeza, porque no hemos desencadenado la asociación con nuestra memoria a largo plazo. Parece que tengamos la mente en blanco. Por eso, podemos llegar a olvidar hasta qué nos gusta hacer o qué se nos da bien. Tenemos que localizar un asidero, algo que podamos asociar, para arrancar una experiencia de nuestra memoria. Y esto es lo grande: la mayoría de las informaciones de la memoria a largo plazo se almacenaron con varios asideros o claves (asociaciones) para desbloquearlas. Solo con que encontremos una llave, podemos recuperar el recuerdo completo. Así que digamos que te gusta pintar, o pescar, o caminar por un parque lleno de plantas en flor, pero que esa información está encerrada en tu memoria a largo plazo. Tienes algo de tiempo libre, pero no puedes recordar qué te gusta hacer.

sistema a toda máquina cuando se necesite. El sistema a toda máquina no proporciona energía ni golpes de euforia a los introvertidos de la manera en que los extravertidos los experimentan. Normalmente, a la gente que tiene una fisiología introvertida toda esa dopamina y toda esa adrenalina le parecen demasiado estimulantes. Solo de vez en cuando puede ser divertido.

Los introvertidos que se queden demasiado tiempo en el sistema a cámara lenta pueden deprimirse, desmotivarse o frustrarse por no conseguir los objetivos que quieren alcanzar. Tienen que encender el lado a toda máquina de su sistema para levantarse y salir. Para esto es preciso controlar la ansiedad y la sobreestimulación, de lo que hablaré más adelante.

Los sistemas a toda máquina y a cámara lenta en la carretera

Es evidente que necesitamos la capacidad de utilizar los sistemas nerviosos simpático y parasimpático en ocasiones diferentes; pero sometido a estrés se pondrá en marcha nuestro sistema más dominante. Por ejemplo, hace varios años Mike y yo estuvimos involucrados en un accidente automovilístico. Viajábamos de noche por una carretera

A un extravertido esto puede sonarle a locura, pero es un problema común para los introvertidos. Recuerda que solamente hace falta una llave –como un pensamiento, una emoción o una asociación sensorial– para abrir todo el recuerdo. Siéntate, relájate y deja que tu mente divague y se asocie con llaves sensoriales posibles, como los olores, las imágenes, los sonidos, la sensación de tu cuerpo o el sabor de algo placentero. O piensa en una clave emocional, como por ejemplo cómo te sentiste la última vez que hiciste algo divertido. Permite que tu mente vaya adonde quiera; incluso puedes ir saltando de asociación en asociación. Quizá la sensación apacible de estar sentado en un parque en un día soleado regrese a ti, y con ella el pensamiento: «Me gusta el parque Oak, he disfrutado mucho allí». Ahora podrías ir al parque, o relajarte y buscar otro recuerdo. Apunta los recuerdos que encuentres para utilizarlos otro día, cuando no puedas recordar aquello con lo que disfrutas. Utiliza estas llaves para abrir el cerrojo de tu memoria y buscar también lo que se te da bien.

estrecha de dos carriles, y de repente algo enorme voló hacia nuestro parabrisas. Mike hizo un viraje sobre la doble línea amarilla; por suerte, el carril en el otro sentido estaba vacío. El enorme objeto volador no nos acertó y golpeó a la ranchera que venía detrás. Mike salió al arcén de la carretera y se detuvo. Yo no me moví; mi cuerpo parecía adormecido y mi respiración se había hecho más lenta. No quería que saliese del automóvil. En mi imaginación veía que lo atropellaban. Mike, con el corazón desbocado, solamente pensaba en emprender la acción. Abrió su puerta y saltó fuera a ver si había alguien herido.

Yo acudí a mi sistema dominante, el a cámara lenta (para detenerme y *examinar*), mientras que Mike se vio catapultado hacia el suyo, el a toda máquina (para saltar y *hacer* algo).

Resultó que una mula se había escapado de su cercado y vagabundeaba por la carretera. La había atropellado la camioneta que teníamos delante y se había estrellado en su parabrisas. Luego la malhadada criatura voló sobre nosotros (porque Mike la evitó rápidamente, mostrando una buena reacción a toda máquina) y golpeó el capó del automóvil que venía detrás. Mi reticencia a cámara lenta a salir del automóvil era considerable. Era una noche muy oscura y estábamos en una carretera de solo un carril en cada sentido, con vehículos que la atravesaban a gran velocidad. Era peligroso. Yo quería evaluar la situación, lo que es una buena estrategia. La respuesta a toda máquina de Mike —comprobar si había heridos— era útil. Al final resultó que no hubo seres humanos seriamente heridos. Tuvimos suerte. Tristemente, la mula no tuvo tanta. Varios hombres arrastraron su cuerpo fuera de la carretera antes de que cualquier otro conductor confiado pudiera chocarse con ella.

Para resumir, aunque todos nosotros necesitamos estos *dos* sistemas para estar equilibrados, estamos genética y medioambientalmente programados para utilizar uno de ellos más que el otro, sobre todo en condiciones de estrés. Creo que las dos ramas del sistema nervioso autónomo aportan el continuo introvertido/extravertido. Aunque ambas desarrollan su función en todos nosotros, nuestro cerebro y los neurotransmisores hacen dominante a una de ellas.

EL PANORAMA GENERAL

Si mezclamos las fórmulas de la genética, los mensajes dados por los neurotransmisores, los senderos cerebrales y las funciones de los centros nerviosos autónomos, ¿qué imagen obtenemos? Obtenemos el proceso completo y el bucle de retroalimentación para cada extremo del continuo introvertido/extravertido. Aunque los simplificaré, estos son los componentes básicos. Por supuesto, todos tenemos ambos sistemas, uno para enfocarnos hacia el mundo exterior y otro para concentrarnos en el mundo interior. Sin embargo, uno de ellos nos resultará más restaurador y energizante debido a la reacción del cerebro a los neurotransmisores.

El proceso introvertido

Los introvertidos van por ahí con la cabeza repleta de emociones y pensamientos. Están siempre reflexionando, comparando las experiencias nuevas y las viejas. A menudo tienen un diálogo constante consigo mismos. Puesto que es una experiencia tan conocida, es posible que no se den cuenta de que hay *otras* mentes que funcionan de maneras diferentes. Algunos introvertidos no son conscientes siquiera de que piensan muchísimo, o de que necesitan tiempo para que las ideas o las soluciones «estallen» en sus cabezas. Tienen que llegar hasta la memoria a largo plazo para encontrar la información. Eso requiere tiempo de reflexión sin presión. También necesitan darse espacio físico para dejar que los sentimientos y las impresiones se desarrollen. Durante el sueño REM, o mientras sueñan, este sendero incorpora las experiencias diarias y las almacena en la memoria a largo plazo, donde se archivan en muchas áreas diferentes del cerebro. Los introvertidos están en un proceso constante de destilado para el que se precisa muchísima energía interior.

La acetilcolina dispara también al hipotálamo para que este envíe un mensaje de conservación de energía al sistema nervioso parasimpático. Este sistema desacelera el cuerpo, lo que permite que los introvertidos puedan contemplar y examinar la situación. Si toman la decisión de actuar, necesitarán pensamiento y energía conscientes

NUESTRA FISIOLOGÍA Y NOSOTROS

Se puede observar mucho simplemente mirando.

YOGI BERRA

Las palabras *introvertido* y *extravertido* se han venido utilizando para describir a la gente desde hace casi cien años. ¿Por qué? En parte porque ser introvertido o extravertido es algo fácil de ver observando nuestra conducta. Y esa conducta brota de nuestra fisiología. Echemos un vistazo.

Circuitos cuerpo-mente en los introvertidos

Como hemos visto, el cerebro introvertido tiene un mayor nivel de actividad interna y de pensamiento que el cerebro extravertido. Está dominado por el sendero largo y lento de la acetilcolina. Este neurotransmisor dispara también el sistema a cámara lenta (sistema nervioso parasimpático), que controla ciertas funciones corporales y que tiene influencia en cómo se comportan los introvertidos.

El hecho de que los cerebros de los introvertidos mantengan una actividad frenética significa que es probable que:

- Reduzcan el contacto visual cuando hablan, para concentrarse en recolectar palabras y pensamientos, y lo aumenten cuando escuchan, para asimilar información.
- Sorprendan a los demás con su riqueza de información.
- Eviten recibir demasiada atención o concentración sobre ellos.
- Parezcan velados, aturdidos o fuera de juego cuando están estresados, cansados o en grupos.

El predominio del sendero largo de la acetilcolina significa que los introvertidos:

- Pueden empezar a hablar a mitad de un pensamiento, lo que confunde a los demás.
- Tienen buena memoria, pero les cuesta mucho recuperar recuerdos.
- Pueden olvidarse de cosas que conocen muy bien: podrían trabarse al explicar su trabajo u olvidarse temporalmente de la palabra que quieren utilizar.
- Pueden creer que te han dicho algo, cuando solamente lo han pensado.
- Tienen más claros los pensamientos, ideas y sentimientos después de consultar con la almohada.
- Podrían no ser conscientes de sus pensamientos si no los escriben o hablan de ellos.

La activación del sistema nervioso parasimpático significa que los introvertidos:

- Pueden tener problemas para motivarse o para moverse; incluso pueden parecer perezosos.
- Pueden tener reacciones lentas cuando están sometidos a una situación de estrés.
- Pueden tener modales calmados o reservados y puede ser que anden, hablen o coman despacio.
- Podrían necesitar controlar su ingesta de proteínas y su temperatura corporal.
- Tienen que tomarse descansos para restaurar la energía.

Circuitos cuerpo-mente en los extravertidos

El cerebro extravertido tiene menos actividad interna que el introvertido. Mira el mundo exterior para recoger estimulación que alimente el sendero de la dopamina, más corto y rápido. Las señales del cerebro viajan hacia el sistema a toda máquina (sistema nervioso simpático), que controla ciertas funciones corporales y tiene influencia en cómo se comportan los *outies*.

El hecho de que el cerebro de los extravertidos esté buscando constantemente nuevos aportes significa que es probable que:

- Ansíen la estimulación externa y tengan aversión a estar solos demasiado tiempo.
- Aumenten el contacto visual al hablar para asimilar las reacciones de los demás y lo disminuyan cuando escuchan, para percibir lo que ocurre en el entorno.
- Disfruten hablando y tengan mucha habilidad para ello, y se sientan energizados con la atención recibida o estando en primer plano.

El predominio del sendero corto de la dopamina significa que los extravertidos:

- Actúan sin pensar y hablan más que escuchan.
- Tienen una buena memoria a corto plazo que les permite pensar aprisa.
- Les va bien en exámenes con control de tiempo, o bajo presión.
- Se sienten revigorizados por los debates, las novedades y las experiencias.
- Pueden charlar socialmente con facilidad y fluidez.

La activación del sistema nervioso simpático significa que los extravertidos:

- Actúan rápidamente cuando están sometidos a una situación de estrés.
- Disfrutan al mover el cuerpo y al hacer ejercicio.
- Tienen un nivel alto de energía y no necesitan comer tan a menudo.
- Están incómodos si no tienen nada que hacer.
- Desaceleran o se queman en la mediana edad.

para hacer que el cuerpo se mueva. Esto explica por qué muchos introvertidos se sientan durante períodos largos mientras se concentran. La acetilcolina premia también la concentración, proporcionando golpes de euforia, pero no ofrece glucosa y oxígeno (energía) al cuerpo. El proceso introvertido da como resultado una conducta que afecta a todas las áreas de su vida.

El proceso extravertido

Los extravertidos están siempre alerta ante los aportes sensoriales y emocionales. Cuando tienen estímulos pueden responder rápidamente, porque el sendero es rápido y poseen una gran capacidad de reacción. Tienen la memoria cercana en la punta de la lengua, así que cuando el introvertido todavía está esperando una palabra, el extravertido ya ha soltado varias. Los extravertidos necesitan más aportes para mantener funcionando su bucle de retroalimentación. Su organismo alerta al sistema nervioso simpático, que está ideado para emprender la acción sin pensar demasiado. Libera adrenalina, sangre (oxígeno) y glucosa a los músculos, inundando así el cuerpo de energía. La liberación de neurotransmisores desde varios órganos entra en el bucle de retroalimentación y envía los componentes de nuevo al cerebro para generar más dopamina. La dopamina y la adrenalina liberan golpes de euforia desde el centro de «sentirse bien». No tiene nada de raro que los extravertidos no quieran desacelerar.

A los introvertidos toda esa adrenalina y toda esa glucosa provocan que enseguida se sientan hechos polvo. Es demasiado estimulante, consume demasiado combustible y los deja con el depósito vacío. Como no tienen tantos golpes de euforia de la dopamina y la adrenalina y no aumenta la acetilcolina en su bucle de retroalimentación, no reciben las mismas buenas sensaciones que tienen los extravertidos en su lado del sistema.

DE DOS MENTES

> Existe un rincón insensato hasta en
> el cerebro del hombre más sabio.
>
> ARISTÓTELES

La naturaleza ha hecho del cerebro un matrimonio de dos mentes. Este órgano está dividido en dos mitades, los hemisferios cerebrales izquierdo y derecho. De alguna manera, los dos hemisferios actúan como si fueran dos cerebros separados. Paradójicamente, actúan también como una sola unidad. Los hemisferios gemelos están unidos entre sí por un puente de fibras (llamado «cuerpo calloso») que permite que circule de un lado para otro una corriente de diálogo constante, pero cada uno de ellos parece especializarse en ciertas funciones y conductas. Las investigaciones han averiguado que determinadas personas utilizan ambos hemisferios conjuntamente (eso se conoce como predominio bilateral), pero la mayor parte de la gente depende de un hemisferio más frecuentemente que del otro, como ocurre con las dos ramas (simpática y parasimpática) del sistema nervioso autónomo. Los introvertidos muestran aptitudes, conductas y limitaciones diferentes, según cuál sea su hemisferio predominante.

Durante los primeros dos años de vida utilizamos principalmente nuestro hemisferio derecho, orientado a los símbolos. Por eso pueden aprender los bebés el lenguaje de signos cuando tienen nueve o diez meses de edad: la mente del lado derecho de su cerebro puede relacionar un símbolo con un significado. Mover la mano significa «adiós». Un dedo sobre los labios indica «tengo hambre». (He incluido en la bibliografía un libro estupendo para enseñar a los bebés el lenguaje de signos, titulado *Los gestos del bebé*, de Linda Acredolo y Susan Goodwyn). La mente del lado izquierdo del cerebro se activa entre los dieciocho meses y los dos años de edad, cuando empieza a aparecer el lenguaje. Recuerda que es también cuando comienza a funcionar el sistema a cámara lenta. Nuestra «etapa de prácticas» se hace más lenta, de manera que podamos aprender a pensar y a hablar.

El hemisferio derecho

Cada mitad del cerebro maduro tiene sus propias fortalezas y debilidades, su propio estilo de procesar la información y sus habilidades especiales. Las aptitudes del lado derecho aportan dones espontáneos, creativos e ilimitados al mundo. A veces nos referimos a esta parte como la mente inconsciente. Tiene muy poca capacidad de lenguaje y no puede expresar en palabras el proceso del pensamiento. En lugar de eso, el pensamiento se forma de una manera rápida, compleja y espacial. Las personas en las que predomina el lado derecho del cerebro pueden realizar varias tareas a la vez. Son emotivas y pueden ser divertidas y juguetonas.

Las funciones del hemisferio derecho son difíciles de explicar porque son, por naturaleza, no verbales, abstractas, holísticas, simultáneas e ilimitadas. Se asemejan a un caleidoscopio multicolor que cambia constantemente, en el que los rodantes trocitos coloreados forman gran variedad de patrones. La mente de esta parte del cerebro se manifiesta en expresión corporal, acciones, danza de flujo libre y varias formas artísticas. Se ocupa de los aspectos creativos de la vida humana, como el ritmo, las ensoñaciones, las imágenes, los colores, el reconocimiento facial y la formación de patrones.

¿DERECHA O IZQUIERDA?

No todos los introvertidos piensan igual. Los que tienden a ser más del lado derecho del cerebro procesan la información, utilizan el lenguaje e intuyen de una manera bastante distinta a los que son más del lado izquierdo. Si conforme vayas leyendo este libro te parece que lo que digo no encaja bien contigo, es posible que sea porque el tema al que me refiero se ve influido por el lado dominante del cerebro. Por ejemplo, los introvertidos del hemisferio izquierdo pueden sentirse más cómodos hablando en público que los del hemisferio derecho. De manera que si digo que los introvertidos tienen dificultades para encontrar palabras algunas veces, esa experiencia podría no tener nada que ver en absoluto contigo. Cuando termines de leer esta parte, comprueba si en ti predomina más el lado derecho o el izquierdo del cerebro.

Si eres más del hemisferio derecho, es posible que tiendas a:

- Ser juguetón a la hora de resolver problemas.
- Responder con emoción a los acontecimientos.
- Interpretar fácilmente el lenguaje corporal.
- Tener un buen sentido del humor.
- Procesar subjetivamente la información.
- Improvisar.
- Utilizar metáforas y analogías cuando describes algo.
- Tratar varios problemas a la vez.
- Utilizar mucho las manos en la conversación.
- Darte cuenta de los patrones y pensar en imágenes.
- Ver las soluciones como algo aproximado que evoluciona.
- No ser consciente de todo lo que sabes.

El hemisferio izquierdo

El hemisferio izquierdo es una de las razones principales de que hayamos tenido éxito como especie. Contribuye a ejecutar planes complejos. Si tu mente dominante es la del hemisferio izquierdo, manejas la información de manera muy diferente a aquellos en quienes domina el derecho: procesas las cosas una a una y, si tienes una serie de tareas que hacer, te gusta acabar una antes de empezar con otra. A menudo haces listas y dependes más de la memoria a corto plazo, de la repetición y de las habilidades verbales.

Es posible que supongas que hay más hombres con el lado izquierdo dominante que mujeres. Estas personas tienden a ser pulcras, metódicas y puntuales. Valoran la información escrita y hablada. Tienden a pensar de manera concreta, como si estuviesen procesando datos, y les gusta reducir la información en secciones lógicas. En la toma de decisiones no están tan influidas por las emociones. Si tienen sentido del humor, este caerá más del lado ingenioso o sarcástico. Pueden parecer un tanto controlados, fríos y desapegados.

Los introvertidos regidos por el hemisferio izquierdo están más cerca de la imagen tópica que tiene la mayor parte de la gente de lo que es un introvertido. Es posible que tengan menos necesidades sociales

LOS HEMISFERIOS IZQUIERDO Y DERECHO DEL CEREBRO

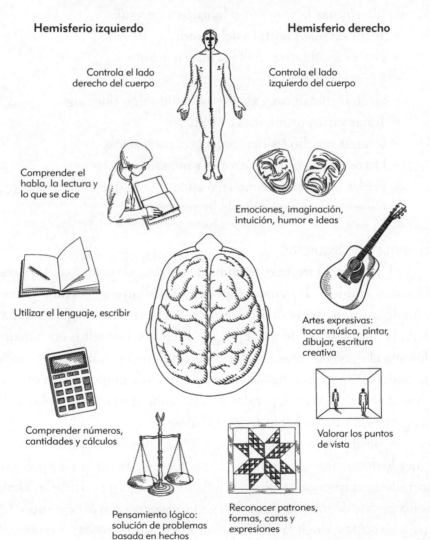

Hemisferio izquierdo

Controla el lado
derecho del cuerpo

Comprender el
habla, la lectura y
lo que se dice

Utilizar el lenguaje, escribir

Comprender números,
cantidades y cálculos

Pensamiento lógico:
solución de problemas
basada en hechos

Hemisferio derecho

Controla el lado
izquierdo del cuerpo

Emociones, imaginación,
intuición, humor e ideas

Artes expresivas:
tocar música, pintar,
dibujar, escritura
creativa

Valorar los puntos
de vista

Reconocer patrones,
formas, caras y
expresiones

ALGO PARA REFLEXIONAR

Aquí tenemos unos cuantos datos más relacionados con la introversión y la extraversión procedentes de las investigaciones científicas:

- Los extravertidos tienen más problemas con la ley, se divorcian más, cambian más de trabajo, consiguen y pierden más amigos y en general tienen más conflictos que los introvertidos.
- A los introvertidos les va mejor en tareas que necesiten una atención cuidadosa, como las que realizan los controladores de vuelo. Los extravertidos se aburrirían de mirar la pantalla: «Vaya, otro 747».
- A los extravertidos les va mejor en la escuela elemental y en los exámenes, pero los introvertidos tienen más éxito en la universidad y en la escuela de posgrado.
- En un estudio sobre el dolor, los extravertidos se quejaban más al sufrirlo, sin embargo mostraban un umbral de dolor más alto que el de los introvertidos.
- En un examen de tareas memorísticas, los introvertidos lo hicieron mejor que los extravertidos independientemente de si recibieron comentarios positivos, negativos o no recibieron ninguno. La actuación de los extravertidos mejoraba al recibir comentarios positivos.
- Los introvertidos tienden a tener más problemas de sueño.
- En un estudio llevado a cabo con 258 estudiantes universitarios se averiguó que los extravertidos tienen la autoestima más alta que los introvertidos.
- En la escuela secundaria, los niños extravertidos y los introvertidos debaten los temas de manera diferente. Los primeros tienden a contradecir y dar ejemplos contrarios, mientras que los segundos trabajan en colaboración para desarrollar soluciones creativas.
- Los extravertidos se adaptan más rápidamente a los cambios de zona horaria que los introvertidos.
- Los extravertidos prefieren el humor insustancial, mientras que los introvertidos prefieren el humor más mental.

y que estén enfocados a menudo en una profesión o *hobby*. Para protegerse de la ansiedad, quizá puedan utilizar la negación o el pensamiento obsesivo.

Si eres más del hemisferio izquierdo, es posible que tiendas a:

- Analizar los puntos a favor y en contra antes de emprender la acción.

- Ser limpio y ordenado.
- Fundamentar decisiones basándote en los hechos, no en el sentimentalismo.
- A la hora de describir algo, ofrecer ejemplos concretos.
- Pensar desde el punto de vista de correcto o equivocado, positivo o negativo.
- Asimilar objetivamente las experiencias.
- Ser intensamente consciente del tiempo.
- Proceder paso a paso.
- No seguir las pautas sociales.
- Categorizar.
- Estar orientado hacia las ideas.
- Sentirte cómodo con las palabras y los números.
- Buscar soluciones precisas.

APUESTA POR TUS PUNTOS FUERTES

Es importante que los introvertidos conozcan qué lado del cerebro es dominante en ellos para comprenderse mejor. Creo que es posible que los del lado cerebral izquierdo estén más cómodos viviendo la vida como introvertidos. Pueden tener menos necesidades sociales, de manera que no tienen problemas por pasar su tiempo a solas. Con frecuencia, son más del tipo oral y lógico que los introvertidos del lado derecho, de modo que consiguen tener más éxito en los estudios, el trabajo y las reuniones. Hay muchos ingenieros, contables y apasionados de la informática que encajan en esta descripción. Puesto que estas personas pueden ser menos emotivas y concentrarse más en los detalles, se sienten bien consigo mismas o ni siquiera se dan cuenta de que son diferentes.

Los introvertidos del lado derecho tienen muchas aptitudes, pero gran parte de ellas son difíciles de convertir en habilidades laborales tradicionales. Son creativos y pueden parecerles excéntricos o raros a los demás. La expresión *artista muerto de hambre* se creó para ellos.

Toma nota de cuántos actores y actrices aparecen en mi lista de introvertidos famosos del capítulo 2. La mayoría son probablemente del lado cerebral derecho. Como este tipo de introvertidos experimentan más emociones y ven el panorama general, pueden sentirse bastante susceptibles por su diferencia.

Los sistemas educativos están pensados para el aprendizaje del lado izquierdo del cerebro, que necesita la lógica, la capacidad oral, el cuestionamiento analítico, respuestas rápidas (exámenes con tiempo limitado) y memorización rápida. Los niños con predominancia del hemisferio cerebral derecho están a menudo en desventaja, o se los valora poco. Uno de los motivos de que fuese tan popular el libro *Inteligencia emocional*, de Daniel Goleman, era debido a que defendía la fortaleza de aquellos en quienes predomina el hemisferio derecho, quienes con frecuencia se sienten incomprendidos y experimentan episodios de depresión.

El predominio de un hemisferio u otro afecta a nuestro modo de aprender. Es importante darse cuenta de que si tu hemisferio predominante es el derecho, aprendes cosas nuevas mejor si ves modelos completos en imágenes. Si puedes crear una imagen del concepto en tu mente, lo comprenderás mejor; así que las ilustraciones o los ejemplos son lo que mejor funciona para ti. Es posible que las teorías y las explicaciones no le sirvan de mucho a las personas regidas por el hemisferio derecho: aprenden bien haciendo y preguntando conforme van asimilando y responden mejor a las metáforas y las analogías que a los comentarios o al pensamiento discursivo.

Las personas regidas por el hemisferio izquierdo asimilan las cosas nuevas de modo secuencial. Aprenden por medio de la repetición y de comprender los principios, los puntos principales y las ideas teóricas. Es posible que necesiten ponerlo en palabras o utilizar las expresiones de una fuente acreditada. También pueden necesitar datos que apoyen lo que dice alguien para confiar en su información.

En resumen, en este capítulo he hablado de algunos de los ingredientes que se combinan para construir un temperamento introvertido. Nuestro cerebro es una maravilla increíble. Los genes determinan el comportamiento de nuestros neurotransmisores. Los neurotransmisores envían más sangre a los centros cerebrales contemplativos, de modo que reflexionamos sobre nuestras experiencias según vamos atravesando el día. En situaciones estresantes, nuestra fisiología nos inclina a utilizar el sistema a cámara lenta, de manera que tendemos a replegarnos y valorar, más que a precipitarnos hacia la acción. El último elemento clave a la hora de establecer nuestra perspectiva es el predominio de los lados cerebrales. ¿Procesamos la información que nos llega del exterior en el hemisferio cerebral derecho o en el izquierdo?

Al conocer la forma en que trabaja *tu* cerebro puedes hacer disminuir la vergüenza y la culpa, crearte un entorno óptimo y apreciar mejor tus dones especiales y únicos.

Puntos que considerar

- ▸ Todos los seres humanos nacemos con predisposición hacia un temperamento.
- ▸ La variación de temperamentos amplía las oportunidades de supervivencia de nuestra especie.
- ▸ Los genes proporcionan las fórmulas para nuestros neurotransmisores.
- ▸ Los neurotransmisores determinan qué parte de nuestro cerebro y de nuestro sistema nervioso utilizamos.
- ▸ El predominio izquierdo o derecho afecta a nuestro modo de procesar la información y de responder al mundo.

Navegar por aguas extravertidas

Si tu barco no llega, nada tú a su encuentro.

JOHATHAN WINTERS

Relaciones: déjate llevar por la música y baila

Una de las necesidades humanas más antiguas es la de tener a alguien que se pregunte dónde estás cuando no vuelves a casa por la noche.

MARGARET MEAD

Las relaciones son como el baile: un-dos-tres, un-dos-tres, «¡ay!, que me pisas», dice tu pareja. Y luego, durante un rato, te deslizas, vuelas, fluyes... Tu pareja pasa un brazo por detrás de tu cintura y te inclina hacia atrás... y cataplúm, ¡te deja caer! Gira y se aleja, y después vuelve y te toma de nuevo de la mano. Y así es la coreografía de las parejas. Siempre habrá momentos en los que uno de los miembros esté bailando a ritmo de música disco y el otro chachachá.

Ninguna relación es fácil. Cada una de ellas da pasos en falso y muchos pisotones. Tanto si mantienes una relación introvertido/introvertido como si la tuya es una unión introvertido/extravertido, hay juegos de pies difíciles de aprender. Reconocer algunas de las formas en que tu temperamento afecta a tus relaciones puede ser útil para mejorar tu baile y ayudarte a deslizarte más y a pisaros menos. Conocer el temperamento de cada persona reduce la culpabilización, la crítica, la actitud defensiva y la inhibición, que son tropezones importantes en las relaciones.

BAILAR EN LAS CITAS

El amor es el mago que saca al hombre
de su propio sombrero.

BEN HECHT

Aunque algunos introvertidos son perfectamente felices sin comprometerse en una relación, la mayoría de ellos prefieren estar implicados íntimamente con alguien. Esto significa normalmente que en un momento u otro tienen que hacer incursiones en el mundo de las citas. Con frecuencia esto es una tarea gigantesca a la que muchos introvertidos se aproximan con inquietud. Las citas son como entrar en una pista de baile llena de ritmos frenéticos y requieren un gasto enorme de energía. Además, aumentan la necesidad de tiempo de procesado y ocupan mucho tiempo de recarga. Hay que planear salidas, hablar con una persona desconocida, reflexionar sobre lo que sucedió y tramitar las emociones revueltas.

Para evitar tener que dar el primer paso, los introvertidos frecuentemente esperan a que un amigo, un compañero de trabajo o un pariente les presente a alguien. Aun así, hay veces en que tienen que arreglárselas por sí mismos. Piensan en las citas como si fuera aprender un baile nuevo. Es una experiencia desconocida y el movimiento de pies parece torpe y embarazoso, pero la recompensa —bailar moviendo el esqueleto— merece la pena.

Vemos a muchos introvertidos casados o en pareja con extravertidos, y existen varias buenas razones para esto. Para empezar, hay más extravertidos —recuerda, tres extravertidos por cada introvertido—, por lo que es más fácil conocer alguno. Mientras los introvertidos están navegando por Internet, dando una vuelta en bicicleta en solitario o acurrucados leyendo en casa, los extravertidos están *por ahí* relacionándose, en fiestas, clubes deportivos u organizaciones profesionales. Y además, está el problema de la «otredad». Carl Jung pensó que nosotros, como seres humanos, estamos buscando constantemente ser una persona completa; y creyó que, por lo tanto, nos sentimos atraídos por parejas opuestas a nosotros y las elegimos. Otro motivo de que los introvertidos sientan atracción por los extravertidos es porque estos últimos se encargan frecuentemente de los «deberes» de hablar y de actuar en la relación, lo que significa que los introvertidos pueden relajarse y sentir menos presión.

A los introvertidos, los extravertidos les parecen capaces de saltar por encima de un rascacielos de un solo salto. «Mira ahí arriba, es el Superextravertido» –recuerdo haber pensado cuando conocí a Mike–. Vaya, realmente consigue hacer mucho; todos los miembros de su familia son como abejas obreras». Como en aquel momento creía que a mí me pasaba *algo* (que, como he dicho antes, es algo que tienden a creer muchos introvertidos), supuse que lo que hacían era «correcto». Eso ocurrió mucho tiempo antes de que me diera cuenta de que no era cuestión de correcto o equivocado, sino de diferencias.

Salir con alguien es un *proceso* que te permite observar tus reacciones y las reacciones del otro. Poco a poco, sin prisa pero sin pausa, irás sintiéndote más cómodo en las citas.

Prepararse poco a poco para conocer a alguien nuevo

Lo primero es divulgar la noticia. Diles a tus amigos y parientes que estás listo para salir con alguien. Dales orientaciones generales sobre el tipo de persona que puede interesarte, como rango de edad, tipo de personalidad (o sea, introvertida o extravertida), profesión, intereses, educación y aficiones. No te olvides de añadir unas cuantas preferencias personales: sentido del humor, lealtad, perspicacia, expresividad... Haz una lista de *tus* mejores cualidades y pégala sobre el espejo del baño. Léela todas las mañanas. Créela.

Cuando empieces, si te sientes un poco desanimado, recuerda que estás en una aventura y que será fascinante descubrir una nueva persona y su punto de vista sobre el mundo. Felicítate por cada paso que des.

A continuación te muestro una lista con algunas ideas para que empieces a calentar motores. Te toca a ti elegir; lo de la lista solamente son sugerencias. No existe una manera ideal de salir con alguien. Diviértete.

- Piensa en lugares que ofrecen oportunidades para encuentros breves —ascensores, supermercados, paseos con el perro— donde puedas conocer a gente al sonreír y saludar.
- Pide que tus amigos introvertidos te digan las técnicas que les hayan funcionado para salir con alguien; pregúntales cómo conocieron a su pareja o su cónyuge.
- Echa un vistazo a algún libro de autoayuda dedicado al tema de las citas. Elige cada semana un par de consejos y ponlos a prueba.
- Ensaya algunos comentarios que hacer sobre ti mismo cuando conozcas a alguien nuevo.
- Apúntate a un grupo que relacionado con alguna actividad que te interese, como alguna organización ecológica o un grupo de bailes regionales. Suscríbete a series de conferencias o asiste a clases de música.
- Colabora como voluntario en alguna organización cuya filosofía respetes, como cualquier asociación o fundación solidaria.
- Respetando tu naturaleza introvertida, haz una lista de actividades que te gustaría llevar a cabo en una cita romántica.

El procedimiento para las citas románticas

¿Por qué se le han ocurrido las citas románticas a la naturaleza? Es un procedimiento importante para ayudarnos a conocer a los demás de manera íntima, para saber cómo reaccionan ante los acontecimientos de la vida. ¿Se repliegan en sí mismos si se sienten incómodos? ¿Se enfadan con facilidad? ¿Echan la culpa a los demás? ¿Te dan la oportunidad de responder? ¿Son amables con los ancianos, los niños y las mascotas? ¿Necesitan atención constantemente? ¿Cómo pasan su tiempo libre? Así, con el tiempo, puedes ver cómo te sientes con parejas potenciales. ¿Tenéis buenas conversaciones? ¿Son cómodos los silencios? ¿Te sientes estimulado, aburrido, controlado, ignorado? Es importante dejar que se despliegue el procedimiento. No te precipites a colgarle a la primera persona con la que sales la etiqueta de «pareja ideal». A veces, los introvertidos quieren acortar el proceso

ESTRATEGIAS PARA SALIR CON ALGUIEN

Con la expectativa (y a veces ansiedad) que conlleva, con la presión que supone tratar de rendir al máximo y con la excitación de conocer a alguien nuevo, lo de salir con alguien puede resultar agotador. Estos son algunos consejos para que el proceso se desarrolle sin contratiempos:

- Haz que la primera reunión sea corta, es decir, para tomar un café o una copa. Indica un tiempo de inicio y fin.
- Reúnete en un lugar neutral, de manera que puedas marcharte si quieres.
- Utiliza tus buenas dotes de observación para conseguir información sobre la otra persona.
- Revela tanta información personal como revele la otra persona, dentro de lo razonable.
- Tómate un descanso para ir al baño si te sientes nervioso o sobreexcitado.
- ¡No intentes hacerte el extravertido!
- No te apoyes en el alcohol o las drogas para que te ayuden a estar relajado.
- No te obligues a alargar la situación; vigila tu nivel de energía.
- Date cuenta de si te estás poniendo irritable y piensa por qué ocurre eso.
- No te obligues a mantener contacto físico; necesitas tiempo para estar cómodo.
- Busca señales de alarma, por ejemplo en cómo maneja las discrepancias. Toma nota de si crees que es demasiado pasiva o agresiva.
- Presta atención a cualquier emoción incómoda que surja, como la ira, el miedo o el aburrimiento. Piensa en los mensajes que te envían esas emociones.

por el coste de energía y las sensaciones de incomodidad. Piensa en lo bien que te sientes cuando al fin puedes acudir sin dificultades ni recelos a una cita. Para esto ayuda mucho el sistema a cámara lenta. Ve despacio; date tiempo para pensar en la cita y observa lo que se te pase por la mente. Mantente en tu propio ritmo; date tiempo para procesar.

La primera cita

Ya casi ha llegado el gran encuentro. Es probable que estés nervioso y alterado. Eso es perfectamente normal. Pregúntate: «¿Cómo será la noche?». Sé inquisitivo y te sentirás menos nervioso. Piensa:

«Puede que sea excitación física; es posible que no sea miedo en absoluto». Y recuerda siempre respirar.

Durante la cita, presta atención al nivel de tu energía. Al estar con esa persona, ¿te sientes energizado o exhausto? ¿Te lo estás pasando bien, pero se te agota la energía? Si es así, dile que te lo estás pasando bien, pero que estás agotado, por lo que tendrás que marcharte pronto. Observa si se muestra comprensiva.

Estos son otros consejos útiles para que la cita salga bien:

- Recuerda dar pasos pequeños y tomarte descansos para regular tu gasto de energía. No olvides que tu cita no te está agotando a propósito: tú te sientes agotado la mayor parte de las veces que socializas.
- Evita criticar mentalmente a una cita extravertida por su estilo de reacciones rápidas.
- Pregúntale cómo pasa su tiempo libre.
- Date cuenta de si te hace preguntas. ¿Acapara la charla o tiene la capacidad de escuchar?
- ¿Tu cita escucha pero no habla mucho de ella misma?
- Diviértete: salir con alguien no tiene por qué ser algo serio.

CUANDO CHOCAN LOS TIPOS DE PERSONALIDAD

> El objetivo del matrimonio no es pensar los dos igual, sino pensar juntos.
>
> ROBERT DODDS

En el fondo todos somos animales sociales y, aunque queremos la independencia, anhelamos también formar parte de un dúo. Incluso con la tasa de divorcios rondando el 50%, la mayoría de los divorciados encuentran nuevas parejas y vuelven a casarse en pocos años. Las parejas quieren relaciones satisfactorias, pero eso de «satisfactoria» significa cosas diferentes para cada uno. Algo de la información que te ofrezco más adelante puede ayudarte a aclarar lo que es satisfactorio para ti.

Las relaciones no son fáciles; incluso las parejas muy compatibles entre sí dan pasos en falso. Desde luego, las diferencias de temperamento aumentan las posibilidades de equivocarse. Los malentendidos pueden surgir por toda clase de motivos, y es importante darse cuenta de que las diferencias no tienen por qué ser irreconciliables. En las relaciones, se reducen en realidad a actitudes y comportamientos concretos. Una persona se mueve despacio y la otra, rápidamente. A una mujer le gusta dormir y su marido quiere levantarse y hacer cosas. Un hombre no quiere socializar y su esposa desea que venga a visitarlos toda su familia. Esas diferencias no son ni buenas ni malas; depende de cómo las *interpretes*. Pueden darle vida a una relación o pueden romper parejas.

Entonces, ¿qué hace que florezcan las relaciones? Para el doctor John Gottman, investigador de las relaciones durante más de veinticinco años, es la forma en que la pareja maneja los *choques por las diferencias* lo que establece cuánto durará su matrimonio y lo satisfechos que estén en él. De hecho, es útil ver las diferencias como una oportunidad de fortalecer el lazo existente en una pareja. Las relaciones se estropean rápidamente cuando los integrantes ven el comportamiento del otro como un rechazo o un ataque, más que como la expresión de su carácter o de su tipo de personalidad. «Sabes que me molesta que me interrumpas, eso es que no quieres oír mi opinión», puede decirle un marido introvertido a su esposa extravertida. Si no nos tomamos las diferencias como algo personal, se podrán crear nuevos pasos para resolver los enfrentamientos. Tenemos que aprender a entrar y salir del espacio personal de la pareja, saber cuándo dirigir, cuándo seguir y cómo adaptarse a los pasos de las constantemente cambiantes relaciones.

Voy a describir tres combinaciones de relaciones: hombre introvertido con mujer extravertida, mujer introvertida con hombre extravertido, e introvertido con introvertido. Cada combinación tiene sus propios retos y puntos fuertes, y los tres tipos pueden mejorar sus relaciones interactuando con amabilidad y consideración.

Estas combinaciones se refieren, por supuesto, a relaciones heterosexuales. Si la tuya es una relación homosexual, observa las tres combinaciones que proponemos y céntrate en la que mejor encaje con la dinámica de tu relación. He trabajado con muchas parejas homosexuales durante muchos años y he averiguado que a las relaciones del mismo sexo se les pueden aplicar idénticos pros y contras.

HOMBRE INTROVERTIDO CON MUJER EXTRAVERTIDA: LA PAREJA DIFÍCIL

El entorno cultural influye mucho en el desarrollo de nuestras relaciones íntimas. Por ejemplo, surgen enfrentamientos a menudo cuando el hombre es extravertido y la mujer introvertida. Sin embargo, las investigaciones indican que los enfrentamientos más graves tienen lugar si se invierte la situación: si el hombre es introvertido y la mujer extravertida. Esta combinación va contra nuestro condicionamiento social. Los hombres introvertidos pueden sentirse agobiados e intimidados y creer que las mujeres extravertidas no los escuchan. Y las mujeres extravertidas pueden creer que la naturaleza tranquila del hombre introvertido significa que es débil y sumiso y que no ofrece protección. También pueden sentirse solitarias e infraestimuladas por la relación. Estos dúos pueden resolver sus problemas, pero no conseguirán cambiar el temperamento innato del otro.

No hace mucho tiempo, Andrew y Brooke vinieron a verme porque su matrimonio estaba sometido a una gran tensión y habían identificado muchos puntos de fricción. Tras unos minutos, los etiqueté como pareja introvertido/extravertida.

Le pregunté a él qué era lo que más le frustraba en su relación. Empezó:

—No veo la razón de que no podamos ponernos cómodos, disfrutar de nuestra casa y relajarnos...

Ella interrumpió:

—Nunca quieres hacer nada. —Luego añadió—: Eres un flojo.

Andrew miró al suelo y cerró la boca.

—Brooke —dije—, me gustaría oír el punto de vista de Andrew sobre el problema; luego me gustaría oír lo que tú piensas.

El reloj hizo tictac ruidosamente durante varios minutos antes de que, por fin, Andrew volviese a hablar.

—Me gustaría relajarme más y escuchar menos «haz esto-haz aquello-haz lo otro» —dijo en voz baja sin mirar a Brooke.

—Brooke —le pregunté—, ¿puedes explicarme por qué te cuesta relajarte?

—A mí me parece como si me echara la siesta en un féretro —respondió, mirando con furia a Andrew.

—A mí me parece como si estuviera viviendo dentro de un tornado —replicó él.

El problema real de Andrew y Brooke es que por debajo de esa lucha ambos se consideraban a sí mismos un desastre. Andrew creía secretamente que debía ponerse las pilas; Brooke, por otra parte, temía que si se detenía podía quedar atrapada en un área de descanso. La vergüenza que experimentaban por sus temperamentos básicos la mostraban replegándose y culpando al otro. No creían que nadie pudiera amarlos tal y como eran.

Ya ves que este patrón puede provocar problemas graves en una relación. Por tanto, ¿cómo puede suavizar sus diferencias una pareja así y *bailar* sin pisarle los pies al otro? Se necesita un buen juego de piernas creativo y mucha sinceridad.

Del *slam** al zapateado suave

Brooke y Andrew tienen que mantener una conversación sincera sobre la decepción que han experimentado, así como sobre las expectativas y esperanzas que tienen puestas en su relación. Hablar sinceramente de los sentimientos de vergüenza y bochorno puede ser muy doloroso. Andrew podría sentirse cohibido por su miedo y su ansiedad y Brooke podría sentirse incómoda por su desaliento debido a que no encuentra en Andrew los rasgos masculinos tradicionales; pero solamente abriéndose al otro y hablando de sus

---

* Se conoce como *slam*, pogo o *moshing*, a un tipo de baile agresivo de origen punk, que se caracteriza por los saltos descontrolados y por los choques y los empujones entre quienes lo practican.

expectativas, podrán liberarse de los estereotipos culturales, empezar a actuar con naturalidad en *su* relación y dar los pasos necesarios para salvarla. En una relación igualitaria, ambos integrantes intentan estar en armonía con las necesidades del otro y se esfuerzan por cumplirlas; ambos se sienten aceptados y cuidados. Las indicaciones que te muestro a continuación son puntos de partida que puedes adaptar a tu situación concreta.

Cumplir el desafío de un modelo nuevo

Empieza por programar una serie de encuentros para hablar –sin interrupciones– de vuestra relación. Poneos de acuerdo en una hora para empezar y terminar. Los miércoles por la tarde a las ocho durante cuatro semanas, empezando la semana próxima, por ejemplo. Recompensaos compartiendo un postre favorito o yendo al cine. *Deteneos siempre a la hora fijada*. Es posible que cumplir el acuerdo sea más difícil de lo que parece. Si tenéis problemas, hablad de sus motivos. A veces puede resultar atemorizador expresar los propios sentimientos y percepciones. Reconócelo y luego empieza otra vez.

Primera sesión

- Hablad de cómo ve cada uno de vosotros su papel en la relación; disponéis de unos quince minutos cada uno.
- Hablad de los roles que vuestros padres cumplían en sus matrimonios.
- Que cada uno exponga su punto de vista; no intervengáis en la exposición del otro.
- Trata de repetir lo que tu compañero a expuesto; disponéis de unos cinco minutos cada uno.
- Comprobad juntos si el resumen que habéis hecho de las palabras del otro ha sido correcto y preciso.
- Replantead cualquier discrepancia.
- Agradeced a vuestra pareja por haber participado.

Segunda sesión

- Hablad de lo que veis como puntos fuertes y debilidades de vuestro rol en la pareja; disponéis de unos quince minutos cada uno.. Por ejemplo, el hombre puede manifestar que él aporta sus pensamientos y observaciones al matrimonio, pero limita la comunicación al no hablar de sentimientos. La mujer puede expresar que ella se hace cargo de muchas tareas y está entregada a la familia, pero reduce las oportunidades de intimidad al no bajar el ritmo.
- Poned en vuestras propias palabras lo que hayáis oído decir a la pareja, aclarad cualquier malentendido.
- Hablad durante cinco minutos de cómo os sentís en ese mismo momento; deteneos un instante y revisad el bloqueo si no estáis seguros de lo que sentís.
- Comentad cómo os imagináis que se siente vuestra pareja: asustada, frustrada, nerviosa, agotada, etc.

Tercera sesión

- Elegid cada uno de vosotros dos maneras de cambiar *vuestro propio papel* en la relación. Por ejemplo, la mujer puede trabajar en su necesidad de tener razón todo el tiempo, en dejar de criticar, en mejorar sus capacidades para escuchar, en practicar la relajación o dejar que sea su pareja quien dirija. El hombre podría trabajar en ser más abierto, en tomar la iniciativa de vez en cuando, en enfrentarse a las críticas y en calmarse cuando se siente agobiado.
- Poneos de acuerdo para hablar en la reunión siguiente de vuestros avances en el cambio de conductas.
- *No regañéis* a vuestra pareja si veis que ha vuelto a caer en su antiguo comportamiento.
- Reconoced lo valientes que estáis siendo. ¡Bien hecho!

Cuarta sesión

- Informad de cómo progresáis en vuestros cambios de conducta.
- Hablad durante quince minutos cada uno sobre lo que más os gusta del otro. Por ejemplo: «Me gusta tu manera de escuchar», «Disfruto de que me hables del libro que estás leyendo», «Me gusta que propongas ir al teatro y que sugieras la obra»...
- Repetid los comentarios del otro, aclarad cualquier malentendido.
- Durante diez minutos, por turnos, proponed planes que encajen con el temperamento de cada uno. Por ejemplo, acudir al museo histórico de la localidad, ir a la tienda de informática a probar juegos nuevos, pasear por una rosaleda, visitar un club nocturno nuevo.
- Hablad de lo que opináis y sentís de las propuestas del otro, ¿os apetecen esos planes? Programad citas para el mes siguiente según estas propuestas.
- Anotad la cita en vuestro calendario.
- Que cada uno se haga responsable de planificar su cita (de noche o de día).
- Felicitaos. Esto es divertido, ¡pero también es un trabajo duro!

Ahora que ya tenéis algo de práctica, seguid hablando de vuestra relación. La comunicación es un bucle: ¿vais los dos de acá para allá igualitariamente, o uno de los dos se adueña de la mayor parte del tiempo? (Por supuesto, eso ocurre a veces, pero ¿cuál es el patrón la mayor parte del tiempo?). Si una persona es dominante, tratad de encontrar formas de comunicación más equitativas. Por ejemplo, el hombre introvertido podría decirle a su pareja que le gustaría que hablase más despacio y dejase pausas para que él pudiera intervenir. La mujer extravertida podría hablar de que se siente desconectada de él si él no escucha sus pensamientos. Puede describir cómo se siente cuando lo escucha —nerviosa, dispersa, frustrada, como si perdiera el tiempo, interesada...— y él puede describir cómo se siente al hablar

VENTAJAS Y DIFICULTADES

Las ventajas de la pareja hombre introvertido/mujer extravertida son:

- Ella puede tener más poder que en las relaciones tradicionales.
- Él la escucha y valora su opinión.
- Él siente menos presión para llevar la voz cantante.
- Ambos tienen espacio personal y equilibran los niveles de actividad del otro.

Las dificultades de la pareja hombre introvertido/mujer extravertida son:

- Él puede sentirse agobiado o asfixiado por ella.
- Ella podría no tener cubiertas sus necesidades emocionales; puede volverse exigente.
- Ella podría avergonzarse de su compañero, verlo débil, pasivo o esquivo.
- Él podría perder su autoestima.

—nervioso, expuesto, a gusto...—. Un ejercicio maravilloso es intentar ir al ritmo del otro durante un día. Si lo haces, date cuenta de cómo te sientes al ir al ritmo de tu pareja: ¿incómodo, apresurado, aburrido, relajado, frustrado...? Estableced otra serie de charlas y elegid los temas que podríais debatir; por ejemplo, el tratamiento de las discrepancias o vuestros diferentes niveles de energía. No olvidéis hablar de los aspectos positivos de vuestra relación. Recordad que vuestro estilo de pareja tiene sus puntos fuertes; disfrutadlos.

MUJER INTROVERTIDA CON HOMBRE EXTRAVERTIDO: LOS OPUESTOS SE ATRAEN

> La vida está hecha de tal manera que los opuestos oscilan
> alrededor de un tembloroso centro de equilibrio.
>
> D. H. LAWRENCE

El tipo más común de pareja de temperamentos mezclados es el de mujer introvertida con hombre extravertido. Esta combinación tiene sus complejidades. Recuerda que la línea continua introvertido/extravertido está dentro de todos nosotros. Si hemos funcionado todo el día desde nuestro lado dominante, podemos cambiar después a nuestro lado menos dominante cuando las condiciones sean las adecuadas. Esta dinámica se representa de la manera más evidente en esta combinación de pareja. El marido extravertido cumple la mayoría de sus necesidades extravertidas en el trabajo, así que cuando regresa a casa lo que quiere es algo de descanso. Además, se siente *incómodo* en las conversaciones íntimas. Por su parte, su introvertida esposa acude a él para cumplir sus necesidades extravertidas, porque se siente cómoda con él. Ella *quiere* conversaciones íntimas. Desde fuera parecería que el marido es el introvertido y la esposa la extravertida: ella quiere conversar y él desea silencio y tranquilidad. No importa lo que parezca la gente ante los demás: su manera básica de recargarse siempre revela cuál de ellos es el *innie* y cuál el *outie*.

Jake y Liza, que acababan de tener su segundo hijo, vinieron a verme porque se peleaban todo el tiempo y no llegaban a parte alguna. Los dos eran del tipo enérgico, habladores y creativos, con gran sentido del humor. Tenían una empresa de *marketing* para tiendas de moda que estaban ampliando. Cada uno estaba decepcionado con el otro y los dos estaban sobrecargados. El estrés, con E mayúscula, había caído sobre sus vidas.

En este ejemplo se ilustra una dinámica humana universal: el estrés, o una crisis, revela nuestra capacidad de salir adelante. Por eso se dan tantos divorcios cuando ocurre un acontecimiento impactante (positivo o negativo): una muerte, por ejemplo, o una boda, reformas en casa, una enfermedad, un ascenso o un hijo que se independiza. Si la pareja no puede adaptarse al cambio (estrés), la relación empieza a deteriorarse.

Antes de nacer el segundo hijo y de que los negocios se hicieran más absorbentes, Jake y Liza habían desarrollado maneras de complementar el estilo opuesto del otro sin darse cuenta de las diferencias de temperamento que tenían. Jake era extravertido; él llevaba las ventas, las reuniones de negocio y el trato con los clientes. Liza era introvertida; ella dirigía a los empleados y coordinaba el calendario de Jake trabajando desde casa y acudiendo a la oficina unos días por semana.

Hasta entonces, sus amigas y su trabajo creativo habían cumplido con sus necesidades emocionales, por lo que no le pedía mucho a su marido. Jake iba de un lado para el otro por el mundo, funcionando desde su zona de confort. Tenía mucha libertad para reunirse con los clientes, jugar al golf, ir a viajes de negocios y ser el niño mimado de Liza.

La relación les había ido bien en el pasado, pero ahora ya no funcionaba. Liza necesitaba reducir el tiempo que pasaba en la oficina y aumentar las horas de trabajo en casa, incluso teniendo una niñera. Ella deseaba apoyo emocional de Jake, que se sentía atrapado por las crecientes presiones del hogar y del negocio. Creía que Liza no se preocupaba por él porque no quería ayudarlo en la oficina y se concentraba en los niños. Él sabía que no se le daban bien la organización ni la gerencia y le asustaba tener que hacerse cargo de algunas de las tareas de Liza. Esta, dividida entre el trabajo y el hogar, estaba agotada. Jake se sentía nervioso y no podía dejar de preocuparse. Había que tomar medidas de emergencia.

Lo primero de todo es que Liza y Jake no debían culparse a sí mismos ni culpar al otro por el estado de su relación. Es difícil cambiar de patrones; pero con la dificultad viene la oportunidad: las nuevas circunstancias les daban a cada uno de ellos la oportunidad de crecer. Jake podía mejorar su relación y sus habilidades de organización y aprender a controlarse cuando estaba nervioso. Liza podía mejorar su capacidad de pedir ayuda, aprender a hablar de sus frustraciones y dejar de sentirse culpable.

Lo que sigue son unas cuantas indicaciones que funcionaron en el caso de Jake y Liza. Recuerda que la gente cambia dando dos pasos hacia delante y uno hacia atrás, y luego dos hacia delante otra vez.

Cambiar el baile a mitad

Reconoced que cada uno de vosotros tiene que hacer algunos cambios:

- Hablad de vuestros temperamentos individuales y de cómo os afecta el cambio a cada uno. Por ejemplo, el hombre extravertido puede exponerle a su pareja qué ocurre cuando se siente atrapado. La mujer introvertida puede indicar que se siente desatendida y que se le deja la responsabilidad de toda la familia.

• Hablad de lo que le ayudaría a cada uno a hacer cambios. Por ejemplo, la mujer puede exponerle a su compañero la necesidad que tiene de momentos tranquilos, de escuchar y de compartir los quehaceres. El hombre podría hablar de cómo equilibrar las exigencias del hogar y del trabajo.

• Llegad a un acuerdo sobre las diferentes necesidades sin echaros las culpas. Culpar no es más que miedo disfrazado. Se reduce pidiendo directamente lo que quieres. Intentad hacer que los acuerdos sean una situación en la que los dos ganéis, en la que cada uno de vosotros obtenga algo de lo que quiere pero también ceda en algo. El hombre debería pedir que le dé un toque cuando sus palabras suenen a reproche; la mujer debería evitar sentirse responsable de todos los problemas de la relación.

VENTAJAS Y DIFICULTADES

Las ventajas de la pareja hombre extravertido/mujer introvertida son:

• La mujer escucha al hombre
• El hombre anima a la mujer a ser activa y sociable.
• Ella tiene más libertad porque su compañero le pide poco de su tiempo.
• Él tiene más autonomía personal porque su pareja disfruta estando sola.

Las dificultades de la pareja hombre extravertido/mujer introvertida son las siguientes:

• Él carece frecuentemente de habilidades para la intimidad.
• Ella podría no hablar de sus pensamientos y sentimientos.
• Él podría echarle la culpa de todos los fallos de la relación; ella podría aceptar que se lo eche en cara o ignorarlo.
• Ella podría tener dificultades para pedir directamente lo que quiere.

- Sentaos uno frente al otro, agarraos de la mano y hablad durante tres minutos cada uno. Escuchad y luego resumid lo que hayáis oído. Comprobad si es exacto.
- Recordaos que cada uno de vosotros aporta equilibrio a la relación: ella brinda relajación; él, actividad.
- El hombre debería practicar el hablar de los miedos y las vulnerabilidades; la mujer debería practicar el poner sobre el tapete las frustraciones y las decepciones.
- Equilibrad las citas a solas con las citas con amigos y familiares.
- Planead cada semana pequeñas sorpresas para el otro: poner una nota cariñosa en el automóvil del compañero con su tentempié favorito, dejar un caramelo en su almohada, darle un masaje en los pies...

INTROVERTIDO CON INTROVERTIDO: NOSOTROS DOS SOLOS CONTRA EL MUNDO

La soledad es un buen lugar que visitar,
pero uno malo donde quedarse.

JOSH BILLINGS

Muchas de las parejas introvertido/introvertido que entrevisté estaban contentas con su situación. Me contaban que se sentaban a leer juntos mientras la nieve se apilaba fuera. Me describían tardes de jugar al Scrabble, de andar por los bosques, de disfrutar conciertos juntos. Muchos se sentían menos presionados de lo que estaban en sus familias de origen. Sospecho que dos introvertidos hacen buenos compañeros de pareja; pero, incluso si te sientes satisfechísimo con tu relación introvertido/introvertido, a veces demasiado de algo bueno puede empezar a aburrir.

Una pareja de introvertidos que vino a verme para psicoterapia habían estado juntos unos siete años y empezaban a sentirse hastiados. Pat dijo:

—Cada noche es lo mismo: nos sentamos en casa y miramos la televisión o leemos.

Toni estaba de acuerdo:

—Me siento presionado a hacerlo todo con Pat. Alguna vez me gustaría salir por ahí con los amigos.

Este es uno de los problemas que pueden surgir en una relación introvertido/introvertido: que no haya suficiente estimulación ni amistades exteriores. Y no hay ninguna relación a la que le vaya bien bajo la demoledora presión de necesidades y expectativas excesivas.

Piensa en los viejos maratones de baile de los años treinta. Un hombre y una mujer bailaban y bailaban, aprendiendo a dormir de pie para ser la última pareja en abandonar y ganar un premio. Iban dando vueltas y vueltas hasta que uno de ellos desfallecía de agotamiento. En una relación introvertido/introvertido, uno de los compañeros, o los dos, puede empezar a sentirse adormecido y sofocado. Si soléis hacer juntos la mayoría de las cosas, pasar tiempo libre separados puede dar un poco de miedo. Aunque estés un poco aburrido, podrías sentirte incómodo al aventurarte sin tu compañero.

Si una pareja permanece sin moverse demasiado tiempo y llega un elemento de estrés, como una enfermedad, un problema con un

VENTAJAS Y DIFICULTADES

Las ventajas de la pareja introvertido/introvertido son las siguientes:

- Se escuchan atentamente uno a otro.
- Se toman su tiempo para pensar las cosas.
- Comprenden la necesidad que tiene el otro de intimidad y silencio.
- Tienen menos enfrentamientos.

Las dificultades de la pareja introvertido/introvertido son:

- Pueden perder contacto con el mundo exterior.
- Pueden llegar a ser incapaces de ver las cosas desde una perspectiva diferente a la que ellos comparten.
- Pueden evitar hablar de los conflictos, de las diferencias y de las necesidades que cada uno tiene por separado.
- Emocionalmente pueden ser excesivamente codependientes.

hijo o la pérdida del trabajo, todo puede hacerse pedazos. Las relaciones que niegan el estancamiento me recuerdan al premiado libro para niños *Drummer Hoff* [El tamborilero Hoff], de Barbara Emberley. Son estimulantes estrofas populares con radiantes ilustraciones que cuentan la historia de unos soldados que cargan las piezas para construir un cañón y dispararlo. El arma se monta conforme suben la cadencia y la expectación. El soldado Ramón trae el armón, el sargento Primitivo trae el explosivo, el capitán Mosqueta trae la baqueta, y así. Todo termina en un gran ¡CATAPÚM! cuando Hoff el tamborilero grita: «¡Fuego!».

A veces, el dúo introvertido/introvertido puede conseguir ignorar sus problemas hasta que un acontecimiento externo los sacude de su autocomplacencia. Normalmente la relación estalla en pedacitos. Una pareja tiene una oportunidad mucho mayor de sobrevivir a las amenazas exteriores si se da cuenta de que está atrapada en la rutina e intenta salir dignamente de ella antes de volar por los aires.

Salir de la rutina

Estas son algunas indicaciones que podrían ser útiles para dar el primer paso:

- Deteneos para daros cuenta de que vuestra relación está estancada. Preguntaos el uno al otro: «¿No te sientes un poco atrapado?».
- Ampliad vuestra vida social organizando una cita con un amigo o con otra pareja una vez a la semana.
- Salid un poco más. Preparad un plan especial una vez al mes. Haced los preparativos por turnos.
- Mantened vuestra parcela individual: es saludable tener amigos e intereses personales por separado.
- Hablad de vuestras diferencias y de cómo esas diferencias son buenas para la relación.
- Daos cuenta de si os estáis culpando mutuamente de la falta de estímulos en la relación; estableced turnos para «encender la chispa».

- Está bien tener pensamientos privados. No son lo mismo que los secretos dañinos (como los amoríos extramaritales).
- Hablad de vuestras necesidades en cuanto a inactividad y descansos. ¿Son parecidas o diferentes?
- Planead algo inesperado que hacer juntos: ir de viaje a un nuevo destino, cenar en un restaurante nuevo, comer el helado preferido del otro..., o ir a la bolera si nunca lo habéis hecho.
- Si las diferencias os dan miedo, leed el consejo 2, en la página 127 y practicad cómo manejarlas.
- Preguntadle al compañero si tiene algún deseo secreto, y luego haced algo relacionado con ello. Por ejemplo, si alguno ha querido siempre ir a Nepal, mirad un libro sobre ese país. Si ella ha soñado con ser cocinera de primera clase, que se apunte a un curso de cocina francesa en una escuela de cocina de la zona.

COREOGRAFÍA DE LA PAREJA

La luna es diferente para cada uno de nosotros.

FRANK BORMAN

Una vez que eres pareja de alguien, tardas más o menos medio segundo en darte cuenta de que las relaciones requieren habilidad y aprendizaje continuo. Aquí van cinco consejos para mejorar el juego de piernas de cualquier relación introvertido/extravertido. Recuerda que todas las relaciones son imperfectas. Podemos seguir mejorando hasta que nos tambaleemos hacia la tumba.

Consejo 1: probaos las lentes del otro

¿Recuerdas el capítulo 1, cuando conté lo que nos ocurrió a Mike y a mí en Las Vegas? Mientras el extravertido Mike se paseaba por el vestíbulo del hotel, vio un arcoíris de luces danzantes y un montón de gente en acción, oyó risas y el tintineo de las monedas, se deleitó con el sustancioso aroma de los rebosantes bufés del restaurante de al lado. Todo su cuerpo se estremecía por la novedad de deslizarnos hacia nuestra habitación en el ascensor del hotel. Ya se estaba anticipando a la sensación de actividad y de emoción de la tarde que vendrían después.

Como introvertida, mi realidad era muy diferente. Las luces que destelleaban ante mis ojos me cegaban. Mis oídos pitaban por las monedas que caían en los receptores de acero de las tragaperras. El humo me obstruía las vías respiratorias. Había cuerpos apretados contra mí en los pasos estrechos. Yo quería escapar de allí. Me tambaleé hacia el ascensor y subí a nuestra habitación.

Sin saberlo, las parejas entran en las relaciones con las lentes de su propio temperamento puestas. Nuestras lentes se fundamentan en nuestros genes, fisiología, crianza, historia emocional, clase social, educación y amigos. Cada lente tiene una graduación precisa, de modo que cada vista es certera y adecuada para esa persona concreta. Pero solamente para esa persona. Algo muy importante para una relación sana es darse cuenta de que estás mirando la vida a través de *tus lentes*.

Si creemos que nuestro punto de vista es *el correcto*, mantendremos luchas en nuestras relaciones. ¿Era *incorrecta* la experiencia de Mike en Las Vegas? No. ¿Lo era la mía? No. Cada una de ellas era *correcta*... para cada uno de *nosotros*. Mike y yo llevábamos las únicas lentes que tenemos. Solo podemos tener nuestras *propias* experiencias.

Muchos introvertidos han crecido en culturas en las que a las personas que hablan deprisa, piensan rápido y son dadas a la acción se las considera la clase de gente que se debe imitar. Si mantienes una relación con un extravertido, es posible que creas que tu pareja se comporta de la forma «correcta». Esto es algo que he oído durante los años a muchos de los introvertidos a los que he entrevistado o con los que he trabajado en mi profesión. Me dicen: «No puedo pensar durante una conversación ingeniosa rápida. ¿Qué me ocurre?». Nada. Es posible que los extravertidos, o incluso los introvertidos que se avergüenzan de sus propios lapsos verbales, se sientan impacientes contigo si no das respuestas rápidas a sus preguntas; pero ahora ya sabes que tu cerebro no funciona de la misma manera, que siempre tendrás una perspectiva diferente. Eso te ayudará a validarte.

Cambiar de lentes

Después de que tengamos un conocimiento sólido de nuestra propia manera de ver las cosas, podremos empezar a comprender la de nuestra pareja. ¿Qué se necesita para preguntarse cómo es la vida desde el punto de vista de otro? Curiosidad. Decir «me pregunto», «¿cómo es para ti?», «dime qué te gustó» o «¿cómo es tener otro temperamento?» es algo poderoso. Las relaciones crecen y se amplían por medio de la curiosidad.

A Mike le encantan las ferias del condado. Como ya puedes imaginar, considerando las multitudes y las múltiples actividades que se dan en ellas, no son mis favoritas. Cada cierto número de años, bajo el espíritu de la benevolencia conyugal, acudo a una de ellas. Así que hace no mucho tiempo fuimos hacia la costa de California al último día de la feria de Ventura. Yo tenía el delirio de que a lo mejor todos los amantes de las ferias se habían dispersado y que solamente quedarían unos cuantos rezagados. No fue así. Las multitudes entusiastas llenaban el campo de la feria bajo el deslumbrante sol de la tarde. Esperamos en largas colas para conseguir un tentempié grasiento y luego para los aseos sobreutilizados y mugrientos. En el Salón de la Ciencia vimos la nieve cristalizarse y volar sobre el público. En el establo de olores entremezclados fuimos testigos de cómo una cerda orinaba sobre sus chillonas crías.

Pero la salvación me aguardaba en el establo 4H, donde se reunía el jurado de las cabras. Estaba débilmente iluminado y había muy poca gente: más o menos mi ritmo de excitación. Unos adolescentes paseaban en círculos por el redil a sus cuatro cabras. Tres de las concursantes tenían capas brillantes en tonos tostado y blanco madreperla y llevaban sus vivaces colitas levantadas como signos de exclamación. La cuarta cabra era blanca grisácea y la pequeña protuberancia de su cola estaba metida entre sus patas. Parecía tranquila y modesta. Tenía unos cuantos agujeros vergonzosos en la capa, donde parecía como si hubieran aterrizado varias polillas. Me sorprendía que estuviese siquiera en el concurso. Finalmente, el juez de las cabras repartió cintas blancas, rosas, rojas y azules. La cabra de cola doblada y capa raída por las polillas, que era la que yo creía con menos probabilidades de éxito, recibió el primer premio. Resulta que ganó por su comportamiento calmado. Otra victoria para el temperamento introvertido, porque la cabra no ganó por su aspecto, créeme.

Cuando salíamos, le pregunté a Mike:

—Quiero comprender de veras tu punto de vista sobre la feria; ¿qué es lo que te gusta de ella?

—Bueno —dijo—, supongo que me gusta ver a gente de todas las edades trabajando unida en proyectos que les encantan. Como los chicos de la 4H, que mostraban el ganado que han criado. Los animales me hacen recordar mi infancia en nuestra granja, y es un recordatorio de cómo me sentía cuando iba a la feria de niño, de la sensación de expectativa.

Si no hubiera intercambiado las lentes con Mike, habría salido de la ruidosa, atestada y polvorienta feria quejándome. A través de su punto de vista, la feria no me pareció tan terrible. Salí con una agradable sensación sobre Mike, sobre su manera de ser (un niño grande), sobre cómo me gustaría comprenderlo mucho más de lo que ya lo comprendía. Este año tengo muchas ganas de ir a la feria del condado, siempre y cuando no nos quedemos demasiado rato.

Consejo 2: probad cinco pasos fáciles para resolver los conflictos de pareja

Solamente están libres de conflictos las relaciones muertas. No importa qué combinación de temperamentos tengáis tú y tu pareja, aquí hay cinco pasos generales que te serán útiles para aprender a resolver juntos los problemas que se entrometan entre vosotros. Voy a utilizar a Andrew y a Brooke, de los que ya he hablado antes en este capítulo, como ejemplo de cómo funcionan estos cinco pasos.

Paso 1: uno después del otro, enunciad cuál creéis que es el conflicto

Andrew describe su punto de vista de esta manera:

—Quiero quedarme en casa y disfrutar de una noche tranquila, nosotros dos solos. Estoy agotado. No parece que Brooke quiera pasar tiempo conmigo.

Brooke dice:

—Quiero divertirme con amigos este fin de semana. No entiendo por qué a Andrew no le gustan mis amigos. Si me quedo en casa, me siento atrapada, como si hubiera desperdiciado el fin de semana entero.

Paso 2: exponed vuestro punto de vista introvertido/extravertido

Le pregunté a Andrew y a Brooke cómo creían que sus temperamentos introvertido/extravertido afectaban a su conflicto. Brooke dijo:

—Veo que necesito animarme; si me quedo en casa, me siento aburrida y apática.

Andrew dijo:

—Veo cuánta energía gasto toda la semana en mi trabajo. Estoy bajo de reservas, necesito recargarme.

Paso 3: desbloquead el conflicto

—Entonces, el problema es que cada uno de vosotros necesita cosas diferentes —analicé—. Andrew, tú necesitas un respiro, y tú, Brooke, necesitas llevar a cabo actividades estimulantes, como cenar con los amigos. Los dos os sentís dolidos cuando el otro no comprende lo que necesitáis. Los dos os lo tomáis como algo personal.

Paso 4: caminad con los zapatos del otro

Me volví hacia Andrew y le pregunté:

—¿Puedes comprender que Brooke tiene miedo de quedarse sin energías si permanece en casa demasiado tiempo? Se siente energizada cuando está activa y socializando. No intenta alejarse de ti. —A continuación me dirigí a Brooke:— Andrew se siente muy agotado y agobiado por tener que salir tanto. No intenta ser un aguafiestas.

Paso 5: llegad a un trato y descubrir maneras de estar de mutuo acuerdo

Siempre es sorprendente lo fácil que funciona este quinto paso si se han seguido los cuatro pasos anteriores.

—¿Cómo creéis que podéis planear vuestro fin de semana para cumplir las necesidades *de los dos*? —pregunté.

Brooke dijo:

—Me siento mejor cuando no creo que Andrew me está evitando. Yo podría salir con mis amigas el viernes después del trabajo, y Andrew podría relajarse. Quizá podríamos ver juntos un vídeo el sábado por la noche y luego reunirnos con amigos la tarde del domingo.

Le pregunté a Andrew lo que pensaba.

—Supongo que no es que Brooke prefiera estar con sus amigos antes que conmigo. Lo que sugieres parece adecuado, siempre y cuando tengamos una hora límite para el domingo por la tarde, podríamos decirles a tus amigos que quedaremos con ellos de cinco a nueve —contestó.

Brooke estuvo de acuerdo. Les había hecho recordar a los dos que querían pasar tiempo juntos, y eso disminuyó su ansiedad. Pude ver que sus caras se relajaban conforme veían que podían aprender a cumplir las necesidades del otro.

Consejo 3: salvad las distancias

Tanto si estás saliendo con alguien como si estás comprometido en una relación seria, el aspecto más importante de la comunicación entre introvertidos y extravertidos es aprender que, debido a las diferencias de temperamento, se tienen formas diferentes de expresarse. Ocurre con frecuencia que lo que es castellano para el uno, sea chino para el otro. Ninguno de los dos estilos es correcto o incorrecto; cada uno de ellos ofrece ventajas y desventajas. Si conocéis ambos estilos, podréis «traducir» y empezar a trabajar juntos. Veamos cómo funciona esto:

El estilo de comunicación del introvertido

Los introvertidos tienden:

- A guardarse para sí la energía, el entusiasmo y la excitación, y compartirlos solamente con aquellos que conocen muy bien; a dudar antes de compartir información personal con los demás.
- A necesitar tiempo para pensar antes de responder, para reflexionar antes de reaccionar a los acontecimientos exteriores.

- A preferir la comunicación uno a uno.
- A necesitar que se los invite o se los atraiga para hablar y a preferir la comunicación escrita a la oral.
- De vez en cuando a creer que te han dicho algo cuando no lo han hecho (siempre están dándoles vueltas a las cosas).

El estilo de comunicación del extravertido

Los extravertidos tienden:

- A compartir su energía, su excitación y su entusiasmo casi con cualquiera que esté a su alrededor.
- A responder rápidamente a las preguntas y a los acontecimientos exteriores.
- A compartir información personal con facilidad.
- A comunicarse de uno a uno o en grupos con la misma facilidad y disfrute.
- A pensar en voz alta; a interactuar con los demás y, en el proceso, alcanzar sus conclusiones. Además, frecuentemente no le conceden a los demás la oportunidad de hablar y no le dan demasiada importancia a lo que dicen.
- A preferir la comunicación oral uno a uno antes que la comunicación escrita.

Cómo hablar con tu pareja introvertida

Si eres extravertido y te gustaría tener una comunicación mejor con tu pareja introvertida, prueba lo siguiente:

- Prepara una cita para hablar de cómo podéis «bailar» mejor juntos. Eso les da a los introvertidos tiempo para ordenar sus pensamientos.
- No interrumpas: los introvertidos gastan energía en volver a empezar a hablar. Escucha todo lo que tu pareja tenga que decir,; luego habla de tus pensamientos y sentimientos.

- Cuenta hasta cinco y piensa antes de hablar; los introvertidos recordarán lo que digas.
- Repite lo que le hayas oído decir a tu pareja de manera que dejes claro que estabas escuchando. Pregunta si tu resumen es correcto.
- Aprende a sentarte silenciosamente de vez en cuando en presencia de tu pareja. Recuerda que es posible que no le quede ni una gota de energía, pero que todavía quiera estar contigo.
- Tu compañero es un buen oyente, pero asegúrate de que respetas su turno para hablar.
- Pregúntale a tu pareja cómo le ha ido el día. A veces necesita que lo empujen un poco.
- De vez en cuando comunícate por escrito. Los introvertidos pueden asimilar la palabra escrita con menos sobreestimulación. Deja una tarjeta al lado del teléfono o pon una notita en su tartera del almuerzo, su maletín, su bolsillo o su almohada.
- Disfruta de las pausas. Respira hondo unas cuantas veces y deléitate en estar simplemente sentado. Experimenta estar a solas juntos. Comparte el ritmo de tu pareja.
- Reconoce la cantidad de energía que tu pareja necesita a veces para hablar; expresa cuánto lo valoras.
- Utiliza la comunicación no verbal. Por ejemplo, mándale besos con un soplo, guíñale el ojo en un grupo, tómalo de la mano, abrázalo...

Cómo hablar con tu pareja extravertida

Si eres introvertido y te gustaría comunicarte mejor con el extravertido con quien compartes tu vida, aquí van algunas sugerencias:

- Dile que quieres hablar. Prepara una fecha y hora para hacerlo. Haz un recordatorio.
- Ensaya frases cortas y claras. Eso hará que a tu pareja extravertida le sea más fácil escucharte.

- No temas gritar o hablar en voz alta si lo necesitas. Podrás sentirte sobreestimulado, pero a veces tu pareja más extravertida no creerá que dices algo en serio a menos que subas el volumen.
- Prueba a decir cualquier cosa que se te pase por la cabeza. No siempre hay que tenerlo todo ensayado.
- Permite que haya pausas. No te preocupes si no mantienes el ritmo imparable de tu pareja extravertida.
- Dile a tu pareja que *sabes* que es difícil para ella que necesites tiempo para adoptar decisiones y que no siempre digas lo que tienes en la cabeza.
- Si albergas sentimientos fuertes sobre un problema, pero tienes dificultad para hablar de ello, ponlos por escrito en un papel y dáselo a tu pareja.
- No te preocupes si te sientes sobreestimulado durante –o después– de una discusión. Es normal que te afecte. En todo caso, las emociones pasarán.
- Dile a tu pareja cómo te sientes respecto a ella. Esto es fácil de olvidar. Tu pareja quiere oír que alguien cuida de ella, de manera que deja notas y correos electrónicos, prodiga los besos y no te olvides de halagarla.

Consejo 4: salios con la vuestra por turnos

Ninguna relación va bien si uno de los integrantes se sale con la suya todo el rato. Las relaciones fluyen con gracia si los dos miembros de la pareja sienten que obtienen algo de lo que quieren. En caso contrario, se levanta entre ambos un muro de resentimiento. Al mismo tiempo, estar decepcionado a veces es algo positivo para todo el mundo, ya que desarrolla buenos músculos emocionales. Nadie va por la vida sin experimentar pérdidas y decepciones. La capacidad de tolerar esos sentimientos, la consciencia de pensar en tus reacciones y de elegir cómo actúas desarrolla un concepto anticuado llamado *carácter*. Las personas de carácter pueden confiar en sí mismas y mantienen relaciones sanas, porque saben que son capaces de soportar todos los altibajos de la vida.

Vosotros dos podéis convertiros en compañeros más sanos pensando un poco en vuestras necesidades y deseos. Aprender a comunicarlos y a llegar a acuerdos sobre ellos es la marca distintiva de una relación duradera.

- Haz que tu compañero sepa si necesitas un respiro. Pregunta si le hace falta un «tiempo de actividad».
- Cuando hagas planes, piensa en las diferencias de energía entre introvertidos y extravertidos.
- No critiques ni idealices ser un *innie* o un *outie*.
- Aprende a detectar los avisos que indican que tu compañero está carente o bajo de fuerzas (para los introvertidos, estar irritables o cansados; para los extravertidos, estar inquietos, aburridos o apagados por falta de estímulos). Habla sobre las maneras de alertaros uno a otro de tener baja la batería.
- Deja que el integrante extravertido de la pareja sea el «explorador» en vuestra relación y que dé a conocer nuevas aventuras al integrante introvertido.
- Llega a acuerdos sobre el tiempo que dedicáis a las actividades sociales; llevad dos automóviles o planead que a uno de vosotros lo lleven a casa los amigos.
- Equilibra lo que hacéis juntos y por separado.
- Agradece cada vez que tu compañero haga algo que no le guste hacer.

Consejo 5: valorad las diferencias

Me he dejado el mejor consejo para el final. Después de vivir treinta y muchos años con un extravertido, he aprendido una valiosa lección: valorar nuestras diferencias. Como Mike no se ha encontrado nunca con un camino por el que no quiera ir, yo he viajado más, incluso por pistas de tierra y hasta por el lecho de un río en el campo de Hawái que no estaba cubierto por el seguro del automóvil de alquiler. Estoy agradecida por haber tenido la oportunidad de echar un vistazo al mundo extravertido de mi pareja. Me ha mostrado la serenidad de exuberantes campos de golf y me ha presentado a grupos diversos que nunca hubiera conocido por mí misma. El temperamento de Mike tiene mucho que ofrecer, lo mismo que el mío. He aprendido que solo porque mi mundo sea tan diferente del suyo no significa que al mío le pase algo, ni al suyo.

Este mundo sería muy aburrido si todos fuéramos iguales. Necesitamos *todos* nuestros puntos fuertes y *todas* nuestras limitaciones para hacer más sustanciosa la vida. Crecemos a base de disfrutar lo que cada uno de nosotros aporta a la fiesta. Una de las mejores maneras de mantener sana una relación es *valorarse* mutuamente. A veces, los introvertidos tienen dificultades para decir que valoran y agradecen a su pareja. No están seguros siquiera de que eso tenga que pronunciarse en voz alta. Y los extravertidos están tan ocupados yendo de acá para allá que pueden olvidarse de ser agradecidos en casa.

Concentrarse en valorar y agradecer a tu compañero hace milagros. Así que durante una semana escoge cada noche uno de estos temas, toma nota de tus pensamientos y luego compártelos con tu pareja:

- Comparte lo que más agradeces y valoras de tu compañero.
- Describe una cualidad o gesto suyo que te parezca encantador o adorable.
- Nombra una característica física que realmente te guste de tu pareja.
- Escribe sobre algún momento divertido que hayáis compartido.
- Haz memoria de una época romántica que hayáis pasado juntos y di cómo te hizo sentir.
- Habla de lo que más te ha gustado de todo lo que tu pareja ha hecho hoy.

Después de que cada uno de vosotros haya hecho esto durante una semana, decidid si queréis seguir otra semana. Inventa tus propios temas. Si os ha gustado el ejercicio, pero decidís parar, hablad de vuestros motivos. A veces nos alejamos de buenas experiencias porque son sobreestimulantes.

MENTE SOBRE CHARLA*

> ¡Hay un sinfín de cosas que podrías saber dependiendo
> de lo más allá de Zebra que estés dispuesto a ir!
>
> DOCTOR SEUSS

La introversión y la extraversión afectan a las relaciones de muchas maneras. Conforme comprendas tu temperamento y el de tu pareja, podrás aumentar la conciencia del impacto emocional que tienen vuestros diferentes estilos. Cada uno de vosotros puede pensar en que queréis que vuestra relación crezca, en lugar de reaccionar simplemente de manera refleja. Las relaciones inconscientes pueden producir distanciamiento, dolor y momentos de intimidad perdidos. Sin la concienciación vivimos simplemente patrones repetidos, como los hámsteres en su rueda. Cambiar los patrones es difícil, pero con eso desarrollamos músculos emocionales que serán para siempre. A veces es hasta divertido.

Puntos que considerar

▶ Salir con alguien consume mucha energía; recuerda que es un proceso.

▶ Todos miran el mundo desde su propia perspectiva.

▶ Cada combinación de pareja tiene ventajas e inconvenientes.

▶ Los conflictos pueden resolverse; podéis aprender a conversar con tranquilidad y a valoraros el uno al otro.

---

* En original, *mind over chatter*, juego de palabras con *mind over matter* («mente sobre materia»).

CAPÍTULO

5

Crianza: ¿ya se han levantado de la siesta?

Los niños no son objetos que moldear, sino personas que desarrollar.

JESS LAIR

L a crianza de los hijos es un trabajo complejo de veinticuatro horas al día. Requiere mucha energía y significa tener que manejar mucho estrés. Esto es especialmente cierto si los miembros de la familia tienen temperamentos muy diferentes. Conocer la importancia que tiene la forma de ser de cada persona —cómo recupera energía y procesa la información cada uno— mejora la confianza y la habilidad familiar para trabajar juntos.

Cuando no se tienen en cuenta los temperamentos, la familia puede caer en la apatía, el malhumor y la falta de autoestima. Todo el mundo acaba por sentirse mal.

Lo primero que hay que hacer es establecer la gama de temperamentos que de los que viven bajo un mismo techo. Si has estado leyendo este libro capítulo a capítulo, ya habrás descubierto dónde caéis tu pareja y tú en el continuo introvertido/extravertido. Si no es así, ve al capítulo 1 y realiza la autoevaluación para introvertidos de la página 39. El capítulo 4, sobre las relaciones, puede serte útil para aclarar qué tipo de pareja sois tu compañero sentimental y tú; este capítulo va a completar el retrato de familia ayudándote a establecer los temperamentos de tus hijos.

¿ES TU HIJO *INNIE* O *OUTIE*?

¿Con qué clase de temperamento han nacido tus hijos? ¿Por qué te ayudará a ti —y les ayudará a ellos— conocer mejor sus características innatas? Cuanto más conozcas la *naturaleza* de tus hijos, tanto más podrás *alimentar* todas esas cualidades en su beneficio. En su libro *The Challenging Child* [El niño difícil], el doctor Stanley Greenspan expone: «Los padres pueden marcar una diferencia espectacular en la manera en que los niños utilizan sus capacidades naturales, que son maravillosamente diferentes». Como padres estamos constantemente moldeando la interacción entre lo innato y lo adquirido. Cuanto mejor sepas leer las señales físicas y emocionales de tus hijos, tanto mejor podrás ayudarlos a hacer frente a su propio temperamento y tanto más serán capaces ellos de utilizar su temperamento para que sus vidas sean valiosas y satisfactorias.

Lee las listas que siguen a continuación y piensa en tus hijos. Pueden ser bastante introvertidos, o bastante extravertidos, o algo intermedio. Date cuenta de si sienten presión para ser más introvertidos o más extravertidos. Recuerda que debido a nuestro fuerte sesgo cultural, muchos niños sienten la presión de ser extravertidos. Todos nosotros podemos utilizar nuestro lado no dominante, pero hacerlo acaba con nuestra energía y nos deja doblemente agotados.

Si tus hijos son fundamentalmente introvertidos, es probable que:

- Antes de realizar cualquier actividad, primero miren y escuchen.
- Se concentren profundamente en temas de su interés.
- Disfruten estando solos en su habitación, ya que la introspección les da energía.
- Hablen después de pensarse bien las cosas.
- Tengan un fuerte sentido del espacio personal y les disguste que la gente se siente muy cerca de ellos o que entren en su habitación sin llamar.

- Sean reservados y haya que preguntarles lo que piensan o lo que sienten.
- Necesiten validación, ya que pueden tener dudas irracionales sobre sí mismos.
- Hablen mucho si el tema les interesa o si se encuentran cómodos con la gente.

Si tus hijos son fundamentalmente extravertidos, es probable que:

- Sean sociables, excepto en las etapas normales del desarrollo.
- Se llenen de energía por medio de las interacciones y las actividades.
- Quieran contártelo todo inmediatamente acerca de sus experiencias y sus ideas, que abarcan muchos temas.
- Piensen en voz alta. Caminarán por la casa diciendo «¿dónde está mi pelota?» o «busco el *walkie-talkie*» conforme los buscan. Tienen que hablar para adoptar decisiones.
- Prefieran pasar tiempo con los demás antes que estar solos.
- Necesiten mucha aprobación. Por ejemplo, tienen que oír que están haciendo un gran trabajo o que te gusta mucho su regalo.
- Les guste la variedad y se distraigan fácilmente.
- Compartan voluntariamente lo que piensan o lo que sienten.

Es importante recordar que pocos niños son extremadamente introvertidos o extravertidos y que a veces los introvertidos se comportan como extravertidos y viceversa.

Comprueba si puedes encontrar un patrón de cuándo y cómo es más introvertido tu hijo, o más extravertido. Recuerda que no se trata de sus habilidades sociales, sino de cómo se recarga de energía.

Por ejemplo, la hija de mi paciente Kara, Elizabeth, está en la parte central de la línea continua. Una de las maneras que tiene el lado introvertido de Elizabeth de aparecer es que no quiere hablar *justo después* de que la recojan de la guardería. Kara me contó cómo maneja la necesidad que tiene su hija de pasar un rato tranquilo: conforme le pone el cinturón de seguridad, le da uno de sus libros preferidos y pone en marcha la cinta de audio que va con él. A Elizabeth le encanta pasar las páginas de su libro de imágenes cuando suena la campana en la cinta. Kara me contó: «Hay otros días en los que le dejo escoger la música. De vuelta a casa hoy, hemos cantado un popurrí de los Beatles todo el rato». Después de un cierto tiempo, Elizabeth quiere hablar y ya no para.

CONOCER A TU HIJO INTROVERTIDO

> Los niños son como el cemento fresco: todo lo
> que caiga sobre ellos deja una marca.
>
> HAIM GINOTT

Los niños introvertidos piensan y sienten más de lo que muestran al mundo exterior. Aunque parezca desconcertante, con frecuencia saben más que lo que creen que saben. Si no se les ayuda a comprender cómo funciona su mente, pueden subestimar su poderoso potencial.

Los niños introvertidos aprenden asimilando la información y luego necesitan tiempo en silencio para procesarla, para incorporar todo lo que hayan observado, oído y asimilado. Cuando por fin tienen sus pensamientos ordenados, pueden emprender la acción o hablar de sus ideas e impresiones. De hecho, hablar puede serles útil para comprender cómo funciona su mente. Interrumpirlos provoca que pierdan el hilo y que tengan que esforzarse con energía y concentración extra para recuperar sus pensamientos (¿recuerdas el sendero cerebral largo de los introvertidos?). Si los niños introvertidos no tienen el lugar físico ni el tiempo para ignorar los demás estímulos, se quedan «en fuera de juego» y se vuelven incapaces de pensar.

Para los niños introvertidos, la mayoría de las actividades requiere una inversión de energía. Progresarán si les enseñas a recargar las pilas. Aquí van algunas de las formas en que pueden procesar el mundo y recargarse de combustible.

Respeta su necesidad de soledad

Los niños introvertidos necesitan incluir momentos de soledad en su rutina diaria, durante el cual gastan menos energía. El tiempo en privado se crea al estar solo o con una o dos personas alrededor con las que tu hijo se sienta relajado; o simplemente saliendo del grupo. Durante las actividades que sean muy estimulantes, los niños introvertidos necesitan también descansos extra. En nuestra cultura occidental, en la que se valora la extraversión y muchas de las actividades infantiles son experiencias de grupo, es sumamente importante que los niños introvertidos tengan un tiempo a solas. Estar de mal humor es frecuentemente un signo de que lo necesitan. (¡A lo mejor, la razón de que Óscar, de *Barrio Sésamo*, sea siempre tan gruñón es porque necesita pasar más tiempo tranquilo en su cubo de basura!).

Cuando mi paciente Bob cumplió nueve años le hicieron una fiesta de cumpleaños demasiado grande —treinta niños— y con demasiada excitación. Sus familiares ya le habían regalado un cachorrito juguetón blanco y negro, y Bob recuerda su sensación de agobio cuando empezó la fiesta. Me dijo: «Yo no quería que nadie tocase a mi perrito. Lo he llamado *Spiderman*. Quería que todo el mundo se marchara a su casa. Me sentía como si un montón de hormigas se arrastraran bajo la piel de mis brazos. Subí corriendo y llorando a mi habitación y me quedé. Mi papá trajo a *Spiderman* arriba y me habló suavemente un rato. Me relajé y las hormigas se marcharon».

Cuando Bob bajó por fin las escaleras en busca de tarta y helado, era otro niño, un anfitrión sonriente. *Spiderman* se quedó arriba el resto de la fiesta. Los años siguientes, sus padres organizaron fiestas más íntimas para él.

A menudo los niños introvertidos precisan de ayuda para aprender cuándo y cómo tomarse un descanso. No saben que necesitan un descanso, no están acostumbrados a tomarse uno o no quieren dejar el grupo. Por eso es tan importante que los padres conozcan al niño. Tienen que ser lo bastante sensibles como para darse cuenta de si su hijo se está quedando ensimismado o si se está poniendo de mal humor o si está replegándose.

Si ves que en una reunión tu hijo tiene los ojos vidriosos, podrías sugerirle: «Hay mucha gente aquí y el sitio es muy ruidoso, vamos a dar una vuelta por el jardín un rato». Si ves que se está poniendo de mal humor, intenta algo del tipo: «Me encantaría que me ayudases a traer el postre; estaremos de vuelta enseguida» o «Parece que estás un poco cansado. Vamos a dar una vuelta a la manzana a ver cómo son las demás casas de la calle».

Los niños gruñones se oponen frecuentemente a que les digan que necesitan un descanso. Es posible que haya que persuadirlos para hacer algo distinto durante unos minutos. Después puedes decirles: «Me he dado cuenta de que necesitabas un pequeño descanso de los demás niños». Les ayuda a darse cuenta de que se sienten mejor después de haber permanecido un tiempo en privado. Necesitan que les recuerden que pueden *volver* en cinco minutos sintiéndose mejor y que disfrutarán con sus amigos incluso más que antes.

LA LLEGADA DE UNA NUEVA CABECITA HUMANA*

Cuando una personita nueva entra en tu vida, puede hacer resaltar varios aspectos de tu temperamento. Lynn, una mujer extravertida que normalmente interactúa con mucha gente en su trabajo, tuvo recientemente un niño, Aaron. Cuando vino a verme, había estado en su casa con su bebé durante varias semanas. Disfrutaba de veras con él, pero no conseguía averiguar por qué se sentía tan cansada. Le pregunté si había tenido mucho contacto social durante el día. Me dijo que no había visto mucho a sus amigos porque todos ellos trabajaban.

Resulta que estaba infraestimulada. Le indiqué que mantuviese charlas telefónicas cortas durante el día o que se las arreglase para reunirse con sus colegas para el almuerzo. También le recomendé que se llevase a Aaron a un parque donde hubiera muchas parejas adulto-niño, que se paseara por el centro comercial del barrio o que fuera a alguna tetería desbordante de público a tomarse una taza de su té preferido. La semana siguiente Lynn estaba mucho más dinámica y disfrutaba mucho más de Aaron.

---

* Juego de palabras intraducible entre *human bean* («cabecita humana», en expresión coloquial) y *human being* («ser humano»), de sonido idéntico.

Megan es una niña vivaz de cinco años. En la guardería le tocaba ser la Alumna de la Semana. La presión de ser el centro de atención perturbó a Megan y se tiró al suelo a revolcarse por él. Sus padres, que habían sido invitados al acontecimiento, estaban estupefactos y avergonzados. Cuando el padre le fue a entregar el premio, Megan intentó arrebatárselo de las manos. Después, cuando los padres y yo hablamos sobre las posibles razones de esa reacción, les pregunté si habían pensado que Megan podría estar sobreestimulada. Les pedí también que hablasen con su hija sobre lo que había sucedido y le preguntasen cómo podrían haberla ayudado. La semana siguiente, los padres estuvieron encantados de informarme que Megan sabía que había estado sobreexcitada. Ella les dijo: «Me dolía un poco la tripa y tenía que salir fuera un rato». Y le dijo también a su madre: «Quería que me dijeras "tranquila, cariño, tranquila"».

A menudo, los niños introvertidos son muy precisos si se les pregunta lo que necesitan y si saben que no es nada malo necesitarlo.

Los bebés estimulan a algunas madres extravertidas y agotan a otras. Si necesitas actividades en el exterior, no te sientas culpable. Como extravertida que era, Lynn necesitaba la estimulación externa para reabastecerse.

A muchas madres extravertidas les encanta cuidar de un bebé y disfrutan de todo lo que ello conlleva (¡preferiblemente si es un bebé que no sufre cólicos!). El ritmo más tranquilo de la maternidad les permite tener una oportunidad para la soledad en casa, cuando pueden valorar sus capacidades introvertidas. Sin embargo, esto no puede aplicarse a todas las madres introvertidas. Es importante notar la temperatura de *tu* temperamento. Concentrarse veinticuatro horas al día en las necesidades de otro ser puede ser algo extraordinariamente arduo. Las madres introvertidas tienen que encontrar formas de tomarse descansos y estar completamente a solas o realizar una actividad adulta relajante. Me encantaba ser madre, pero seguí estudiando una o dos asignaturas de la universidad todos los semestres cuando mis hijas eran bebés. Necesitaba alimentar mi cerebro para equilibrar mi tiempo de maternidad. Si eres introvertida y necesitas pasar algún tiempo aparte de tu bebé, ajusta tu programación en consecuencia. No te sientas culpable. Encuentra la zona de temperatura que necesites y reserva tiempo para alimentarte *a ti*. Tu bebé y tú estaréis mejor por ello.

Tu guía puede ayudar a que los niños introvertidos se mantengan enérgicos y contentos. Habla con ellos sobre la necesidad que tienen de tomarse descansos. En efecto, algunos niños los piden. Escoge un momento en que esté relajado y estéis los dos a solas. Cuanto más expreses la idea de que los descansos son *buenos*, tanto más lo creerán ellos también. Tú podrías decir: «¿Te has dado cuenta de que algunos niños son muy vivarachos cuando están con los amigos? Pueden jugar durante todo el día y no se cansan nunca, como tu hermano Sam. Hay otros niños que disfrutan con sus amigos, pero tienen que tomarse pequeños descansos cuando juegan. Así eres tú, Cammie. Tú necesitas descansos para darle energía a tu cuerpo y para respirar hondo unas cuantas veces. Si no, puedes empezar a sentirte cansada, o un poquito malhumorada». Pregúntales a tus hijos si alguna vez se han dado cuenta de que necesitaban tiempo aparte. Haz una pausa y déjales que te respondan. Recuérdales un momento concreto en el que estaban cansados o agobiados, si es que ellos no caen en uno.

Dales un ejemplo de alguien que se tome descansos. «¿Te has dado cuenta alguna vez de que Susan juega un rato y luego se sienta y mira durante otro rato? Cuando empieces a sentirte un poco cansada, diles esto a tus amigos: "Voy a sentarme un rato, enseguida vuelvo". O bien: "Tengo que ir a mirar una cosa, volveré en un ratito"». Pregúntales si se les ocurren otras formas de decirles a sus amigos lo de sus descansos. Alaba sus sugerencias.

Es importante ayudar a los niños introvertidos a volver al juego. La mayoría de ellos necesitan mirar un rato antes de comenzar una actividad o de volver a ella. Diles: «Está bien mirar un rato antes de volver al grupo». Las investigaciones muestran que la mejor manera de entrar en un grupo es hacer contacto visual con una persona y sonreírle, unirse al flujo del juego sin llamar la atención y luego hacer una pregunta pertinente. Por ejemplo, di: «Si tus amigos están jugando a las persecuciones, trata de mirar a Sam a los ojos, le sonríes y luego le preguntas hacia qué lado tienes que correr». Alaba los esfuerzos que haga tu hijo para participar de las actividades. Después, habla de lo que pareció que funcionaba y de lo que no.

Facilítale un espacio privado

Los niños introvertidos necesitan tener su propio espacio físico para crear una barrera entre sus cuerpos y el mundo exterior. Existen varias razones para ello. La primera es que, de cara a procesar sus pensamientos y sentimientos, necesitan ayuda para bloquear los estímulos externos y poder así enfocarse en su mundo interior. La segunda es que ya solo con estar con gente y participar en actividades se agotan sus pilas. Para los extravertidos es muy difícil comprender esto o imaginarlo. La tercera es que los introvertidos no pueden generar nuevas energías a menos que el entorno exterior se quede fuera.

He venido trabajando durante varios meses en psicoterapia con un niño introvertido de diez años, Jeffrey. Sus padres estaban preocupados porque se replegaba en sí mismo o explotaba de repente sin razón aparente. Estábamos jugando al «Lo siento»* cuando, de manera totalmente inesperada, dijo:

—Detesto compartir la habitación con Michael. A mí me gusta estar tranquilo y en paz.

—¿Ah, sí? —le dije—, le has estado dando vueltas a eso mientras jugábamos, ¿verdad?

La casa familiar tenía cuatro habitaciones, y una de ellas la habían transformado en un cuarto de juegos. Así que Jeffrey no tenía más remedio que compartir habitación con Michael, su extravertido hermano.

—Bueno, Michael podría quedarse en el cuarto de juegos —siguió Jeffrey.

Yo le sugerí:

—¿Sería posible que hicieras un dibujo de cómo ves tú su habitación y la tuya?

Jeffrey se encorvó con entusiasmo sobre el papel y dibujó las habitaciones. Resultaba evidente que había estado planeando mentalmente aquello durante algún tiempo, anticipándose a todas las objeciones que pudieran ponerle sus padres. No había sacado el tema hasta que lo tuvo todo planeado. Después de contarme su plan fue

_____
* Juego de mesa similar al parchís, con cartas sorpresa.

145

capaz de hablar con sus extravertidos padres, apoyándose en el dibujo, de la necesidad que tenía de disponer de un espacio propio. Michael se mudó al cuarto de juegos y, casi inmediatamente, la indolente energía de Jeffrey mejoró y sus explosiones de mal genio se calmaron. Logró la paz y el silencio que su temperamento tanto necesitaba.

Los niños introvertidos muestran su necesidad de tener contacto físico de muchas maneras. Como todos los niños, disfrutan cuando alguien los sostiene en brazos o los abraza. En otros momentos, cuando se sienten sobreestimulados, pueden necesitar cierta distancia. Si están cansados en el automóvil, pueden quejarse y decir: «¡Ay, me está tocando la pierna!». En los grupos, frecuentemente les gusta estar en la parte trasera, la frontal o la lateral del conjunto, más que en el centro. En lugar de compartir asiento en el sofá, es posible que prefieran tener su propia butaca aparte. A veces pueden alejarse si los tocas; pero no te lo tomes como algo personal. Disfruta de las veces que quieran estar acurrucados contigo y acepta las veces que tengan la necesidad de reducir la estimulación externa.

Recuerdo una vez que mi madre y yo habíamos estado viajando juntas en tren de un lado para otro durante varias semanas. Un día, su pierna tocó la mía, y fue como si mi piel se hubiera quemado. Alejé la pierna bruscamente. Ella se enfadó conmigo por ser tan quisquillosa y yo me sentí mal por haberla enfadado, pero después de tantísimo tiempo sin intimidad, hasta el toque más leve era demasiado. Los introvertidos se sienten agotados cuando se invade su espacio personal. Agotan su energía cuando están con gente, incluso si no están interactuando. Esto es muy difícil de comprender para los extravertidos, puesto que el espacio no es un problema para ellos. Acurrucarse en alguien no requiere energía.

Estar de pie o sentado demasiado cerca de un introvertido, o entrar sin llamar en la habitación en la que se encuentre, absorbe su energía. Mi cliente Kristen escribió «no entrar» rayando la puerta de su habitación cuando tenía unos seis años. Le sorprendió y le divirtió que su hija Katie, aproximadamente hacia la misma edad, le preguntase cómo se escribía «no entrar». Katie lo escribió en una pizarrita, la colgó del pomo de la puerta y la cerró. Después, Kristen sonrió a Katie y le dijo: «Sé cómo te sientes». Dar espacio a los introvertidos es darles energía.

Habla con tus hijos de compartir el espacio físico. Les podrías decir: «Sé que a veces te pones nervioso o te sientes agotado si hay mucha gente a tu alrededor». Lo más importante es reconocer que comprendes que puedan sentirse incómodos: «Iremos en automóvil al museo con la tía Tina y con Christopher. Tardaremos una hora más o menos en llegar. Sé que a veces te sientes incómodo al estar sentado tanto tiempo demasiado cerca de la gente. ¿Qué crees que podría ayudarte?». Es asombrosa la frecuencia con que los niños salen con ideas estupendas; pero en caso de que no se les ocurra nada, sugiere tú algo: «¿Te ayudaría si pusiéramos un cojín entre vosotros dos?, ¿qué te parece?». Si estáis haciendo un viaje largo en automóvil, habla con los niños sobre el espacio privado, detente periódicamente para salir del automóvil y dar un paseo cerca y haz turnos para que se sienten en asientos diferentes. Indícales que respiren hondo y se relajen si empiezan a sentirse molestos. Ayúdalos a concentrarse en algo que no sea su cuerpo. Ponles auriculares para que puedan escuchar cuentos o música, dales un cuaderno para que pongan sus pegatinas y así puedan trabajar solos o juega a un juego como el de *Veinte Preguntas*.[*] Recuérdales que el viaje no durará para siempre.

Habla con tu hijo de la idea de que todos los niños tienen un círculo invisible de espacio alrededor de ellos, sea grande o pequeño. Explícale que él tiene normalmente un círculo grande, por eso se siente incómodo si la gente se le acerca demasiado. Estar con otra gente, sobre todo si esa gente penetra en su círculo personal, puede provocar que tu hijo se sienta cansado.

Prueba este ejercicio para averiguar qué tamaño tiene el círculo de espacio personal de cada miembro de la familia. Haz que cada uno de ellos permanezca de pie en la acera o en el pasillo. Luego haz que alguien que no pertenezca a la familia camine hacia ellos. Cuando el miembro de la familia —digamos, tu hijo— empiece a *sentir* ganas de

---

[*] Juego televisivo muy popular en los años cincuenta. Existe la versión con tablero y cartas.

apartarse, debe decir «para». Haz una marca con tiza en el lugar donde esté; luego dibuja un círculo a su alrededor, utilizando la distancia hasta la marca como radio. Cada uno tendrá probablemente un círculo de diferente tamaño: ese es su espacio personal. Muy probablemente, el de tu hijo introvertido será grande.

Explícale a tu hijo su necesidad de tener espacio privado. Dile que a veces querrá compartir ese círculo de espacio y a veces no. Indícale que les exprese a sus amigos que necesita espacio diciendo algo así: «¿Podrías echarte para allá un poco? Gracias». O «me gusta que nos sentemos juntos en la hamaca, pero ¿podrías echarte un poco para allá? Me estás apretujando. Gracias». Ayúdalo a darse cuenta de cuándo se siente empujado de manera que pueda crear algo de espacio antes de ponerse de mal humor. Pregúntale: «¿Cómo te sentiste cuando Quentin se sentó tan cerca de ti?». Y luego: «¿Qué podrías hacer la próxima vez que te sientas así? ¿Podrías cambiar de sitio?». No te olvides de alabar a tu hijo cuando lo veas aguantar la incomodidad: «Sé que a veces te sientes apretujado en el automóvil, pero hoy lo has hecho muy bien».

Dale tiempo para reflexionar

Los introvertidos necesitan tiempo para reflexionar sin la presión de tener que «hacer» algo. A muchos introvertidos los consideran perezosos porque necesitan períodos de reflexión. Los padres se enfadan y les preguntan: «¿Qué haces por ahí sin hacer nada?»; pero además de utilizar el tiempo de descanso para almacenar energía, los introvertidos lo usan para ponderar. Además de para almacenar energía, ¿para qué necesitan los introvertidos tener este espacio libre de presión? Los *innies* absorben información del mundo exterior consciente e inconscientemente y, a menos que puedan reducir los estímulos exteriores, sus pensamientos, sentimientos e impresiones interiores no saldrán nunca borboteando a la superficie. Sin tener tiempo para procesar, sus mentes se atascan y se sobrecargan. Por eso muchos introvertidos acaban por sentir que no tienen nada en el cerebro. El hecho es que allí, en su cerebro, hay mucho, pero no está clasificado ni seleccionado.

Cuando los niños introvertidos notan que su mente se queda en blanco, pueden sentir mucha confusión y vergüenza. Los puedes ayudar explicándoles de forma sencilla lo que les ocurre: «Ahora mismo no sabes cómo te sientes, pero más tarde lo harás». Recuérdales que pueden contar con que su cerebro funciona, incluso si no se dan cuenta de ello: «Estoy segura de que tu mente masticará y triturará esa tarea y que para mañana tendrás varias ideas». Señala cuándo han llegado a conclusiones y soluciones: «Parece que has pensado en ese libro y que ahora puedes explicar qué es lo que te gusta y lo que no».

Puesto que a los extravertidos les gusta hablar de los problemas para afrontarlos, a menudo se molestan con los introvertidos porque estos se «reprimen». «¡Escúpelo!», dirán. Enseña a tu introvertido hijo a decir: «Todavía estoy dándole vueltas». Si tu hijo es uno de esos introvertidos a los que les gusta pensar en voz alta sobre un tema, lo mejor es escuchar y luego comentar lo que hayas oído: «Bueno, vamos a ver si te he entendido bien. Has pensado en varias cosas para tu trabajo de ciencias y las has dejado en dos. ¿Te gustaría hablar de ellas ahora, o prefieres que sea en otro momento?». Comunicándote de esta manera los ayudas a continuar resolviendo problemas sin sentirse agobiados.

Tus hijos serán más capaces de utilizar sus dones si les enseñas a ser introspectivos. Indícales que se sienten y que dejen que su mente vague libremente. Explícales que el tiempo libre permite que sus mentes tengan la oportunidad de conectar los fragmentos de información entre sí, como un rompecabezas, para formar ideas. Pídeles que observen cómo, de esta manera, se aclaran las ideas y se da con la solución. Cuanto más valores tú este proceso como padre o madre, tanto más lo harán tus hijos. Di: «Veo que has estado pensando en lo que viste ayer». Pregúntale a tu hijo: «Gary, ¿qué impresión tienes de la maestra nueva? Piénsatelo un rato si quieres». Es importante que ayudes a tus hijos a confiar en la manera en que funcionan sus mentes.

Sería útil que hablases con los profesores de tus hijos y les explicases la necesidad de reflexión que estos tienen. Es posible que no sepan que la gente utiliza diferentes senderos cerebrales y que la longitud de los senderos condiciona lo rápido que responden los niños. Los profesores podrían pedirles a los alumnos que piensen bien en un tema y decirles: «Hablaremos de este capítulo del libro después del recreo». Podrían ver que muchos de los alumnos más silenciosos contribuyen más cuando han tenido la oportunidad de reflexionar.

Ayuda a tus hijos a aprender a decirle a la gente que no forme parte de la familia: «Eso tengo que pensarlo antes de responder». Recuérdales que es importante que hagan un seguimiento de sus pensamientos. No te olvides de alabarlos: «Emily, me gusta de verdad la manera que tienes de pensar las cosas». Tu hijo tiene potentes ventajas.

SI ERES UN PADRE EXTRAVERTIDO CON UN HIJO INTROVERTIDO

Los padres extravertidos que tienen hijos introvertidos se preocupan muchísimo. Quieren que a sus hijos les vaya bien en la vida y temen que algunas de las cualidades que exhiben sean señales de peligro. Si se trata de un niño, frecuentemente los padres quieren que se endurezca. Como describía a su hijo uno de mis pacientes: «Creo que Max tiene que ver a un terapeuta. Es un niño bueno, pero no lo bastante activo ni resuelto. Le cuesta mucho hacer algo, incluso hablar. —El extravertido padre añadió con perspicacia—: Max fue muy reservado desde el principio; mi otro hijo es mucho más sociable».

Le describí la energía de los introvertidos, mucho más silenciosa. Le expliqué por qué necesitaba Max un tiempo sin interrupciones para responder las preguntas. Yo veía que las tensiones se aliviaban en la cara del padre. En cuanto empezó a ver el comportamiento de Max como algo normal, fue más capaz de ayudarlo. Por ejemplo, cuando su padre le contaba los planes por anticipado y le permitía mirar las actividades antes de unirse a ellas, Max conseguía hacer más suavemente la transición. Como resultado de ello, empezó a hablar más y su familia comenzó a escucharlo.

Otra paciente mía, Hayley, que estaba en el extremo del continuo extravertido, tenía un hijo de cuatro años, Ben, que era muy sensible y bastante introvertido. Vino a verme porque creía que *algo grave* le

CÓMO REPRENDER AL NIÑO INTROVERTIDO

Los niños introvertidos pueden ser bastante sensibles a la ira y a la desaprobación. Como he dicho antes, lo mejor es no corregirlos en público. Como eso es tan doloroso, podrían llegar a rechazarte y parecer que no les importa. Sí que les importa; pero eso no significa que tengas que pasar por alto las conductas perjudiciales.

Diles de manera objetiva lo que hicieron y que tú desapruebas: «No me gustó que tirases arena». Explica por qué: «Se le metió a Timmy en los ojos y le hizo daño». Di lo que hay que hacer a continuación: «Quiero que le pidas perdón a Timmy. Después lo hablaremos despacio y veremos cómo te sentías y por qué le tiraste arena. Si estabas molesto por algo, estoy seguro de que podremos encontrar algo mejor para expresarlo». Estar enfadado o frustrado puede ser sobreestimulante para los niños introvertidos. Necesitan ayuda para aprender a controlar sus sentimientos, para hablar de ellos y no comportarse mal por ellos. Como padre, tienes que mantener al mínimo lo de echarles la culpa y avergonzarlos. Lee la sección «Culpablizados y difamados», en la página 61, sobre la culpa, la vergüenza y sus antídotos. Recuerda que la vergüenza se siente como un ataque al núcleo de la sensación de *ser* del niño: «Le he gritado a mi hermana. Soy malo y ahora mamá ya no me querrá». La culpa se siente como *hacer* algo que uno no debería haber hecho: «Le grité a Corey. A mamá no le va a gustar». Dales espacio para hablar a tus hijos. Si están molestos, es posible que mantengan la boca cerrada. Asegúrate de que no estén dándole demasiadas vueltas al incidente. Diles que los quieres; recuérdales que todo el mundo comete errores. Incluso tú.

pasaba a Ben. Incluso creyó que podía ser autista; no podía comprender por qué parecía aturdido y lloraba tanto. Durante diez o quince minutos, empezó a describirme cómo eran los días que pasaban juntos. Era como correr una maratón: ven aquí, vete para allá, haz esto, haz lo otro.

La detuve cuando hacía una lista con más actividades «divertidas» que había planeado para la próxima excursión en familia: mini-golf, centro comercial y *luego* el Chuck E. Cheese* para el almuerzo. Yo misma empezaba a estar mareada y cansada. Podía imaginar el colapso de Ben. Dije:

---

* Cadena de restaurantes de comida especializada para niños.

—Parece que Ben podría estar un poco sobreestimulado.

—¿Qué quieres decir? —me preguntó, deteniéndose por primera vez desde que se sentó.

—Bueno, a mí me parece que tú eres extravertida y Ben es introvertido. Toda esta actividad es muy sobreestimulante para él. Ben se queda en la inopia o llora para indicar que ha sido demasiado para él.

—¿Qué quieres decir con sobreestimulación? —quiso saber Hayley.

Esa idea no le sonaba para nada. Le expliqué que era muy probable que Ben sintiera que ocurrían «demasiadas cosas», que estaba cansado y que no podía pensar. Ella se rio:

—Y aquí estoy yo, creyendo que se lo hacía pasar tan bien. —Hayley, que estaba otra vez embarazada, se detuvo un momento y dijo—: Me pregunto qué temperamento tendrá este bebé.

«Estamos haciendo progresos», pensé yo. Le dije que esa era una buena pregunta. Es muy importante no agobiar a tu hijo con *tu* nivel de energía.

Otro padre extravertido me habló de su hija Alexa:

—Todo lo que hace es leer en su habitación. Creo que el problema es grave; está evitando la vida.

No quería hacer ninguna de las actividades que él le sugería, por lo que le parecía que estaba enfadada con él. Le sugerí que le preguntase a Alexa si podía leer con ella. En nuestra siguiente reunión me dijo que le había dejado *estupefacto* ver cómo se iluminaba su hija con esa idea. Ahora leen juntos todas las semanas y su relación ha mejorado considerablemente.

Los niños introvertidos pueden no ser tan expresivos como los extravertidos. Te aman y te valoran, pero es posible que no hablen mucho de ello. Acepta tu temperamento y el de tu hijo, no se pueden cambiar. Los dos tenéis cualidades maravillosas que podéis aportar a tu familia y al mundo.

CÓMO COMPRENDER A TU HIJO EXTRAVERTIDO

*A los ojos de un niño no hay siete maravillas
en el mundo. Hay siete millones.*

WALT STREIGHTIFF

Tener gente con la que hablar, que se hagan comentarios, pensar en voz alta y estar ocupado son fuentes de energía para los niños extravertidos. Date cuenta de lo lejos que están de las fuentes de energía que satisfacen las necesidades de los introvertidos. Pero recuerda que ambos están en un continuo: unos son más extravertidos que otros y cada uno de ellos es un individuo único con una personalidad singular. Manteniendo presentes estas ideas, estas son algunas maneras de ayudarlos a crecer sanos.

Asegúrate de que tienen gente con la que hablar

Los niños extravertidos necesitan a la gente. Les habrían encantado los viejos teléfonos que tenían líneas de grupo abiertas para poder unirte a una conversación en cualquier momento que quisieras. Les proporciona energía que se les permita hablar, que puedan compartir sus experiencias y airear sus sentimientos conforme vayan presentándose. A veces toda esta charla puede ser abrumadora para la familia, de modo que ayúdalos a desarrollar relaciones fuera de ella. Asimismo, puesto que los extravertidos pueden estar absortos en la multitud, sobre todo en la adolescencia, es importante empezar pronto para ayudarlos a desarrollar sus propios intereses individuales. Los estudios muestran que los adolescentes con fuertes intereses se meten menos en problemas. Averigua qué atrae su atención y foméntalo. Encuentra gente culta con la que puedan hablar. Por ejemplo, si tu hija se interesa por la fotografía, tal vez el dueño de una tienda de fotos de la zona podría ser un recurso. Pídele a un fotógrafo amigo que la lleve a una excursión fotográfica o suscríbela a una revista de fotografía. Una vez que tus hijos se sientan bien informados, pídeles que después de la cena ofrezcan una pequeña presentación a la familia acerca de lo que más les fascina de aquello que les interesa.

Haz comentarios

Los niños extravertidos necesitan comentarios; los «¡bien hecho!» son importantes para ellos. Unas pocas palabras de refuerzo positivo, y volarán alto. Todos los niños necesitan un espejo que refleje su personalidad, pero eso puede ser especialmente importante para los extravertidos, porque les ayuda a ser más conscientes de su conducta: «Ya sé que estás triste porque Jacob no ha podido venir a jugar. Vamos a ver si podemos quedar para jugar mañana». Los niños extravertidos reflexionan menos sobre sí mismos que los introvertidos y necesitan ayuda para desarrollar esa aptitud. Para ellos es importante comprender que los sentimientos no son lo mismo que las acciones: que son estados interiores y que se puede *reflexionar* sobre ellos: «Estoy nervioso, ¿por qué?». En ese punto pueden *elegir* qué acciones deciden emprender: «Sé que querías dar una vuelta, pero has dejado que Sean la dé primero. Eso es lo que hacen los buenos amigos», «¿Qué crees que pasaría si tú hablases todo el rato y tu amigo no tuviese nunca la oportunidad de decir nada?» o «Sé que tenías prisa, pero me ha gustado que hayas esperado a que Kathy entrara por la puerta la primera». Comentarios de este tipo pueden ayudar a los niños a ser menos impulsivos y a desarrollar la capacidad de reflexionar: a aprender a pensar antes de actuar. Cuando hagas comentarios, utiliza la técnica de la «galleta Oreo»: empieza con algo positivo, luego añade cualquier cosa negativa y luego acaba con otra cosa positiva. Los comentarios reabastecen a los niños extravertidos.

Déjales que piensen en voz alta

Los extravertidos piensan hablando. Necesitan que otra persona los escuche, y así pueden ordenar sus pensamientos y sus sentimientos. Es posible que no necesiten respuestas, tan solo una caja de resonancia. Pregúntales si les gusta que solamente escuches o si deberías hacer preguntas y dar ideas. (Incluso si solamente escuchas, asegúrate de hacer que tu hijo sepa lo mucho que te gustan sus ideas y sus asuntos). Los extravertidos pueden hablar en voz alta consigo mismos, y es posible que se «oigan» mejor de esta manera. Deja que hablen de sus problemas y sus preocupaciones y que compartan sus ideas contigo: están procesando en voz alta. Es posible también que te hagan muchas preguntas. Responde tantas como quieras, pero deberías poner un límite: «Te responderé a dos preguntas más; luego tengo que preparar la cena». Por difícil de imaginar que sea para los introvertidos, los niños extravertidos pueden estudiar mejor con la televisión o la radio encendidas.

Mantenlos activos, pero programa un tiempo en silencio

Para los extravertidos, la estimulación es el meollo del asunto: necesitan tener cosas que hacer, lugares a los que acudir y gente a la que ver. Su actitud es: «No perdamos el tiempo, no nos quedemos jugueteando dando vueltas a los pulgares sin hacer nada». Muchos niños extravertidos no quieren perderse nada, lo que puede ser agotador incluso para los padres extravertidos. Programa un tiempo en silencio incluso si tus hijos no quieren disminuir la velocidad: «Quiero que esta tarde, de dos a tres, os toméis un descanso. Podéis escuchar música o un audiolibro, o podéis leer otro capítulo del libro que estáis leyendo». Ayúdalos a darse cuenta de los beneficios que tiene el tiempo en privado: «Pareces un poco más relajada después de ese descanso para leer. ¿Cómo te sientes?». Si tus hijos están jugando solos, soñando despiertos o simplemente relajándose, diles que estás contento de que disfruten del tiempo en silencio. Revisa sus actividades y asegúrate de que su programa no esté demasiado lleno. Hasta los niños extravertidos pueden llegar a hacer demasiado y necesitan oportunidades para practicar la introversión.

SI ERES UN PADRE INTROVERTIDO CON UN HIJO EXTRAVERTIDO

> Nunca hubo un niño más encantador,
> pero su madre se alegraba al acostarlo.
>
> RALPH WALDO EMERSON

Para un padre o madre introvertido, los hijos extravertidos pueden ser una alegría y una maldición. Estos niños son entusiastas y les emociona el mundo. Quieren probarlo todo, quieren sentarse cerca de ti y contarte *todo* lo que les ha ocurrido durante el día. Tu temperamento individual abre la puerta a una maravillosa oportunidad para que tus hijos aprendan pronto el valor que tienen las diferencias. Como es posible que tu necesidad de cercanía física sea mucho menor, dales un buen abrazo y diles que los quieres, pero que ahora necesitas un poco más de espacio.

Nancy, una madre introvertida a la que entrevisté, dijo: «Victoria, mi hija, quería participar en todas las actividades escolares. Detestaba perderse nada. Yo no podía mantener el ritmo, y me sentía muy culpable».

Deja de sentirte culpable por ser tú. Es importante que les expliques a tus hijos que con demasiadas actividades tú te agotas, que necesitas descansos para recargarte de energía de una manera que ellos no harían. Ayúdalos a comprender que te encanta estar involucrada en su vida, pero que tú tienes un ritmo diferente, algo así como lo de la liebre y la tortuga. Hazles saber que te interesan sus actividades, pero pon límites. Por ejemplo, digamos que acudirás a dos acontecimientos deportivos al mes y que ellos pueden elegir a cuáles. Le sugerí a Nancy que le pidiese a su hija que grabase todas sus actividades de la semana y que luego informase de ellas el domingo (quizá con un micrófono de juguete) después de cenar a toda la familia. Llámalo «análisis de la semana de Victoria».*

Un paciente mío, Kevin, no podía comprender por qué su hijo Josh no quería estar en casa. Las primeras palabras que salían de la boca de Josh cuando su padre lo recogía del colegio eran: «¿Adónde vamos?». Cuando Kevin decía que a casa, Josh se ponía a gimotear y se desplomaba sobre el asiento. «Y yo me sentía como un mal padre –dijo Kevin–. No podía comprender por qué no quería estar con nosotros».

No te tomes como algo personal el temperamento de tus hijos. No te rechazan; simplemente quieren recargarse. Recuerda que temen sentirse agotados, la misma sensación que a ti tampoco te gusta. Diles: «Sé que no tienes ganas de ir a casa. Vamos a cantar todo el viaje, o podemos jugar al veo-veo. Tú empiezas con la A». Si no está

---

* Al estilo del conocido programa informativo de televisión *Week in review* (Análisis de la semana).

CÓMO REPRENDER AL NIÑO EXTRAVERTIDO

Lo mismo que la meteorología, los niños extravertidos exhiben una gran variedad de patrones emocionales, un buen número de altibajos. A veces no se dan cuenta de los sentimientos de los demás; pueden pasar por alto el enfado de un padre. Si estás enfadado con ellos, se sentirán mal un rato porque les gusta la aprobación risueña; pero, a diferencia de los más introvertidos, podrían no volver a pensar en el incidente. Los niños extravertidos son como las nubes de tormenta que van de un lado para otro y creen que el asunto se ha terminado y es algo ya pasado.

Es importante que les recalques por qué estás enfadado. Habla con ellos en privado y diles qué comportamiento concreto suyo no te ha gustado. Míralos a los ojos y habla con firmeza. Haz que tus comentarios sean cortos y concretos: «Estoy enfadado porque le has quitado el pincel a Lindsey». Explícales lo que sucederá luego: «Quiero que le pidas perdón. Ella ya va a terminar de utilizarlo; luego te tocará a ti».

Más tarde, de manera que no se culpen y no haya críticas, pregúntales si han pensado en otras maneras con las que ellos hubieran manejado la situación. Ayúdalos a pensar en sus actos; pero no te metas en una pelea de argumentos. Muchos niños extravertidos hablan mucho y pueden ser capaces de ganarte en una batalla dialéctica. Permanece en calma y al mando: «Te quiero, pero no me ha gustado lo que has hecho». Recuérdales que todos tenemos que pensar en nuestros actos alguna vez. Incluso mamá y papá.

conforme inmediatamente, empieza tú a cantar o a jugar al juego. La mayoría de los niños se unen a ello. Aprueba frecuentemente a tus hijos extravertidos; es posible que no valoren lo que tienen de positivo (y que para ti parece obvio) si no señalas esas cualidades.

LA ESTRATEGIA DE EQUIPO: HABLA CON TUS HIJOS SOBRE LA INTROVERSIÓN

> Nos preocupamos por lo que será un niño mañana,
> pero nos olvidamos de que hoy ya es alguien.
>
> STACIA TAUSCHER

Empieza a hablar con tus hijos introvertidos desde pequeños acerca de cómo funcionan sus cuerpos y sus mentes y de que es posible controlarlos. Nuestros cuerpos necesitan energía para pensar, sentir y moverse. Habla con ellos acerca de sus subidas y bajadas de energía, de lo que necesitan para sentirse bien y para saltar de la cama: «arriba, vamos allá». Explícales que algunas personas necesitan mucho tiempo a solas para almacenar energía. Otros consiguen energía saliendo al mundo. Dales un ejemplo de tu experiencia personal de cómo la consigues tú.

Ayuda a tus hijos a hablar de cómo sienten su cuerpo. Enséñales a tomarse la temperatura de su temperamento. Pueden empezar dándose cuenta de cuándo necesitan descanso y cuándo actividad. Reflexiona con ellos: «Vi que te lo pasabas bien en la fiesta de Chelsey, pero que luego estabas cansada. ¿Tú también te diste cuenta?». Ayúdalos a observar las diferencias en los demás niños: «Después del día de campo, de vuelta a la casa Taylor se puso a dormir y Sara charló y cantó todo el viaje. Sus temperamentos y sus necesidades son diferentes».

Las mentes funcionan de maneras diferentes también. Explícales a tus hijos: «Algunas personas piensan muy rápido y a menudo hablan deprisa. Otras, que son más como tú, necesitan pensar en sus reacciones. Si tienes tiempo para pensar, sabes lo que quieres decir y te sientes bien. Tú te sientes bien después de haberte concentrado muchas horas en tu colección de mariposas; otras personas se cansan si prestan atención a algo demasiado tiempo. Prefieren estar muy ocupadas».

Desarrolla la estrategia «somos equipo» con tus hijos. Anticípate y prepáralos para situaciones que podrían ser difíciles. Habla de la temperatura de tu temperamento y la de los demás en familia, de manera que comprendan que no hay estigma alguno en ser introvertido o extravertido. El truco es ayudarlos a comprenderse a sí mismos sin que desarrollen la evasión como manera de salir adelante. Habrá ocasiones en que se sientan sobreestimulados; puedes animarlos a respirar hondo varias veces y a tomarse descansos para calmarse.

No sobreprotejas a tus hijos ni esperes que se las arreglen solos. Lo que más necesitan es tener la sensación de que pueden compartir ideas contigo. Si creen que comprendes sus puntos fuertes y sus limitaciones, se desarrollarán como adultos maduros. Desarrolla un diálogo permanente (en el que tú escuchas mucho) con tus hijos sobre

LOS HERMANOS INTROVERTIDOS PUEDEN PERDERSE EN LA MEZCLA

La mayoría de las familias tienen a sus miembros repartidos por todo el continuo introvertido/extravertido. Sin embargo, es muy común que una familia tenga un extravertido animoso que se lleva toda la atención y que deja poco sitio a los niños más introspectivos. Si por alguna razón existe un desequilibrio en tu familia, es fundamental proteger a los niños introvertidos de hermanos que pueden dominarlos, sofocarlos o eclipsarlos.

En la mesa asegúrate de que todos tienen su oportunidad de hablar por turnos. A los introvertidos les incomoda interrumpir, así que es posible que no se unan a la charla familiar, pero si saben que les va a tocar el turno, podrán tener tiempo para preparar sus pensamientos. Ayuda a los que lo tienen fácil para hablar a que aprendan a esperar a su hermano de ritmo más lento. No dejes que uno de los hermanos interrumpa o hable por otro. Es evidente que ningún niño debería recibir burlas o ser humillado por su estilo de comunicarse.

Date cuenta de si tus hijos introvertidos tienden simplemente a ir con la corriente y, como resultado de ello, se los pase por alto. Pregúntales qué creen o sienten sobre las actividades familiares: «¿Ha sido hoy un día muy atareado para ti?». Enséñales a los demás a tener presente la opinión del introvertido: «Jon, sé que quieres ir al parque; pregúntale a Heather qué piensa de eso».

Anima a los demás hermanos a esperar, si es que un niño introvertido necesita más tiempo para dar su opinión: «Heather necesita un momento para pensar en eso, Jon. Vamos a ver qué piensa». Al respetar a todo el mundo en la familia, todos tus hijos desarrollarán habilidades interpersonales más fuertes.

los altibajos de su energía. Les da mucha fuerza sentir que estáis trabajando juntos; ese es el mejor apoyo que puedes darles frente a las pruebas naturales de ir creciendo.

NIÑOS SUPERDOTADOS

Las expresiones *superdotado* o *con un talento extraordinario* me hacen sentir siempre incómoda, porque *todos* los niños son dotados y tienen talento de alguna manera. No obstante, hablo del tema porque muchos niños y adultos introvertidos no se dan cuenta de que sus habilidades y su inteligencia son valiosas. Aunque los estudios muestran que existe una correlación entre la introversión y ser superdotado, frecuentemente a los niños introvertidos no les va bien en los exámenes y podrían no ser reconocidos como superdotados. Se cree que un niño *superdotado* tiene un patrimonio genético que produce un desarrollo cerebral avanzado y acelerado. Su funcionamiento cognitivo, emocional, físico e intuitivo da como resultado una inteligencia de alto nivel. La expresión *con talento* se refiere a un niño que posee un conjunto de rasgos que pueden llevar a un nivel de habilidad fuera de lo común. Se cree que los niños superdotados necesitan entornos receptivos y enriquecidos para desarrollar por completo sus dones innatos.

Estas son algunas de las señales tempranas:

- Razonamiento abstracto desarrollado y habilidades para la resolución de problemas.
- Evolución avanzada según parámetros estándar de desarrollo.
- Alto nivel de curiosidad.
- Desarrollo temprano y amplio del lenguaje.
- Reconocimiento temprano de sus cuidadores (por ejemplo, sonreírles).
- Disfrute y velocidad en el aprendizaje.
- Excelente sentido del humor.
- Memoria extraordinaria.
- Alto nivel de actividad.
- Reacciones intensas al ruido, el dolor o la frustración.
- Menos necesidad de dormir en la infancia.
- Períodos largos de atención si se interesan por el tema o la actividad.
- Sensibilidad y compasión.
- Perfeccionismo.
- Lucidez poco común en la infancia.
- Imaginación vívida (por ejemplo, los amigos imaginarios).

Ahora que ya le has echado una ojeada, déjame añadir una advertencia. Yo creo que existen tres áreas —el nivel de actividad, la habilidad verbal y la memoria— en las que los niños introvertidos difieren de este perfil. En primer lugar, muchos niños introvertidos no tienen un alto nivel de actividad. Pueden ser más bien sedentarios o tener estallidos puntuales de actividad. En segundo lugar, sus habilidades verbales pueden no ser aparentes. Es posible que tengan un vocabulario pasivo excelente, pero a menos que se les sonsaque no mostrarán todas las palabras que conocen. Por último, hay que tener presente que los introvertidos tienden a apegarse a la memoria a largo plazo más que a la de corto plazo, como hacen los extravertidos. De manera que puede costarles más tiempo recordar algo, pero una vez que lo hacen raramente lo olvidan. Los extravertidos recuerdan más aprisa, pero olvidan antes. Échale un vistazo a la lista y comprueba si tu hijo muestra alguna de esas cualidades.

Puede ser emocionante criar a un niño superdotado o con algún talento extraordinario, y también puede ser abrumador. Aquí van unas cuantas sugerencias que te serán útiles:

- Contempla las características de tu hijo desde una perspectiva positiva; por ejemplo, la perseverancia y la cabezonería pueden verse como si fueran en esencia el mismo rasgo.
- Evalúa los talentos o intereses particulares de tu hijo e intenta proporcionarle lo que necesite. Por ejemplo, si le encanta pintar, proporciónale pinturas.
- Sé un defensor informado; es posible que tengas que educar a los educadores sobre tu hijo.
- Consigue ayuda. Los bebés y los niños pequeños superdotados pueden llegar a agotar a sus padres. Recluta a familiares y amigos.
- Escucha a tu hijo con respeto; los niños superdotados pueden hacer muchas preguntas y desafiar las ideas existentes. Generalmente, las explicaciones dan como resultado más cooperación.
- Enséñale a tu hijo a acceder a los recursos para encontrar las respuestas a las preguntas que tú no puedas responder.
- Lee libros sobre el tema (he incluido algunos en la bibliografía), busca información en Internet, únete a un grupo de padres de niños superdotados y habla con otros padres de niños así.

- Valora la singularidad de tus hijos: sus opiniones, ideas y aspiraciones. No insistas en que se adapten; asegúrate de que en casa se sientan valorados.

EL PODER DE LOS PADRES

> Los niños son siempre el único futuro que tiene la raza humana.
>
> WILLIAM SAROYAN

No podemos proteger a nuestros hijos de todos los peligros que hay en el mundo, pero podemos tener influencia en cómo se sientan consigo mismos. Cuando son pequeños, podemos enseñarles a valorar y comprender sus temperamentos. (Es muy útil que aprendan a tomarse su propia temperatura del temperamento, como he explicado antes en este capítulo). También podemos enseñarles a valorar el

UNA NOTA SOBRE LA TIMIDEZ

Permíteme que te recuerde una idea común y equivocada sobre los adultos de la que he hablado en la página 50 del capítulo 2. Ser introvertido no es lo mismo que ser tímido. Tanto los niños introvertidos como los extravertidos pueden ser tímidos. La timidez es un estado de ansiedad en el que una persona tiene miedo del rechazo, del ridículo o del bochorno. Algunos niños tímidos tienen malas habilidades sociales. Evitan las situaciones en sociedad, tanto con una persona como con veinte, porque temen ser despreciados o rechazados. Para ellos las actividades sociales son muy dolorosas. A menudo se atacan a sí mismos por todo lo que hacen o dicen en ese tipo de situaciones.

Por lo general, los niños introvertidos tienen buenas habilidades sociales y disfrutan frecuentemente al estar con los demás. Es posible, sin embargo, que necesiten entrar con cuidado en los compromisos sociales y que se cansen si tienen que tratar con demasiada gente durante demasiado tiempo. Pueden sentirse incómodos porque no les gusta interrumpir, y eso puede hacer que se sientan excluidos de los grupos. Pero, en general, los niños introvertidos disfrutan con las actividades sociales. No obstante, si se los presiona o se los critica continuamente por ser introvertidos, pueden volverse tímidos, inhibidos o temerosos.

temperamento de los demás. Si utilizamos el poderoso vínculo que tenemos con nuestros hijos para ayudarlos a alimentar sus naturalezas, ellos tendrán un fundamento sólido para crecer como adultos con carácter. El carácter es la forma en que cada persona utiliza su temperamento innato. Es un área que podemos controlar.

¿Utilizan destructiva o constructivamente nuestros hijos sus habilidades y sus dones? El mundo sería un lugar mejor si cada niño creciese con integridad, con curiosidad, con compasión, con la capacidad de amar y ser amado y con la aptitud para desarrollar sus fuerzas interiores.

También los niños extravertidos pueden volverse tímidos si se los avergüenza, se los critica o se los humilla. Para los extravertidos, ser tímido es un problema muy difícil. Una de mis pacientes es una extravertida tímida y melodramática de quince años. Ella quiere estar con sus amigos y necesita salir e ir por ahí para conseguir energía, pero es tan nerviosa que apenas puede sentarse quieta. En mi consulta, mueve adelante y atrás la mecedora con tanta fuerza que llego a creer que va a salir despedida por la ventana. Conforme trabajemos para reducir su ansiedad social y aumentar sus habilidades interpersonales, conseguirá encontrar fuentes de estimulación sin tanta ansiedad.

Explícales a tus hijos tímidos la diferencia entre timidez e introversión. Que sepan que los ayudarás a aprender a sentirse más cómodos en las situaciones en sociedad. Aunque algunos niños nacen tímidos (con un centro del miedo más activo en el cerebro), la mayoría tienen que aprender habilidades sociales para detener la criticona voz de su cabeza y aumentar la confianza en sí mismos.

He incluido algunos libros excelentes sobre la timidez en la bibliografía. Lee unos cuantos y pon en práctica algunas de sus indicaciones. La introversión y la extraversión son parte del temperamento de un niño y no pueden cambiarse. Por el contrario, la timidez puede mejorarse significativamente. Los niños y los adultos tímidos pueden reducir la mayor parte de su miedo y su ansiedad aprendiendo nuevas habilidades.

Puntos que considerar

- ▸ Observa si tus hijos son más introvertidos o más extravertidos.
- ▸ Observa dónde y cómo recargan su energía.
- ▸ Piensa en tu temperamento y el de tu pareja: ¿sois *innies* o *outies*?
- ▸ Mantened una conversación familiar sobre vuestros temperamentos y sobre cómo afectan a vuestras relaciones diarias. Os valoraréis más unos a otros.

Socializar: ¿aguafiestas o agotado por la fiesta?

La excepción que confirma la regla...

EXPRESIÓN POPULAR

L a sala es un mar de gente. Las ruidosas voces me hacen daño en los oídos. Observo a mi alrededor para encontrar un rincón a salvo. Se me comprime el estómago; se me acelera la respiración. Solo pienso en salir corriendo. Mike, mi esposo, ve a los amigos a los que quiere saludar; está entusiasmado; le encantan las fiestas. Trenza su camino a través de los corrillos de grupos, sonriendo y saludando con la cabeza todo el rato. Entonces es cuando me encamino derecha al baño. Allí me quedo, comprobando el papel pintado de la pared, las toallas de mano y el jabón. Agradezco de veras un cuarto de baño bien equipado. Empiezo a relajarme; se me destensa el estómago; mi respiración vuelve a ser normal. Tras un momento me siento lista para salir del santuario improvisado. Diviso la calva de Mike en uno de los corrillos. Me deslizo a su lado. Él me pasa un refresco de cola. Yo hablo con la gente; disfruto oyendo lo que tienen que decir. Hablar y reír es divertido. De vez en cuando siento a la vieja conocida: el ansia de retirarme, así que vuelvo a visitar el tocador. A veces me cruzo con otra merodeadora de baños; nos reconocemos una a otra y sonreímos. Sé que está contando los minutos hasta que pueda marcharse sin parecer grosera. Se sirve la cena, y luego el postre. Tras darle dos mordiscos a la copa Melba de melocotón me vuelvo hacia Mike y le susurro:

—Me gustaría marcharme dentro de cinco minutos.

Eso es lo mejor que me ocurre en las fiestas. Y, se crea o no, me ha costado años desarrollar este nivel de capacidad de superación. Disfruto en las reuniones sociales —de veras— mientras sepa que me iré pronto. Si sé que en breve podré deslizarme dentro de mi pijama y recrearme en la paz y tranquilidad de mi habitación, puedo controlar las sensaciones incómodas y el gasto de energía que conllevan las reuniones sociales. De hecho, he averiguado que cuanto más comprendo la introversión, tanto más fácil me resulta apañarme en sociedad.

A muchos de los introvertidos que tengo de pacientes o que he entrevistado para este libro les parecen incómodos los acontecimientos sociales, aunque les guste la gente. De hecho, muchos de ellos se rieron al identificarse cuando les describí lo de ocultarse en el cuarto de baño:

—¡Ah!, ¿tú también lo haces?

Mi paciente Emily vino a verme un lunes por la mañana y se arrojó a la mecedora que tengo frente a mí.

—Tengo resaca de socializar —dijo riéndose—. Este fin de semana he acudido a *dos* acontecimientos, y me lo he pasado bien, pero estoy hecha polvo. ¿Por qué me siento tan derrengada?

La mayoría de los introvertidos tienen buenas habilidades para estar con gente y disfrutan de las maravillosas relaciones que mantienen con sus amigos y su familia. De hecho, muchos ejercen profesiones que implican el contacto con la gente, justo como yo. Entonces, ¿por qué causan las reuniones sociales ansiedad y esa sensación de tener que «arrastrar el carro» tan a menudo?

La respuesta tiene que ver con el hecho de que socializar en grupos requiere enormes cantidades de energía. Lo primero de todo es que se necesita energía para prepararse para salir, porque los introvertidos tienden a pensar por adelantado e imaginarse cómo serán las cosas para ellos después: acabarán sintiéndose cansados, incómodos o nerviosos. Lo segundo es que la mayoría de las personas introvertidas necesitan entrar con suavidad y poco a poco en las situaciones sociales para aclimatarse a la estimulación. Los ruidos, los colores, la música, las caras nuevas, las caras conocidas, el comer, el beber, los olores: todo puede provocar una *sobrecarga cerebral*. Por último, el mero hecho de estar físicamente alrededor de mucha gente agota la energía de los introvertidos.

CONVERSACIÓN INGENIOSA Y RÁPIDA CONTRA CONVERSACIÓN SUSTANCIAL

Para tener una buena vida tienes que convertirte en ti mismo.

DOCTOR BILL JACKSON

El tipo de conversación que se entabla en la mayoría de las reuniones sociales está hecha para los extravertidos y les proporciona mucha estimulación; pero va a contrapelo de los introvertidos y les resulta sumamente exigente. Con frecuencia, la charla se concentra en temas como las últimas noticias, el tiempo y los deportes. A menudo es ruidosa, competitiva y de ritmo rápido. Las personas por lo general hablan de pie, sus rostros están animados y establecen contacto visual directo. Hablan espontáneamente, se interrumpen unos a otros de forma constante y hacen montones de preguntas personales. Frecuentemente, quienes no pueden mantener el ritmo de la charla parecen —y se sienten— desmañados. Parece que el grupo los ignora y los pasa por alto.

Hace poco que recibí una llamada de la madre de un chico de trece años llamado Cameron. «Cameron quiere hablar con un terapeuta —me dijo—. Se ha diagnosticado a sí mismo consultándolo en Internet y cree que tiene ansiedad social».

Cuando vino Cameron, habló de su vida, y en pocos minutos me era evidente que tenía muchos amigos y compañeros que buscaban sus consejos.

—Dime por qué crees que tienes ansiedad social —le pedí.

Él me contó:

—Bueno, me desagradan muchas de esas actividades normales: ir a la playa y a los conciertos, el gentío en el almuerzo y andar de chistes y bromas antes de las clases. Siempre me siento como si no encajara en el grupo. O me ignoran o me ponen en una situación incómoda.

Cameron no lo sabía, pero se comprendía a sí mismo muy bien.

Los introvertidos captan energía en las conversaciones uno a uno sobre los temas que les interesan y se recargan (hasta un punto) con las conversaciones complejas en las que cada persona tiene en consideración atentamente la opinión de los demás. Creo que estas conversaciones generan nuevas ideas. El ritmo de esas conversaciones que van evolucionando funciona mejor para los introvertidos, porque pueden sentarse (quedarse de pie parece requerir más energía y aumenta la sensación de estar expuesto), escuchar más que hablar, hacer una pausa antes de lanzarse a la conversación y experimentar menos interrupciones, pueden mirar a otro lado (si necesitan reducir la estimulación) sin perder contacto con la otra persona, sonreír tiene menos importancia, las embarazosas preguntas personales son menos un problema (pueden responderlas o no) y no tienen la sensación de que se les otorga demasiada atención o demasiado poca.

En las conversaciones uno a uno es más probable que se extiendan, y si un introvertido empieza un comentario sin introducción, a menudo la otra persona le pide un pensamiento que conecte la idea. Si ocurre el temido bloqueo cerebral, no es un problema reconocer: «Vaya, lo que estaba a punto de decir se me ha ido de la cabeza». Cuando se lee sobre lo que hace que socializar sea difícil para los introvertidos, se comprende fácilmente por qué la mayor parte de la gente, incluso la mayoría de los introvertidos, lo confunden con la timidez.

CONFUSIÓN EN EL CONTINUO

Lo que confunde tanto a los introvertidos es que a veces disfrutan socializando en grupos ruidosos, abarrotados y en pie y se sienten dinamizados por ello; pero la vez siguiente se sienten agotados. ¿Qué narices nos pasa? Puesto que la mayoría de los introvertidos creen que *deberían* disfrutar de relacionarse, se preguntan por qué *no siempre* se sienten revigorizados. (Cuando los extravertidos se sienten un poco introvertidos, lo experimentan como «solamente necesito un descanso». Ya que se sienten bien relacionándose, piensan poco en sentirse agotados; eso no les parece tan perturbador o tan confuso). El hecho es que todos nacemos con la capacidad fisiológica para abrirnos hacia fuera o replegarnos hacia dentro. Y, si las condiciones son las adecuadas (no siempre somos conscientes de los motivos), nuestros cuerpos y cerebros pueden estar maduros para algo de extraversión. Ciertamente habrá veces en las que disfrutemos de una buena dosis de parloteo o que de vez en cuando tengamos buenas experiencias en fiestas animadas; sin embargo, si te sitúas en el extremo más introvertido del continuo, la experiencia más común será la necesidad de recuperación después de una excursión por la vida social.

IR O NO IR, ESE ES EL DILEMA

> No hay placer alguno en no tener nada que hacer; lo divertido
> es tener montones de cosas que hacer y no hacerlas.
>
> MARY WILSON LITTLE

Para los introvertidos es frecuentemente una lucha decidir si acudir o no a una reunión social. Todos nos quedamos atrapados en lo que *deberíamos* hacer y nos olvidamos de pensar en lo que queremos hacer. Evidentemente, existen ocasiones en las que no tenemos elección: por ejemplo, ciertos acontecimientos relacionados con el trabajo o la boda de tu mejor amigo; pero existen otras en las que sí podemos elegir.

A pesar de lo que indican la mayoría de los libros sobre la timidez, *no tienes por qué asistir a todos los actos que se presenten*. Por otra parte, si los evitas todos acabarás por sentirte aislado. Además, terminarás pensado que eres un cobardica social, por no decir que te perderás lo que podría resultar ser un momento muy agradable.

Como ocurre con la mayoría de las cosas de la vida, existe un camino intermedio, que normalmente es el más sano. De modo que aprende a hacerte preguntas concretas sobre la próxima ocasión de socializar que te ayuden a pensar bien si *deberías* acudir o no. Puedes no comprometerte durante unos pocos días. Eso solamente significa que tienes *dos* buenas alternativas. Dite a ti mismo: «El miércoles decidiré y se lo diré a Hannah». Si no acudes, es posible que lo lamentes; pero eso no significa que te hayas equivocado en la decisión. Si pones en práctica el hecho de darte opciones a ti mismo, empezarás a ver que a veces *sí quieres* acudir.

Estas son algunas de las preguntas que podrías plantearte cuando intentes decidir si acudir o no a una fiesta:

- «¿Es beneficiosa esta ocasión para mi profesión o la de mi pareja?».
- «¿Es importante para mí este acontecimiento: una recaudación de fondos para una organización benéfica en la que crea

ABUCHEOS Y VIVAS

Sondeé a muchos introvertidos sobre las reuniones sociales que temían y aquellas que les parecían más placenteras y menos agotadoras. Con la información que obtuve realicé dos listas, que reflejan las preferencias personales. Piensa en cómo te sientes *tú* acerca de los diferentes acontecimientos que se mencionan. Los que cayeron en la categoría «Abucheos» eran los cócteles, los actos de beneficencia, los banquetes de boda, los acontecimientos multitudinarios, las meriendas campestres de empresa, las reuniones de ventas de artículos, las jornadas de puertas abiertas, las fiestas en la playa, los grandes acontecimientos deportivos, los conciertos atronadores y las colas para saludar en las recepciones. Toma nota de en cuántas de ellas se necesita estar de pie.

En la categoría de los «¡Viva!» estaban las exposiciones en museos (sobre todo las que tienen guías en audio y bancos para sentarse), las conferencias, los pequeños recorridos guiados, las meriendas campestres, los conciertos, las fiestas por nacimientos inminentes o por anuncios de boda (si no eres la futura madre ni la novia y por consiguiente la atención no recae sobre ti), las pequeñas fiestas con cena, las reuniones familiares, las películas, las clases, pasear con un amigo, viajar en automóvil con un amigo y los deportes de competición individuales.

o para un político al que apoye, o porque la fiesta la organiza un amigo íntimo?».

- «¿Es este el tipo de acontecimiento en el que se me pueda poner en evidencia, que se me pida hablar con micrófono o presentar a la gente?».
- «¿Es una oportunidad única, o volverá a ocurrir algo así de nuevo?».
- «¿Es una de las actividades que detesto: un estreno de cine, una barbacoa, una subasta, un acontecimiento en el que se beberá mucho?».
- «¿El grupo será pequeño, mediano o grande?».
- «¿Conozco a mucha gente, o a algunos, o no conozco a nadie?».
- «¿Se molestará alguien que me importe si no acudo?».
- «¿He salido a demasiados acontecimientos últimamente, o a demasiado pocos?».

Date permiso de vez en cuando para ampliar tu repertorio social y ejercitar tus músculos de socializar. Por ejemplo, si la ocasión es importante para ti o para tu pareja respecto a vuestras profesiones, piensa en dejarte caer solo un rato. Habla con la gente que tienes que ver, como tu jefe, y luego márchate. La opción «incursionar y escabullirse» es perfectamente aceptable. Siempre podrás quedarte más rato si ves que te lo estás pasando bien.

RECHAZOS CON TACTO

> El tacto es el arte de marcar un punto
> sin crearse un enemigo.
>
> ISAAC NEWTON

Con frecuencia los introvertidos se sienten culpables porque no quieren acudir a un acontecimiento social. Como resultado de ello pueden dar la impresión de ser secos o indiferentes cuando rechazan la invitación, aunque esta les importe muchísimo. A veces intentan evitar decir que no, olvidándose de enviar la confirmación de asistencia. Eso empeora las cosas.

Es útil aprender formas de decir que no con tacto, de manera que el anfitrión no se sienta despreciado. El objetivo es agradecer la invitación, decir que no puedes acudir y ponérselo fácil a la persona para que vuelva a invitarte la próxima vez, si eso es lo que te gustaría.

Recuerda que no está mal decir una mentira piadosa si te ves forzado a hacerlo. Muchos introvertidos tienden a ser escrupulosamente sinceros, y eso no siempre va a favor de ellos. Por ejemplo, si declinaste una invitación a una fiesta diciendo «no tengo la suficiente energía», tu anfitrión se lo tomará seguramente a título personal. Como nos señaló Jane Austen, estar en sociedad significa que de vez

CONCÉDETE PERMISOS

Muchos introvertidos desarrollan normas sociales para sí mismos basándose en patrones *extravertidos*. Algunas de las que he oído con los años son: «Tengo que acudir a todo lo que me inviten», «Tengo que quedarme todo el rato», «Tengo que hablar con mucha gente», «Tiene que parecer que me lo estoy pasando bien», «Tengo que encajar con los demás», «No tengo que estar nervioso». Es útil abandonar esas rígidas expectativas e intentar desarrollar guías que sean alegres y flexibles. Por ejemplo, escribe en tarjetas de colores varias «autorizaciones» a las que recurrir los próximos meses. Ponlas en una cajita de manera que puedas utilizarlas una vez y otra. Estas son algunas posibilidades:

Me concedo a mí mismo:
- Permiso para acercarme a la fiesta y ver cómo va sin tener que entrar en ella.
- Permiso para acudir a la fiesta y marcharme a los quince minutos, a la hora, a las dos horas o cuando necesite hacerlo.
- Permiso para acudir a la fiesta, comerme una fresa cubierta de chocolate y luego marcharme.
- Permiso para acudir a la fiesta y hablar solamente con una persona.
- Permiso para acudir a la fiesta y simplemente observar a la gente (este es uno de mis favoritos).
- Permiso para acudir a la fiesta y ponerme nervioso.
- Permiso para acudir a la fiesta y hablar solamente con los invitados menores de diez años.

en cuando tenemos que engrasar las ruedas de la interacción humana; de lo contrario, se atascan.

Aquí van algunas maneras sencillas, pero con tacto, de decir no:

- «Me ha encantado que pensaras en mí. Desgraciadamente no puedo acudir». (No tienes por qué dar siempre una razón).
- «Desearía de veras poder ir a tu fiesta, pero ya teníamos un compromiso para ese día. Muchísimas gracias».
- «¡Ay, vaya! Ese día no podremos ir, pero nos encantaría que nos incluyeras en la próxima».
- «Muchas gracias por la invitación. Como tenemos otro compromiso, nos pasaremos solo un rato, porque no queremos perder la oportunidad de verte. ¿Llevamos algo?».

CONSERVAR LA ENERGÍA

> ¡Piensa en la feroz energía que hay concentrada en una bellota! ¡La entierras en el suelo y explota en un roble gigante!
>
> GEORGE BERNARD SHAW

Es importante conservar la energía *antes* de que salgas a pasar la noche fuera. Deberías almacenar energía para gastarla en la extraversión lo mismo que una presa emplea el caudal de un río para utilizar su fuerza. Aquí van varios consejos que pueden ser útiles:

- No programes demasiados acontecimientos sociales para la misma semana.
- Antes de la reunión, date un paseo, lee, échate una siesta o siéntate en la naturaleza.
- Cuando te pongas nervioso por la fiesta, bebe mucha agua y respira profundamente.
- Consume algo que tenga proteínas para estimular tu energía antes de salir de casa.
- Haz que la niñera venga temprano, de manera que puedas prepararte sin interrupciones.

- De camino a la fiesta, escucha una cinta de relajación o de música tranquilizante.
- Resérvate un tiempo la mañana siguiente para recargarte.

ANTICIPARSE

> La preocupación es interés pagado antes del vencimiento.
>
> WILLIAM RALPH INGE

Muchos introvertidos tienden a hacer augurios. Piensan por adelantado en lo que podría salir mal o recuerdan lo cansados que se sintieron la última vez que salieron. Eso puede contribuir a aumentar el recelo acerca de los acontecimientos sociales. Si te imaginas a ti mismo manchándote la camisa de salsa del cóctel de gambas o te ves arrastrándote a casa después de la boda, intenta reencauzar tu ansiedad. Estas son algunas de las acciones que puedes llevar a cabo:

- Habla con tu pareja de tus preocupaciones; utiliza el humor cuando lo hagas.
- Recuérdate esto: «Me lo voy a pasar muy bien; puedo hacerme cargo de lo que ocurra».
- Dite a ti mismo: «No tengo que pensar en eso», si es que sigues obsesionado por algo embarazoso.

ETIQUETAS CON NOMBRE

A muchos introvertidos les disgustan las etiquetas con nombre porque atraen una atención no deseada sobre ellos y aumentan su sensación de estar expuestos, pero en ciertos acontecimientos son de esperar. Aquí van algunos consejos para hacerlas un poco más llevaderas:

- Escribe cada letra de tu nombre de un color diferente.
- Dibuja una imagen bonita en lugar de tu nombre, o con él.
- Ponte la etiqueta en un lugar menos notorio.
- No te pongas ninguna etiqueta en absoluto.

- Imagínate en los acontecimientos sociales en los que hayas disfrutado.
- Queda antes con un amigo que también vaya a acudir a ese evento.
- Recuérdate que puedes regular tu energía.

ESTRATEGIAS PARA LA LLEGADA

Cuando acudas a un acontecimiento social, puedes eliminar cierta presión dándote cuenta de que no tienes por qué entrar en una fiesta como si fueras un extravertido. También tienes la posibilidad de entrar como un introvertido, por lo general por etapas, y primero con cierto tiempo para observar. Aclimátate poco a poco a la atmósfera de la fiesta –de la misma manera que un submarinista controla su ascenso a la superficie del agua: desde sesenta metros de profundidad hasta treinta, y así– de cara a reducir las «descompresiones» sociales. Entra suavemente en las fiestas, paso a paso:

1. Aunque probablemente te sientas tenso, recuérdate que no pasa nada por sentirse inquieto al acercarte a la puerta. Inspira profundamente un par de veces; luego toca el timbre.
2. En cuanto entres, elige un sitio (por ejemplo, junto a la chimenea o sentado en el brazo de un sofá) donde puedas aposentarte y echar un vistazo alrededor de la sala.
3. Intenta encontrar a los anfitriones, salúdalos y pregunta si puedes ayudar en algo. (Por lo general, echar una mano ayuda a que la gente se sienta incluida).
4. Si no están ocupados, pídeles a los anfitriones que te enseñen la casa o simplemente camina por ahí mirando las fotos de familia.
5. Presta atención a cómo te sientes desde tu plataforma de observación. ¿Te vas aclimatando?
6. Cuando empieces a notar nerviosas las piernas, comprueba si hay otra «posición» donde puedas acomodarte, un amigo con el que hablar o un grupo al que unirse.

7. A algunas personas les gusta pasarse toda la fiesta con la gente que conocen; otras quieren practicar el conocer a alguien nuevo. Siempre tienes opciones.

SIETE TÁCTICAS GUERRILLERAS PARA SOCIALIZAR

> Estar preparado es la mitad de la victoria.
>
> CERVANTES

Así que una vez que hayamos llegado a la sala estaremos listos para empezar a mezclarnos con los demás, pero ¿cómo? La mayoría de nosotros irá directamente hacia los amigos y pasará el rato con los que conoce; sin embargo, ¿qué ocurre si no conocemos a nadie, si nuestros amigos están completamente ocupados o si queremos conocer a gente nueva? Aquí van algunas tácticas para hacer que sea más fácil conocer gente:

Táctica 1: la anémona marina

Patrick, que es introvertido, entró a una sala sin asientos atestada de gente durante un congreso en Washington capital. No conocía a nadie. Estaba rodeado de una masa de gente de negocios que se apretaban contra él, y empezó a sentir una agitación en el estómago y en los brazos. Afortunadamente, sabía de antemano cómo reaccionar en una situación así, de manera que respiró hondo y se retiró de la sala. Deambuló escaleras arriba hacia la galería, donde había unos cuantos sillones mullidos, vacíos. Se aposentó en uno de ellos y observó la abarrotada escena de abajo. Tras un rato, se acercaron varias personas que también huían de los apretujones de abajo, y enseguida todos estaban sentados y hablando a un ritmo *innie*.

Esto es lo que llamo táctica de la anémona marina, y es una de mis preferidas para las reuniones grandes. Las anémonas son criaturas que se agarran a las piedras y tienen tentáculos que se mecen en las corrientes marinas. Cerca de ellas flotan bocados comestibles que atraen con sus tentáculos.

Siempre me siento así cuando empiezo mi actividad en algún rincón o punto de observación en una fiesta. Estoy mucho más cómoda sentada, anclada en mi piedra, que deambulando por la sala. Como es de esperar, tarde o temprano algunas personas pasan por allí. Les sonrío amistosamente y a menudo se detienen para intercambiar comentarios amables conmigo. Algunos se quedan un rato, y otros se alejan. Pronto llega otro invitado para charlar.

Táctica 2: actuar «como si»

Cuando estaba en la escuela de posgrado estudiando para ser psicoterapeuta, me enseñaron a actuar «como si». Es una forma de probar una habilidad nueva o un papel diferente hasta que se convierte en parte de ti. Hay que fingir que uno sabe lo que está haciendo y, como es de esperar, al final empiezas a creer que *puedes* hacerlo. «Fingirlo hasta lograrlo» es otra manera de expresarlo. Al principio me sentía molesta con mis profesores: ¿estaban de broma? ¿Cómo se puede fingir un trabajo tan importante? Me di cuenta pronto de que, como psicoterapeuta inexperta, actuar «como si» era lo único que tenía. Es una herramienta poderosa, y funciona.

Muchos introvertidos valoran la autenticidad, como yo, de modo que tenía que recordarme qué cualidades *reales* estaban ligadas a mi «actuación». Esto es lo que conseguí:

- Primero: supe que sabía escuchar.
- Segundo: supe que podía reflejar lo que escuchaba.
- Tercero: supe que al final me vendría algo que decir, incluso si solo fuera «me gustaría saber más de eso la semana que viene».
- Cuarto: mi intención era ayudar.

De modo que durante las sesiones de terapia me deslizaba en mi «modo escucha». Y muy pronto, como un niño que monta en bicicleta y no se da cuenta de que las ruedecillas de apoyo ya no tocan el suelo, empecé a sentir que podía ser terapeuta, pero sin las ruedecillas de apoyo del «como si».

¿Cómo se traduce esta experiencia a la vida social? Cuando entres en una fiesta o una reunión, actúa «como si» fueras un invitado *introvertido* y seguro de sí mismo. Imagínate con aspecto sereno. Recuerda alguna vez en la que te mezclaste con los demás con aspecto confiado. Adopta la actitud «voy a fingirlo hasta lograrlo». Sonríe a los extraños; mira a las personas y muestra curiosidad por ellas. Recuérdate que aunque puedas sentirte nervioso, *pareces* calmado.

Lo que uno proyecta es diferente de lo que uno siente. Recuerda que tienes infinidad de cosas interesantes que decir. Establece contacto visual con alguien y luego únete a su grupo. Puedes escuchar lo que dice la gente, puedes hacer comentarios sobre ello y puedes añadir una idea. Pocos minutos después, cambia a otro grupo. Muy pronto se levantarán las ruedecillas de apoyo y te sentirás considerablemente más relajado. La experiencia no siempre será perfecta. Es posible que empieces con esa sensación desagradable y agitada —rematada con un pellizco de ansiedad— y que puedas pasar por algunos momentos incómodos, pero en general estarás «lo bastante bien». Y cuanto más actúes «como si» estuvieses seguro de ti mismo, tanto más seguro te volverás. Sobre todo porque el truco secreto de esta técnica es aprender que ese tú que actúa «como si» ya es parte de ti. ¡Eres tú, pero sin miedo!

Táctica 3: el truco de los accesorios

Una amiga mía introvertida me enseñó un truco estupendo. Cuando acude a las fiestas se pone un accesorio, normalmente uno de sus collares de cerámica que tienen figuritas en miniatura. Uno de ellos es una camada de gatos en posturas retozonas. Otro tiene una ristra de bailarinas que rodean su cuello con vivaces cabriolas. Tienen un aspecto imaginativo e interesante. La gente le pregunta por las caprichosas figuras: «¿Qué son?, ¿dónde ha conseguido esos collares?». Ha empezado la conversación. Otros que acuden a socializar están aliviados también por tener algo en lo que enfocarse y que comentar.

Al principio podrías creer que tener un accesorio atraerá demasiada atención hacia ti, lo que te hará sentir aún más sobreestimulado;

pero mis pacientes ven que no es eso lo que ocurre. La misión del accesorio es atraer la atención sobre él, no sobre ti.

Es divertido ponerse un broche, una vieja insignia política, un medallón con una imagen en miniatura, un sombrero divertido, unos accesorios desacostumbrados para el cabello, un anillo o un reloj especiales. Tengo un reloj Winnie-the-Pooh* (en el que Pooh huye de las abejas), y realmente la gente que me ha dicho: «Bueno, alguien que lleva un reloj de Winnie-the-Pooh no puede ser tan malo». Tengo también una colección de calcetines locos, y siempre me sorprende cuánta gente se fija en ellos cuando asoman por debajo de mis pantalones. Me gusta llevar zapatos con adornos llamativos. Normalmente se llevan algunos comentarios. En lo referente a las corbatas, Mike tiene una colección de corbatas con personajes de cómic. La gente empieza a charlar inmediatamente con él sobre sus personajes favoritos de dibujos animados. Si solamente quieres unos pocos comentarios, escoge algo sutil. Si se elige correctamente, tu accesorio atraerá a la gente exacta con la que quieres hablar. Me gustan las personas con sentido del humor, así que cuando me pongo las gafas de Groucho o mis calcetines de perro beagle con orejas de trapo, por lo general me cae bien quienquiera que se ría de ellos. Y yo le caigo bien a la gente debido a mi accesorio. Cuando trabajo con niños, siempre llevo mi riñonera de Mickey Mouse a la primera sesión. Los niños se animan enseguida y conectan conmigo de inmediato.

Las mascotas y los niños son accesorios estupendos (y, por supuesto, son mucho más que eso). Otro buen accesorio es una cámara de fotos. Muy frecuentemente, las personas que toman fotografías en reuniones sociales son las que se sienten más incómodas. A mucha gente introvertida que se encuentra en primer plano de atención –Tipper Gore** es un buen ejemplo– le parece que tomar fotos es tranquilizador. Utiliza su capacidad introvertida de observar a distancia: estar «fuera» de la conversación, pero aún así estar «en» el grupo. Es una forma ingeniosa de regular su propia estimulación.

---

* También Winny de Puh, osito protagonista de los libros de A. A. Milne.
** Escritora, fotógrafa y activista social, esposa del exvicepresidente Al Gore.

Táctica 4: una cara amigable

Como he dicho al principio del capítulo, algunos de los elementos involucrados en los encuentros sociales con extraños son especialmente problemáticos para los introvertidos, como establecer contacto visual, participar en una conversación, resolver cuándo sonreír y salir airoso de los momentos embarazosos (como olvidarse del nombre de un conocido). Simplemente, recuerda que incluso los extravertidos pueden pasar por momentos incómodos con la gente que no conocen.

Los ojos lo dicen todo: el contacto visual aumenta la estimulación, de modo que los introvertidos tendemos a evitarlo. Puedes mirar a otro sitio si deseas rebajar el nivel de estimulación; el secreto es saber *cuándo* mirar a otro sitio. Aquí van algunas sugerencias:

- Cuando alguien te hable, míralo directamente.
- Cuando tú estés hablando, puedes mirar a otro sitio y parecer que todavía estás «en» la conversación.
- Utiliza el contacto visual para recalcar algo. Mira intensamente a alguien para aumentar el impacto de lo que dices.
- Los ojos pueden decir muchísimo sin palabras, así que practica alzar las cejas (¡Ah!, ¿de veras?), parpadear (¡Vaya!), levantar la mirada hacia arriba (¡No me lo creo!) y abrir mucho los ojos (¡Tienes que estar de broma!) para ampliar el vocabulario no verbal.

A la gente le gusta sentir que quien escucha reacciona a lo que dice. Puedes mostrar interés sin pronunciar ni una palabra. Sonríe con los ojos, no solo con la boca.

Tu sonrisa de Mona Lisa: el motivo de que los seres humanos sonrían y muestren expresiones es el de involucrar a los demás. Los introvertidos se concentran en el interior y a menudo no buscan respuestas del exterior. Como resultado de ello, tienden a mostrar caras inmóviles, inexpresivas y sin sonrisa. Saben inconscientemente que parecer más animado podría aportar más estimulación y distracción.

Pero una carencia de expresión puede ser poco atractiva, incluso perturbadora, para los demás invitados a la fiesta que buscan desesperadamente caras amigables. Al mismo tiempo, si te pasas al otro extremo y sonríes con demasiada frecuencia, puedes parecerle excesivamente agresivo a otra gente reservada o tímida. ¿Querrías tú intimar con el Gato de Cheshire?*

De manera que aprende el arte de las sonrisas sutiles. Al principio, sonríe con los labios cerrados. Cuando te sientas más relajado con alguien, puedes mostrar un poco los dientes. Por cierto, las investigaciones afirman que en realidad podemos elevar nuestro estado de ánimo sonriendo: sonreír afecta a los «elevadores del ánimo» químicos de nuestro cerebro.

Táctica 5: charla trivial

Muchos introvertidos no se dan cuenta de que existe una lógica para la charla trivial que todo el mundo puede aprender. La charla trivial se compone de cuatro fases: apertura, mantenimiento, transición y cierre.

1. Apertura

El lema de los Boy Scout es «estar preparado», y esto también funciona en las conversaciones de las fiestas. Antes de acudir a un encuentro, fiesta u otra reunión, lee una revista o periódico o mira un programa popular de televisión o una película para darte así ingredientes para la conversación. Repasa el último tema político y prepara un comentario, opinión o pregunta. Si quieres unirte a un grupo que tiene una conversación en marcha, las investigaciones muestran que la mejor frase para incorporarse es hacer una pregunta sobre el tema que se debate. No te incorpores y cambies a un tema nuevo; el grupo puede sentirse intimidado.

Las aperturas son preguntas indefinidas y neutras que invitan a los demás a hablar contigo, así que pon por escrito algunos renglones

---

* Personaje popular de la cultura anglosajona, que aparece en *Las aventuras de Alicia en el País de las Maravillas* y que siempre está sonriente.

de lo que podrías decir sobre ti mismo en la fiesta. Estas frases abren el apetito, como los aperitivos, y les dan a los demás la oportunidad de empezar a hablar. Ensáyalas ante el espejo o con un amigo. Estas son unas pocas muestras:

- «Hola, soy Marti. ¿De qué conoces al anfitrión?».
- «Hola, me encanta la música que están poniendo. ¿Cómo se llama este tema?».
- «Hola, soy Marti; Jim es mi jefe. Qué casa tan bonita, ¿verdad?».
- «¿Verdad que la comida es deliciosa?».
- «Me encanta este jardín».

2. Mantenimiento

Aprende algunos comentarios que mantengan en marcha la conversación; utiliza preguntas estimulantes. Quienes mantienen las conversaciones le piden opiniones y comentarios a la gente. Si el tema es la última película de éxito en taquilla o algún programa popular de la televisión, estas son algunas preguntas adecuadas:

- «¿Has visto esa película?».
- «¿De qué trata?».
- «¿Te gustó?».
- «¿Qué mensaje tenía la película?».
- «¿Qué tal los actores?».
- «No entiendo cómo tiene tanto éxito este programa; ¿tú qué crees?».

3. Transición

A menudo los introvertidos se sienten inseguros con la cháchara insustancial. Pueden llegar a sentirse aún peor si la conversación empieza a languidecer o se vuelve incómoda o demasiado personal. Recuerda que tienes el control. Utilízalo para dirigir la charla hacia costas más seguras antes de que choque contra los arrecifes y naufrague.

Frecuentemente es buena idea dirigir la conversación de vuelta a lo que se dijo antes. Por ejemplo:

- «Antes has dicho que eres profesora. ¿De qué curso?».
- «Cuando hablaste de tus vacaciones, me preguntaba adónde fuiste».
- «Hace un momento dijiste que tenías un hijo. ¿Cuántos años tiene?».

Los momentos incómodos que se dan en las conversaciones pueden significar también que es hora de cambiar de tercio. Recuerda: si la conversación no solo está languideciendo sino que está más bien muriendo, no intentes resucitarla. Si te das cuenta de que quien hizo la pregunta personal es demasiado entrometido y no capta la indirecta, deja de intentar construir puentes. O si existe una sensación de impaciencia en la que cualquiera de los dos necesita un descanso, tómate tú uno. Puedes utilizar una de las sugerencias para cierres que doy a continuación.

4. Cierre

Las investigaciones sociales han descubierto que los grupos de charla en pie duran un promedio de entre cinco y veinte minutos, treinta a lo máximo; de manera que no te ofendas cuando los demás cambien de grupo. Parece ser esa la naturaleza del monstruo: «Detesto dejar esta fascinante conversación, pero veo a Jake allí y tengo que hablar con él». Después, siempre podrás entrar en contacto otra vez con esa persona si es que realmente has disfrutado hablando con ella. Si quieres, puedes pedirle el número de teléfono o su tarjeta antes de separaros: «Me encantaría quedar contigo a tomar un café algún día. ¿Puedo llamarte?».

Cuando estés listo para dejar una conversación uno a uno o en grupo, es importante decir algo, no simplemente difuminarse como un fantasma. Las salidas tienen que ser cortas y tajantes. Estas frases pueden ayudarte a escabullirte de una conversación, así

183

que ensáyalas; y no te lo tomes como algo personal si alguien las utiliza contigo.

- «Voy a por otra copa, perdona».
- «Me ha encantado la charla, pero veo allí a mi jefe y me gustaría saludarlo».
- «Perdona, he prometido llamar para ver cómo están mis hijos».
- «Disculpa, ahora voy a ponerme más ponche, pero me gustaría seguir hablando después».
- «¿El cuarto de baño está por allí? Gracias».
- «Ah, ahí está Sam. Tengo que darle rápidamente un mensaje».
- «Discúlpame, pero he prometido a la anfitriona que ayudaría un rato en la cocina».
- «Creo que voy a ir ahora al bufé; parece que hay menos cola».

Si eres tú el que han mandado a paseo, di simplemente algo corto y agradable y deja que la persona se escape:

- «Ha sido muy agradable hablar contigo».
- «Mucho gusto en conocerte».
- «Me ha encantado nuestra charla».
- «Que pases una buena tarde».

Táctica 6: a prueba de fallos

¿Qué ocurre si ensayas todas estas tácticas para hacer más soportable el codearse con la gente y, a pesar de toda tu preparación, llegas al límite, te entran dudas o empiezas a ponerte nervioso? ¿Qué puedes utilizar como «remedio rápido»? Aquí van unos cuantos métodos a prueba de fallos para cuando las cosas se ponen difíciles; te ayudarán a reducir la sensación de «demasiado» y la ansiedad:

- Respira hondo varias veces. Eso siempre ayuda.
- Cámbiate de sitio; encuentra otro lugar donde sentarte o quedarte de pie y observar.

- Tómate un descanso para ir al baño. Ponte una toallita húmeda sobre la frente y cierra los ojos un rato.
- Recuérdate que «no soy yo». Dilo una y otra vez si tienes que desatar el nudo que haya en tu estómago. Dite que estarás bien.
- Pídele a un amigo o compañero que te acompañe a dar un paseo fuera un momento.
- Da una vuelta por la sala y canturrea con la boca cerrada (según parece, es muy relajante y cambia el estado de ánimo).
- Díselo a tu pareja si estás agotado y listo para marcharte. Es útil establecer una señal entre vosotros de antemano.

Cuando no estés en plan crisis, observa cómo manejan otras personas lo de necesitar aire. Si le preguntas a alguno de tus amigos, te sorprenderá saber que ellos tienen toda clase de métodos diferentes para los descansos de primeros auxilios.

Táctica 7: atrapado en el tiempo

Frecuentemente, después de que haya ocurrido algo incómodo en una fiesta, lo repasamos y lo volvemos a repasar en nuestra cabeza: lo que dijimos, lo que dijeron los demás (parecido a la película *Atrapado en el tiempo*, en la que Bill Murray vive el mismo día una y otra vez).

Por supuesto, eso es nuestro crítico interior, que nos echa la culpa de cualquier posible transgresión: nos hemos quedado mudos, hemos dicho demasiado, no hemos sonreído lo suficiente, nos hemos sentido demasiado incómodos... Es un interrogatorio exhaustivo y tiene que interrumpirse.

Una vez tuve un paciente, Lori, que era catedrática de Física. Tenía un juez interno extremadamente duro que criticaba todos y cada uno de sus movimientos. En la terapia, Lori y yo trabajamos para rebajar el poder de ese juez. Muy despacio, la imagen que había en su cabeza cambió de una mujer envarada y adusta de cabellos grises vestida con negra toga que golpeaba con su martillo y arengaba a Lori a una entrenadora despreocupada, vestida con una camisa hawaiana y con chancletas en sus bronceados pies. Esta nueva «abogada» sonriente y

ROMPER EL HIELO

Me gusta preparar alguna clase de juego de manera que la gente se anime a interactuar. Mi favorito es prender nombres de animales o de personas famosas en la espalda de mis invitados. (A menudo hago que sean mis hijos o un amigo quienes hagan esto). Los nombres pueden venir de las películas, la literatura o los deportes, lo que sea que encaje mejor en mi grupo.

Las instrucciones son que los invitados se hagan unos a otros preguntas de responder sí o no intentando adivinar de quién es el nombre que llevan a la espalda: «¿Estoy vivo en la actualidad?», «¿Gané un Óscar?», «¿Tengo cola?», «¿Mi deporte es de equipo?». Siempre me ha parecido que este juego del «nombre famoso» es un gran rompehielos para personas tímidas y silenciosas de todas las edades. Los invitados que pueden adivinar su propia identidad ganan alguna bobada.

tolerante daba sorbitos a un té tropical helado que tenía una sombrillita y decía cosas como «eh, no te preocupes, lo has hecho bien; te invito a un té».

Si te das cuenta de que en tu cabeza está en marcha una charla negativa después de haber salido de un encuentro social, intenta imaginarte el «juez» que te está criticando. Lo primero es decirle que «baje la voz». Lo siguiente es cambiar de canal a pensamientos de algo placentero, como una playa, una fogata de campamento, un día lluvioso o una nevada. Por último, sustituye esa voz crítica por una más amable, más cálida y más comprensiva que te diga «lo estás haciendo muy bien». Si esto no funciona, piensa en una persona amable a quien hayas escuchado alguna vez en tu vida, o en una película, o en la televisión, y deja que te anime. A lo mejor podrías conjurar a Glenda, la bruja buena que anima a Dorothy en *El mago de Oz*, al hada madrina que ayuda a Cenicienta o a John Wooden (el estricto , pero justo, antiguo entrenador de baloncesto en la Universidad de California en Los Ángeles), que esperaba buenas actuaciones de su equipo, pero que sabía que todo el mundo mete la pata a veces.

ES MI FIESTA, Y LLORO SI ME DA LA GANA

¿Y si la fiesta, reunión o junta es en tu casa? Probablemente estarás sobreestimulado solo de pensar en la gente pululando por toda tu casa, y la expectación te consumirá mucha batería. Así que haz que el acontecimiento sea tan sencillo y fácil de organizar como puedas. No te compliques la vida. Escoge platos que puedas preparar de antemano, pídelos a domicilio o haz que los invitados traigan platos a su antojo. Frecuentemente es difícil para los introvertidos hacerse cargo de los huéspedes y de la cocina a la vez. En tu invitación, indica una hora de empezar y de terminar. Si controlas la lista de invitados, atente a la gente que te gusta. Cerciórate de que el número de invitados es de un tamaño cómodo para ti y para tu casa. Si puedes, invita al menos a dos introvertidos por cada extravertido.

Intenta pensar en una actividad que anime a los invitados a hablar unos con otros. Yo utilizo esta: en la mesita del recibidor preparo un gran tarro lleno de pelotas de golf, sujetapapeles, galletas saladas, huesecitos para perro y canicas. Cuanto más variados sean los objetos, mejor. Luego hago que cada invitado escriba su nombre en un trozo de papel junto con su cálculo de cuántos artículos hay en el tarro. Esto les da a algo de que hablar cuando comparten sus suposiciones. Más tarde, durante la fiesta, anuncio los ganadores y les hago regalos extravagantes.

Si es una reunión pequeña, me gusta tener proyectos para grupos o un tema para alguna actividad que involucre a mis invitados: ensartar palomitas de maíz, descascarar mazorcas, decorar el árbol de Navidad, crear un *banana split** o preparar *pizzas* individuales.

SALIR DE LA FIESTA: LA MEJOR PARTE

No insultes nunca a un cocodrilo
hasta que hayas terminado de cruzar el río.

CORDELL HULL

---

* Postre hecho con un plátano pelado y abierto a lo largo con tres bolas de helado y crema por encima.

Antes de la fiesta ten preparado un plan de escape. Ten presente una hora definida para salir; de esa manera sabrás que tu energía está protegida. Háblalo con tu pareja de antemano. Siempre podrás quedarte más rato si quieres. (Si ocurre eso, disfruta y recuerda el momento. Esa sensación agradable de *querer* quedarse puede no presentarse ante ti muy a menudo).

Cuando sea posible, dispón de tu propio vehículo de transporte. De esa manera podrás marcharte cuando quieras y no acabarás viéndote atrapado. Aunque la idea de que tú y tu pareja llevéis vehículos diferentes puede parecer un poco rara, a la larga tiene mucho sentido. Cada uno de vosotros podréis marcharos cuando estéis listos, evitando así que aparezca el resentimiento cuando uno tiene que esperar para irse o se ve sacado a la fuerza demasiado pronto.

Y cuando sea hora de marcharse, no te olvides de despedirte de tus anfitriones. A veces, las personas introvertidas están tan hechas polvo cuando se van que se olvidan de dar las gracias.

Cuando estés preparado para salir corriendo, aquí tienes algunas frases de salida de funcionamiento comprobado:

- «Estoy simplemente agotado, así que voy a marcharme, pero ha sido una fiesta maravillosa».
- «Me lo estaba pasando tan bien que lamento que tengamos que marcharnos».
- «Le he prometido a la niñera que estaríamos en casa a una hora decente, así que tenemos que irnos».
- «De verdad que nos lo hemos pasado muy bien. Ha sido estupendo ver a todo el mundo. Gracias por invitarnos».
- «Es una lástima que mañana tenga que salir de casa tan temprano. Estupenda fiesta. Hablamos pronto».

Si sientes que no puedes aguantar ni un encuentro más, sal sin decir adiós, pero telefonea, manda un correo o envía una nota de agradecimiento el mismísimo día siguiente. Recuerda que existen muchísimas maneras de que los introvertidos mantengan relaciones significativas y sean cercanos sin tener que hablar por teléfono o cara a cara.

DÍAS DE FESTIVIDADES: ¿EN PILOTO AUTOMÁTICO?

El único regalo es una parte de ti mismo.

RALPH WALDO EMERSON

Los días de festividades son épocas de alta energía. Para los introvertidos pueden ser demasiado sobreestimulantes; incluso los extravertidos pueden llegar a sentir que se han prolongado demasiado. Encuentra maneras de celebrar sin tanto ajetreo y bullicio. Muchas familias planean las grandes festividades año tras año sin siquiera preguntarse si eso es lo que de verdad quieren hacer, o sin hablar entre ellos de otras formas nuevas de celebrarlas. ¿Por qué? «¡Porque así es como lo hemos hecho siempre!».

Salte del piloto automático de los grandes días festivos. Piensa en la posibilidad de hacer algo distinto. Pregunta a los demás miembros de la familia qué tendría más significado para ellos. Pregúntate lo mismo. Si a todo el mundo le gusta la celebración de la manera que es, deja las cosas como están; si, por el contrario, les gustaría probar algo nuevo, aplica la creatividad.

Si tienes que ir a ver a dos grupos de parientes el mismo día, por ejemplo, lo que puede ser demasiado para los introvertidos —tanto niños como adultos—, reparte la visita en dos días; o piensa en la posibilidad de estar solamente un par de horas —en lugar de la mitad del día— en cada lugar. Otra opción es organizar que todos vayan juntos de excursión a algún lugar tranquilo.

En lugar de tener el tradicional Día de Acción de Gracias alrededor de una mesa atiborrada, una amiga mía y su familia se fueron de merienda campestre a un bosque de secoyas, se apoltronaron sobre las pinochas y se dieron un festín a base de bocadillos de pavo. Luego se echaron y escucharon cómo el viento mecía las ramas de los árboles.

Quizá te gustaría empezar una nueva costumbre familiar, como buscar huevos de Pascua en una playa de arena o sirviendo comidas en un albergue para los sintecho. Uno de mis pacientes invita a un estudiante extranjero de la universidad de la zona a las celebraciones familiares.

Haz las grandes celebraciones tan enriquecedoras y sencillas como te sea posible. Elimina aquello que no puedas o no quieras hacer. Las expectativas en las grandes celebraciones pueden agotar la energía de tus baterías rápidamente, así que recuerda proporcionarte muchas alternativas.

FOBIA TELEFÓNICA

En los cuestionarios que envié a los introvertidos para preguntarles sobre su experiencia en la introversión, hubo tanta gente que mencionó la fobia telefónica que decidí incluirla como una parte separada de este capítulo.

Así es como la mayoría de los introvertidos ven el teléfono: como una interrupción que consume energía y requiere que se pierda la concentración interna —que uno tiene que recuperar— que requiere gastar energía para «pensar sobre la marcha» y que no les proporciona golpe de euforia alguno. Los introvertidos pueden tener tantísimos bajones de energía durante el día que no son capaces de gastar energía de manera inmediata.

Si tú también le tienes fobia al teléfono, aquí van algunas sugerencias:

1. Deja que el contestador automático responda por ti, y devuelve la llamada solo cuando estés preparado para hablar. Mi paciente Matt, vendedor comercial, dice que se quedaría «extenuado» si tuviera que responder personalmente cada llamada que entra, de manera que tiene un período para devolver llamadas y luego se da una recompensa: no más teléfono durante el resto del día.

2. Haz que las llamadas telefónicas sean cortas, a menos que se trate de alguien con quien quieras hablar en profundidad.

Respira bien mientras hablas y, si tienes un teléfono móvil o inalámbrico, paséate mientras tanto. Para acabar las conversaciones, di algo así: «Me encantaría hablar más rato, pero tengo que hacer un par de llamadas más antes de que llegue mi próximo cliente; adiós».

3. No dejes que la gente te haga sentirte culpable por no contestar la llamada: a eso lo llaman *filtrado*. Estás en tu derecho. No te sientas abochornado por la "monitorización" telefónica (tú llamas y dejas un mensaje, la otra persona llama y deja un mensaje). Me he dado cuenta de que las personas que hacen burla sobre la «monitorización» son frecuentemente muy difíciles de contactar, pero quieren que *tú* estés disponible cuando *ellas* llaman.

4. No te mortifiques porque no te guste el teléfono. No es un defecto del carácter; pero ayuda mucho comprender *por qué* no te gusta.

5. Utiliza el correo electrónico tanto como puedas.

MIS ÚLTIMAS PALABRAS SOBRE SOCIALIZAR, LO PROMETO

> *Una cosa que todo el mundo quiere y necesita en este mundo es cordialidad.*
>
> WILLIAM E. HOLLER

Los estudios han demostrado que con frecuencia los introvertidos tienen problemas para hacer varias tareas a la vez en situaciones sociales. Eso significa que están tan concentrados en controlar sus nervios y el gasto de energía que tienen interactuando con los demás que a menudo no se dan cuenta de cómo reaccionan los *demás* hacia *ellos*. Por ejemplo, con frecuencia los introvertidos no se percatan del hecho de que les gustan a otras personas, y así la relación no parece tan placentera. Dicho de otra manera, podrían no ser conscientes de las señales sociales de que alguien está respondiéndoles de manera positiva con su sonrisa, al inclinarse hacia ellos y al buscarlos. (Por el contrario, generalmente los extravertidos captan esto enseguida). Los investigadores describen esto como una dificultad para descifrar las señales sociales. Es algo que sucede frecuentemente cuando los introvertidos abandonan un evento: se preguntan si valía la pena y ni remotamente se imaginan que hayan podido gustarle a alguien. De manera que la próxima vez que te marches de una reunión agradable, recuérdate que mucha gente ha disfrutado de tu compañía. De hecho, he averiguado que la mayoría de los introvertidos son bien recibidos en las reuniones sociales: ¡al fin y al cabo, todos esos extravertidos necesitan gente que sepa escuchar!

Puntos que considerar

- ▸ Socializar supone un consumo de energía.
- ▸ Conserva energía antes de los acontecimientos sociales.
- ▸ Planea cómo entrar y salir de los acontecimientos sociales y cómo empezar una conversación.
- ▸ Date permiso para socializar como introvertido.
- ▸ Desarrolla tus estrategias con cuidado; al hacerlo podrás disfrutar de muchas actividades sociales.
- ▸ Tómate descansos y controla tu estimulación. Está bien hacerlo.

CAPÍTULO 7

El trabajo: riesgos de nueve a cinco

Mi trabajo está fuera,
mi recompensa está adentro.

PROVERBIO SHAKER

E l lugar de trabajo puede estar plagado de trampas para los introvertidos. La mayoría de ellas les exigen tener muchas habilidades ajenas a su naturaleza. Por eso es muy frecuente que los introvertidos trabajen por cuenta propia, desde casa o en un trabajo en el que dispongan de flexibilidad; pero como no todos pueden arreglárselas para disponer de un ambiente laboral que sea su terreno natural, es decisivo que conozcan cómo evitar los peligros potenciales que tiene un horario de nueve a cinco.*

Hace unos cuantos años, una empresa de la zona me contrató para hablar con dos de sus empleados que tenían malentendidos entre sí constantemente. Esperaban que yo consiguiese ayudar a Jack (el gerente extravertido) y a Carl (el empleado introvertido) a resolver sus desacuerdos. Primero hablé con Carl.

—Jack me bombardea a preguntas. Quiero decirle que se detenga, que frene un poco, que me dé un poco de tiempo. No me permite que piense bien las cosas; no escucha mis ideas. Él simplemente habla

---

* Horario laboral habitual en el ámbito anglosajón.

193

mucho y luego decide hacer las cosas a su manera. Yo acabo con dolor de cabeza y un nudo en el estómago. Estoy empezando a tener problemas para dormir por la noche.

Luego hablé con Jack.

—Estoy a punto de arrancarme los pelos de cuajo. Carl es muy reservado; se oculta en su oficina. En las reuniones se queda callado como un muerto y no contribuye en nada. No creo que sepa trabajar en equipo.

Para mí estuvo claro inmediatamente que el motivo de que esos dos hombres se atacasen era porque uno era extravertido y el otro introvertido. Como ninguno de ellos comprendía al otro, acabaron por echarse las culpas entre sí. Eso no era nada positivo para un entorno productivo de trabajo.

En su libro *Type Talk at Work* [Tipos de charla en el trabajo], Otto Kroeger y Janet Thuesen exponen las diferencias entre introvertidos y extravertidos en el ámbito laboral:

A diferencia de los extravertidos, que muestran abiertamente su personalidad, es frecuente que los introvertidos se guarden lo mejor para sí mismos. Con los extravertidos, uno ve lo que hay; con los introvertidos, lo que ves es solamente un fragmento de su personalidad. Los introvertidos no necesariamente comparten con el mundo exterior las partes más ricas y más genuinas de su personalidad. Se necesitan tiempo, confianza y que se den circunstancias especiales para que empiecen a abrirse.

¿POR QUÉ SE LLEVAN LOS EXTRAVERTIDOS LOS MEJORES COMENTARIOS?

Normalmente, a un hombre modesto se le admira...
si es que la gente oye hablar alguna vez de él.

ED HOWE

Es fácil ver por qué los introvertidos, que redoblan sus esfuerzos sobre sus escritorios, no parecen tan «alertas» como los extravertidos.

Jane, correctora de profesión e introvertida, me dijo: «Veo siempre esa misma mirada de sorpresa en las caras de la gente cuando por fin me abro a ella. Les conmociona saber cuánto sé sobre mi área de trabajo. Que sea silenciosa no quiere decir que no esté informada».

Los extravertidos salen de detrás de sus mesas de trabajo y se encuentran con gente a la que dan la bienvenida. Les gusta tener un oído puesto en los cotilleos internos de la empresa y socializar con compañeros de trabajo al final de la jornada o los fines de semana. A menudo son muy cordiales y expresivos. Les complace hablar de sus logros y no les importa estar en el centro de atención; de hecho, les encanta resplandecer. Dejan caer ideas en las reuniones, hablan bien frente a grupos y les gusta charlar por teléfono. Se involucran y se los puede ver corriendo como rayos de un sitio a otro y parecer importantes y ocupados. Adoptan decisiones rápidamente, participan de forma activa en las puestas en común y no les molesta un poco de «ejercicio de lengua»; de hecho, podrían creer que discutir es divertido. Se promocionan a sí mismos y manejan sus redes de contactos de manera natural. Son sus propios y mejores agentes de prensa.

UNA LUZ DIFERENTE

Los extravertidos son como los faros para la navegación, que concentran su luz hacia fuera y hacia el mundo. Los introvertidos son más como los faroles, que irradian resplandor hacia dentro de sí mismos. Las diferencias en su modo de enfocar su llama (energía) y en hacia dónde dirigen su atención pueden crear problemas en casi todo lo que hacen; pero como muestra el ejemplo de Carl, en el trabajo eso puede ser especialmente problemático.

Carl, como muchísimos introvertidos en el lugar de trabajo, era un caso de lo que llamo «síndrome de ocultar tu luz bajo la cama». Jack, como tantísimos extravertidos en el trabajo, malinterpretaba el estilo de Carl (no lo veía como un trabajador en equipo) y no podía valorar sus considerables talentos y habilidades. Y Carl, debido a su introvertida naturaleza, no se daba cuenta de que Jack no podía ver las aportaciones que hacía. Este es un ejemplo común de malentendidos mutuos. Más adelante, en este mismo capítulo, volveré a cómo resolvieron sus diferencias.

Aunque tu luz brille de manera diferente a la de los extravertidos, puedes influir sobre cómo te perciben en el lugar de trabajo. En la sección «Ocultar tu luz bajo la cama», hablaré de cómo puedes hacer brillar tu luz en las reuniones, hacer propaganda de tus logros (suavemente) y proteger tu propio ritmo. En «Crear en conjunto», te indicaré modos de que puedas agudizar tus habilidades verbales, de manera que te escuchen esos picos de oro que son los extravertidos. En «Eliminar las tensiones del día», abordaré las cuatro áreas de presión más comunes para los introvertidos y cómo manejarlas. La parte final del capítulo, «Negocios con los jefes», son unas palabras sobre los jefes introvertidos. Algunos de esos temas no solo pertenecen al trabajo, sino también a otras áreas de tu vida.

Mantén presente que es importante que tus colegas y tus jefes sepan exactamente lo valioso que eres.

OCULTAR TU LUZ BAJO LA CAMA

> No abandones nunca la línea de tus propios talentos; sé
> lo que la naturaleza quiso que fueras, y tendrás éxito.
>
> SYDNEY SMITH

Los introvertidos se sorprenden frecuentemente cuando no se los valora por sus considerables aportes y, si han tenido la experiencia de que los ninguneen o se los pase por alto repetidamente, podrían llegar a ofenderse. Lo mismo que el ámbito social, el entorno laboral requiere tener habilidades que van a contrapelo de los introvertidos. La fisiología de sus cerebros los predispone a actuar de maneras que pueden contribuir a que no se les preste atención. Vamos a observar tres de las mayores fuentes de problemas —reticencia a dar la propia opinión en las reuniones, no saber promocionarse y trabajar a ritmo lento— y ver por qué son problemáticas cada una de esas áreas y cómo pueden mejorarse.

LO QUE TODO EMPLEADO EXTRAVERTIDO
DEBERÍA SABER DE LOS INTROVERTIDOS

Cuando los extravertidos (que son la mayoría) discuten con los introvertidos (que son la minoría) en el lugar de trabajo, ambos lados necesitan instruirse sobre cómo es el otro.

Introvertidos
- Les gusta el silencio para concentrarse.
- Se preocupan de su trabajo y de su entorno laboral.
- Pueden tener problemas para comunicarse.
- Pueden saber más que lo que traslucen.
- Pueden parecer silenciosos y distantes.
- Necesitan que se les pidan sus opiniones y sus ideas (no las ofrecen así como así).
- Les gusta trabajar en problemas largos y complejos y tienen muy buena atención al detalle.
- Necesitan comprender exactamente por qué hacen algo.
- Les desagradan las intromisiones y las interrupciones.
- Necesitan pensar y reflexionar antes de hablar y de actuar.
- Trabajan a solas con satisfacción.
- Pueden ser reacios a delegar.
- Prefieren quedarse en la oficina o el cubículo antes que socializar.
- No les gusta llamar la atención sobre sí mismos.
- Trabajan bien con poca supervisión.
- Pueden tener problemas para recordar nombres y caras.

¿Por qué no dan sus opiniones los introvertidos en las reuniones? Una razón de ello es que cuando están en grupos grandes, por lo general les es difícil absorber toda la información nueva *y además* formular una opinión sobre ella. Necesitan tiempo fuera de la reunión para cribar y clasificar los datos, para luego recuperarlos y añadir sus propios pensamientos y sentimientos. En privado pueden mezclar los componentes y condensarlos en ideas y sugerencias originales; pero eso lleva tiempo. (¿Recuerdas ese sendero neuronal largo que tienen en sus cerebros?). Es como elaborar vino u hornear pan: no estamos hablando de un proceso que pueda acelerarse.

LO QUE TODO EMPLEADO INTROVERTIDO
DEBERÍA SABER DE LOS EXTRAVERTIDOS

Lo mismo que los extravertidos tienen que instruirse acerca de los introvertidos, los introvertidos harían bien en recordar lo siguiente sobre los extravertidos:

Extravertidos
- Se relacionan bien y socializan con los compañeros de trabajo.
- Están al día de los rumores de la empresa.
- Responden rápidamente a las solicitudes y se ponen de inmediato en acción sin pensar mucho por adelantado.
- Disfrutan hablando por teléfono y ven las interrupciones como una distracción bienvenida.
- Se impacientan y se aburren cuando el trabajo es lento o repetitivo.
- Desarrollan ideas por medio de la interacción y del debate.
- Son buenos promocionándose a sí mismos.
- Les gusta mucho moverse físicamente, prefieren estar de un lado para otro.
- Hablan mientras piensan.
- Poseen excelentes habilidades verbales, disfrutan con los torneos de palabras, hacen muchas preguntas.
- Les gusta formar parte de la opinión mayoritaria y se sienten aislados sin el apoyo de la gerencia.
- Agradecen que se les preste atención y disfrutan con ello.
- Les atraen los demás extravertidos.

La segunda razón es que los introvertidos deben invertir energías adicionales para atender a lo que se dice en la reunión. Para ellos, concentrarse en el mundo exterior es como hacerse cargo de un vehículo deportivo y pesado: consume tanta gasolina que les deja poca para hablar. Atraer la atención hacia sí mismos expresando sus opiniones los agota verdaderamente. Si hablan, será posiblemente en voz baja, sin contacto visual y de una manera vacilante. Los compañeros de trabajo pueden no prestar atención y llegan a creer que no parecen estar muy informados.

La tercera es que dar su opinión hace aumentar frecuentemente la tensión que pueden sentir al estar en una situación grupal. Eso hace difícil ser elocuente. Por lo general, los introvertidos no hablan fácilmente a no ser que estén relajados y cómodos. Si en el grupo hay conflictos o este se vuelve sobreestimulante por cualquier otra razón, los introvertidos pueden «bloquearse mentalmente» aún más: buscan palabras que no encuentran. Después de que esto les haya sucedido unas cuantas veces, ya se esperan la horrible sensación nerviosa y se vuelven reacios a manifestarse.

La cuarta razón es que a menudo los introvertidos piensan tanto por adelantado que cuando hacen un comentario en una reunión este puede estar desfasado con respecto a lo que se diga en ese momento. O bien, debido a su estilo diferente de pensar, pueden enunciar la mitad de su idea o solo el pensamiento final. Después de haberse dado cuenta de que lo que han dicho no encaja con el momento del grupo, o que confunde un poco a la gente, frecuentemente llegan a la conclusión de que no se expresan bien y pueden dejar de hablar por completo.

Cómo hacer que tus compañeros de trabajo sepan que estás participando en las reuniones

- Relájate antes de las reuniones respirando profundamente durante cinco minutos en un lugar silencioso e íntimo.
- Intenta no programar demasiadas reuniones el mismo día; tómate descansos entre ellas.
- Saluda y sonríe a los que haya en la sala cuando entres y di adiós al marcharte.
- Localiza un lugar estratégico donde sentarte cuando llegues (cerca de la puerta para un respiro rápido).
- Toma notas; eso te ayuda a concentrarte en tus pensamientos y reduce la sobrecarga del exterior.
- Utiliza señales no verbales, como inclinaciones de cabeza, contacto visual y sonrisas para que los demás sepan que prestas atención.
- Di *algo*: formula una pregunta o replantea lo que haya dicho alguien.
- Hazte con la atención de la gente formulando con voz firme una frase introductoria: «Me gustaría añadir que...» o «Lo que yo creo es...».

- Dale a tu pensamiento un inicio, una parte central y un final.
- Di: «Quiero añadir algo a lo que has dicho hace un rato, Stan», si sabes que tu pensamiento está desfasado.
- Para que la gente sepa que seguirás pensando en el tema: «Lo pensaré bien y os diré mis conclusiones».
- Dales las gracias a los que hayan hecho la presentación, a los oradores y a los jefes de departamento al final de las reuniones.
- Felicítate si has hablado, haya ocurrido lo que haya ocurrido.
- Al día siguiente manda un correo electrónico, garabatea una nota o envía un memorándum con tus observaciones. Pide comentarios a tus ideas: «¿Qué te parece?».

SI TE LO DIGO, TENDRÉ QUE MATARTE

> Si no pones el pie en la cuerda,
> nunca cruzarás ese abismo.
>
> LIZ SMITH

Mi paciente Samantha es bastante desconfiada, y normalmente tengo que preguntarle: «¿Puedes decirme algo más de eso?». Un día le pregunté en broma:

—¿Trabajas para la CIA y no puedes revelarme nada personal?

Me miró con ojos brillantes y me contestó:

—Si te lo digo, tendré que matarte.

Nos reímos; las dos comprendimos lo expuesta y sobreestimulada que se sentía la mayor parte del tiempo, incluso con su propia terapeuta; así que imagina lo difícil que le debía de resultar revelar una parte de sí misma a un compañero de trabajo.

¿Por qué no revelan más los introvertidos ni se promocionan a sí mismos? Como he dicho en un capítulo anterior, los introvertidos son muy territoriales; les gusta tener su propio espacio protegido. Una de las maneras de mantenerlo en privado es restringiendo lo que deben mostrar al mundo, con lo que reducen el consumo de energía y limitan lo que el mundo dirige hacia ellos.

Otro motivo por el que los introvertidos no comparten sus conocimientos puede ser porque a menudo *ellos mismos* no se dan cuenta de todo lo que saben. Dan por hecho que su vida es intensa en lo emocional, intelectual e imaginativo. A no ser que un tema concreto surja por casualidad con un amigo, los *innies* pueden no percatarse de que poseen abundante información sobre la navegación, pongamos por caso. O pueden saber mucho sobre un tema muy minoritario, como la reproducción de los osos panda, pero creen que a nadie más le interesa.

Al mismo tiempo, los introvertidos sienten frecuentemente que no tienen por qué informar a los demás sobre lo que están haciendo —sobre todo en el trabajo—, porque si ellos fueran el jefe, se darían cuenta del tiempo y del esfuerzo que están invirtiendo. Los introvertidos no entienden que la gente extravertida no se fija en los mismo detalle que ellos y no le da importancia a las mismas cosas. A los extravertidos hay que contarles con mayor detalle la labor de los introvertidos en el trabajo, porque de otra manera podrían creer que no sucede nada.

Por último, los introvertidos no exhiben su naturaleza interna porque no buscan la aprobación del exterior. Aunque quieren que se les valoren sus logros, la atención pública puede resultarles tan desagradable y grimosa como el chirrido de las uñas al arañar una pizarra.

Todos estos factores pueden acumularse para que los introvertidos parezcan lejanos, poco colaboradores o, en el peor de los casos, prescindibles.

Cómo promocionarse uno mismo sin sentirse sobreexpuesto

- Recuérdate que, si compartes información personal con un colega, siempre tienes el derecho a terminar una charla o a esquivar una pregunta personal.
- Intenta que tu jefe sepa qué tipo de trabajos, proyectos y tareas te interesan.
- Propón tú mismo una reunión —eligiendo hora, lugar, duración, orden del día y participantes— si estás trabajando en un proyecto de grupo.

- Escribe un artículo breve para el boletín de noticias de la empresa sobre algo de lo que te interesa.
- Cuéntale al jefe alguno de tus éxitos: «Ya he vencido ese último problema; mañana te tendré el informe».
- Comparte información personal con los colegas de manera cómoda y relajada. Por ejemplo, charla sobre tus aficiones mientras esperas para utilizar la fotocopiadora o la máquina de fax.
- Aprende a aceptar los cumplidos: «Gracias» o «Agradezco lo que me dices». Eso anima a las personas a aceptarte y sentirse bien por ello.
- Hazle a los demás trabajadores cumplidos y dales las gracias.
- Ofrécete voluntario para ayudar en la merienda campestre de la empresa o para recaudar dinero para comprarle flores a una compañera de trabajo enferma; los demás te verán como un jugador de equipo.

Mide dos veces, corta solo una

Por lo general, los introvertidos se mueven a un ritmo más lento que los extravertidos. Ese es otro de los motivos por los que pueden parecer distantes o indiferentes. Tienen que emplear las reservas de energía poco a poco, midiendo y calculando su energía en cantidades pequeñas y predecibles; si no se les vaciará el depósito y se sentirán exhaustos y quemados. Necesitan tiempo para pensar bien las cosas y para seguir evaluando el trabajo a medida que este se despliega. En un entorno serio, es posible que los extravertidos supongan que, como los introvertidos son más lentos, ni son tan agudos, ni están involucrados, ni son competentes.

Como los introvertidos tienden a hablar despacio y haciendo pausas largas, puede parecer que dudan y que no están seguros de su opinión. En realidad, sopesan muy cuidadosamente sus ideas. Y, como valoran el significado, quieren ser precisos y elegir las palabras justas para expresarse. Pero eso puede volver locos a los extravertidos: «¡Venga hombre, suéltalo ya!», es lo que piensan.

Además, los introvertidos están dispuestos a considerar el valor que tiene la opinión de las demás personas; pero lo que en realidad es apertura puede malinterpretarse como carencia de convicción en sus propias opiniones. Como he dicho antes, frecuentemente no se molestan en explicarles a los demás cómo es el proceso de su pensamiento. Como era de esperar, eso conduce a muchísimos malentendidos.

Cómo hacer que los compañeros de trabajo sepan que aunque tu ritmo sea lento por lo general ganas tú la carrera

- Ten sentido del humor respecto a tu ritmo.
- Haz las tareas más duras a primera hora del día, no dejes que pendan sobre ti y desperdicies energía.
- No te aturdas si surge algo inesperado. Respira hondo unas cuantas veces antes de seguir y recuérdate que podrás volver a trabajar a tu propio ritmo cuando acabe la crisis.
- Expresa tus reacciones emocionales de vez en cuando: «Erin, me entusiasmó ver tus ideas; son estupendas».
- Diles a tus colegas que cuando estás en silencio, estás reflexionando: «Esa es una buena idea; me lo estoy pensando».
- No te ofendas si el grupo entra por delante de ti. Pídeles que te reserven un asiento.
- Cuando sepas que va a surgir un asunto concreto, prepara unas cuantas observaciones (ponlas por escrito) de manera que puedas hacer algunos comentarios rápidos.

HORA DE VIAJAR

Utiliza el tiempo de ir y volver al trabajo para alimentarte con pensamientos positivos:

- Recuérdate lo que hayas conseguido ese día.
- Felicítate por cualquier hábito saludable que hayas puesto en práctica.
- Recuerda conversaciones placenteras y cumplidos que hayas recibido.
- Recuerda cualquier idea nueva que hayas elaborado.

- Procura que la gente sepa que estás interesado en *sus* proyectos: «He pensado en tu tarea, Bill, y tengo un par de ideas. Si quieres puedo enviártelas por correo electrónico».
- Gestiona las fechas límite explicándole a tu jefe por qué necesitas más tiempo.
- Pide que los demás hagan comentarios a tus aportaciones.

Por qué deberías hacer que tu luz brillara

Eres un empleado excelente y es importante que no te olvides de lo que aportas. Recuérdate a diario lo que llevas a la fiesta: concentración, lealtad, consideración, persistencia, tenacidad, creatividad, originalidad, previsión y una amplia gama de conocimientos, por nombrar solamente algunos de los beneficios que aporta un trabajador introvertido. Con frecuencia, los *innies* son unos empleados eficientes que mejoran silenciosamente su lugar de trabajo. Tienen la capacidad de adoptar decisiones difíciles y de dar espacio a sus compañeros de trabajo. Desarrollan relaciones de uno a uno duraderas y trabajan bien sin tener cerca a los supervisores. Tienden a ser considerados y agradecen la cooperación. Son buenos escuchando y enseñando. Haz que tu luz brille cada día.

CREAR EN CONJUNTO

> Un hombre que interactúa creativamente con
> los demás puede cambiar el mundo.
>
> JOHN GARDNER

Hablar hace que «el mundo gire». Los diferentes estilos de comunicación crean un entorno laboral fértil e innovador. Ahora voy a hablar de cinco áreas en las que crear en conjunto nos permite combinar nuestros estilos para producir resultados que ninguna persona podría conseguir sola. Las empresas con éxito crecen y se mantienen cuando los empleados han dominado la comunicación no verbal, tienen grandes habilidades para la resolución de conflictos y poseen la capacidad de argüir, de poner en común y de pedir lo que quieren directamente. Mejorar las habilidades para la comunicación en esas áreas crea una cultura de entorno laboral en la que todos pueden prosperar.

Dilemas del diálogo

La comunicación marca el ambiente y la productividad en un lugar de trabajo. Nada saca a relucir más clara y rápidamente las diferencias entre introvertidos y extravertidos que sus estilos de comunicación y, como he dicho, nada presenta un potencial mayor para los malentendidos.

Toda forma de comunicación requiere energía. La comunicación verbal abarca cómo hablamos, a qué prestamos atención, qué es lo que oímos y cómo respondemos. Como hemos visto, hablar es a menudo un problema para los introvertidos, puesto que se necesita un depósito lleno de combustible. Los introvertidos tienen que disponer de buenas reservas antes de hablar, porque la conversación propiamente dicha y la búsqueda de palabras para responder a los comentarios de la otra persona agotan rápidamente su depósito.

> ### CREAR UN PUENTE ENTRE LOS HUECOS DE LAS COMUNICACIONES INTROVERTIDO/EXTRAVERTIDO
>
> Las mejores jugadas para comunicarse con un introvertido:
>
> - Hablar de un tema cada vez.
> - Preguntar y luego escuchar.
> - Darle a cada persona el tiempo adecuado para responder.
> - No acabar las frases de nadie.
> - Comunicarse por escrito si es posible.
>
> Las mejores jugadas para comunicarse con un extravertido:
>
> - Comunicarse verbalmente.
> - Dejarles que hablen y piensen en voz alta.
> - Incluir varios temas.
> - Esperar acción inmediata.
> - Mantener la conversación en marcha.

De hecho, los estudios muestran que más de la mitad de lo que revelamos sobre nosotros mismos —si somos amigables o no, si estamos dispuestos a cooperar o somos distantes, por ejemplo— no lo expresan nuestras palabras, sino que se transmite por nuestro lenguaje corporal: sonreír, fruncir el ceño, suspirar, tocar, tamborilear con los dedos, establecer contacto visual, etc. Los intercambios por escrito (incluidos los correos electrónicos) con tus colegas es otra manera de expresar tus ideas y de darte a conocer. Como esas metacomunicaciones, como las llaman, queman menos combustible, son la mejor manera de que los introvertidos mejoren sus comunicaciones en el trabajo. Puedes pavonearte de tus cosas, pero de manera sigilosa. Puedes dejar que tus compañeros de trabajo sepan más de ti y reservar la mayor parte de tu «energía interior» para utilizarla solamente en conversaciones imprescindibles.

Cómo hablar menos y comunicar más

- Sonríe al saludar a tus compañeros de trabajo o a tus jefes.
- Asiente con la cabeza y mantén contacto visual con quien hable en las reuniones o grupos.
- Inclínate hacia quien hable para mostrar interés en lo que dice.
- Acepta las diferencias respecto al espacio físico. Por ejemplo, podrías decir: «Vamos a dejar esta silla vacía entre los dos y así podremos estar un poco más anchos».
- Diles hola y adiós a tus compañeros (parece muy obvio, pero a veces se nos olvida).
- Envía notas de agradecimiento, correos electrónicos o tarjetas a tus compañeros de trabajo para felicitarlos por algún logro o para decirles que les estás agradecido por algo que hayan hecho.
- Copia un artículo que creas que pueda interesarle a un colega o a tu jefe y dáselo acompañado de una nota tuya.
- Regala tarjetas de cumpleaños o de festividades si eso es apropiado en tu entorno laboral.
- Pon tu nombre en *todo* lo que escribas o produzcas.

Cómo resolver conflictos de manera positiva

Los conflictos surgen en el momento en que hay dos necesidades contrapuestas. Aunque algunas personas (normalmente los extravertidos) se sienten estimuladas al ver saltar las chispas, hay otras

PRESÉNTATE

Nos guste o no, casi todos nosotros nos hemos visto en algún momento teniendo que dirigirnos a un grupo. Aquí van algunos consejos que te ayudarán a hacerlo lo mejor posible:

- Acepta la inquietud del orador; le ocurre a todo el mundo.
- Analiza tu público y dirige tus palabras hacia él.
- Conoce bien el tema.
- Ensaya hasta que te sientas cómodo.
- La semana antes de tu presentación, imagínate a ti mismo sintiéndote seguro. Visualiza un público atento.
- Cuando hagas la presentación, localiza unas cuantas caras amigables y míralas.
- Habla ligeramente más alto de lo que es normal para ti.
- Utiliza tu sentido del humor natural.
- Recuerda que las presentaciones no tienen que ser siempre perfectas.
- ¡Felicítate cuando se acabe!

(normalmente los introvertidos) que son contrarias a los conflictos. Harán lo que sea por no verse involucrados en una pelea; los conflictos agotan su energía y harán lo que sea para evitarlos. Pero ignorarlos es generalmente un error: primero, el conflicto no desaparece y segundo, los introvertidos notan en sus cuerpos la tensión sin resolver, literalmente. Tienen dolores de cabeza, de estómago y una sensación general de malestar. Como los conflictos pueden intensificarse fácilmente, es siempre una buena idea aprender a lidiar con ellos enseguida. Acabarás sintiéndote más seguro.

Ensaya estos pasos de manera que puedas darlos cuando sea necesario:

Pasos para resolver conflictos
1. Definir el problema y llegar a un acuerdo.
2. Comprender cómo afectan al problema tu introversión y la extraversión del otro.

3. Intentar verlos desde el punto de vista del compañero de trabajo.
4. Resolver el problema teniendo presente la perspectiva introvertido/extravertido.

¿Cómo resolvieron sus desacuerdos Carl y Jack, los dos tipos que mencioné al principio del capítulo? ¿Qué pasos podían dar para llenar los difíciles huecos que había en su comunicación? Siguiendo los pasos que acabo de mencionar, les recomendé a ambos que definiesen primero las áreas conflictivas y se pusiesen de acuerdo para ver en qué discordaban. Carl y Jack dijeron que nunca se habían comprendido. En segundo lugar, hablamos de sus estilos introvertido/extravertido, tan diferentes —ni correctos, ni erróneos, sino *diferentes*—, y qué efecto tenían en su comunicación. En tercer lugar, les sugerí que probasen a ponerse en el lugar del otro. ¿Se daba cuenta Carl de lo frustrante que era para Jack pedirle la opinión y creer que Carl se la reservaba? ¿Comprendía Jack la presión que sentía Carl en las reuniones y que por eso le costaba hablar? Por último, les pedí que resolvieran el problema sin tomarse como algo personal la conducta del otro.

El resultado fue que Carl vio que tenía que estar tan lejos del frenético ritmo de la oficina como fuera posible, de manera que le pidió a Jack un lugar de trabajo que estuviese lejos de la acción. Jack, al comprender que a Carl no le gustaba salir con respuestas rápidas, estuvo de acuerdo en darle con antelación el orden del día de las reuniones. De esta manera, podría desarrollar sus (buenas) ideas sin presión y con el suficiente tiempo para sopesar sus pensamientos.

Jack decidió darle a Carl unos proyectos largos y aburridos que él mismo aborrecía y que creyó que nunca le gustarían a nadie. Carl se dio cuenta de que necesitaba que Jack supiera más acerca de sus talentos, lo que le aseguraría una posición sólida en el equipo de la empresa.

A veces no es posible resolver problemas con los compañeros de trabajo directamente. Danielle, una paciente mía introvertida, se encontró en una situación parecida. Todo empezó cuando se le pidió que compartiera despacho con Ina, una compañera de trabajo muy habladora y extravertida. Pasarse todo el día con Ina –que parloteaba interminablemente consigo misma, con la gente al teléfono o con cualquiera que pasara por allí– convirtió a Danielle en un manojo de nervios. Y para colmo, todo eso interfería en su capacidad para concentrarse en su trabajo. Pero cuando habló con su jefe para que la trasladase a otro despacho, él dijo que no. ¿Por qué? Porque esperaba que el comportamiento silencioso y los buenos hábitos de trabajo de Danielle se le contagiasen a Ina. Danielle no sabía qué hacer; no quería enfrentarse a su compañera, y menos ahora que compartían un cubículo tan pequeño. «Me siento indefensa», me dijo.

Danielle tenía que buscar la solución por sí misma. Sabía que no podía cambiar la personalidad «Alfosina la parlanchina» de Ina, sobre todo porque el jefe ya había hablado con Ina sobre ello. Danielle y yo compartimos ideas y pensamos en varias maneras de mejorar la situación sin dimitir ni volverse loca.

Danielle le dijo a Ina que trabajaba mejor cuando disponía de un entorno silencioso, «como un parque», de manera que dividió el cubículo por la mitad con una fila de verdes y frondosas plantas, de modo que se asemejara a un exterior y no fuera tan evidente como rechazo hacia Ina. Además, se llevó unos auriculares al trabajo y ponía música suave; así no oiría a Ina hablar consigo misma. Decidimos que hablase con ella de vez en cuando, pero solo si le hablaba directamente. Si hablaba al aire, no le respondería. Si Danielle tenía que concentrarse, podría utilizar tapones para los oídos o pedirle a Ina que se abstuviera de hablar durante un período de tiempo especificado. Danielle se siente ahora menos agotada y las dos se llevan bien.

En lugar de evitar los conflictos, intenta resolverlos creativamente. Te sorprendería ver cuánto pueden mejorar tu vida laboral y tus relaciones laborales.

Batallas dialécticas

Los investigadores han averiguado que los introvertidos y los extravertidos no discuten de la misma manera. Los extravertidos discuten frecuentemente en un estilo gana-pierde. Hacen hincapié en tener razón. A veces, esto deja a la otra persona (a menudo la introvertida) sintiéndose mal. Muchos introvertidos discuten en el estilo gana-gana. Quieren que se escuchen las ideas de cada persona. En general, los introvertidos tienden a hacer más preguntas y a criticar menos. Han puesto mucho menos carga en su propia perspectiva y tienden a considerar válidos todos los puntos de vista.

Meterse en batallas dialécticas en el trabajo con extravertidos es toda una sangría energética. Recuerda no tomarte como algo personal el estilo del extravertido, más agresivo. Aquí van algunos consejos adicionales que te servirán para refinar tus habilidades:

- Permanece calmado y respira.
- Piensa por adelantado en las objeciones a tus argumentos. Anúncialas en tu presentación, así como tu respuesta a ellas.
- Incluye las posibles objeciones antes de que las planteen otros.
- Escucha cuidadosamente si alguien plantea una objeción que no habías previsto. Replantéala y pregunta si has hecho un resumen acertado. Esto te dará tiempo para pensar.
- Si la objeción es válida, elogia a la persona de una manera general: «Tienes razón, hemos de descubrir una manera de abordar ese aspecto».
- Pregunta: «¿Cómo creéis que podemos llegar a una solución factible?», si siguen las objeciones.
- Recuerda que tienes ideas valiosas y el derecho a no estar de acuerdo.

Destellos cerebrales

El objetivo de poner ideas en común es el de elaborar un gran número de ellas. No buenas ideas o malas ideas, sino solamente *muchas* ideas. Tus destellos cerebrales pueden ser originales, llevarte a la innovación y ayudarte a seguir siendo competitivo en el cambiante mercado laboral actual. Los extravertidos ponen ideas en común de manera natural, porque consiguen energía al dejar que fluya la corriente y no tienen problemas para hablar y pensar a la vez. Por su parte, para ser libres y frívolos, los introvertidos tienen que sentirse seguros y aceptados. Puesto que sus ideas tienden a ser más «originales», tienen que estar seguros de que no los van a criticar. Les sería útil escuchar simplemente mientras los demás generan sus destellos y luego aportar ideas el día siguiente. Esto provoca que sus mentes rumiantes (reflexivas) nocturnas tengan tiempo para digerirlos y generen algo que esté más al día.

Si estás a cargo de la puesta de ideas en común, aquí hay varios pasos que puedes dar para garantizar un entorno productivo:

Sesión de inicio

- Expón que se lanzará al ruedo un problema o concepto y que todo el mundo puede expresar ideas o asociaciones.
- Indica que algunas personas escucharán simplemente y que entregarán sus aportaciones el día siguiente.
- Pon todas esas ideas y asociaciones por escrito.
- Deja claro que hay cabida para todas las ideas. Ninguna de ellas es correcta ni equivocada.
- ¡Di que no se permitirá absolutamente ninguna crítica!
- Señala que aceptarás correos electrónicos de seguimiento.

Segunda sesión

- Agrupa en temas las ideas y las asociaciones.
- Clasifica los temas por su relevancia según los objetivos de tu empresa.
- Habla de los resultados.
- Elige las tres soluciones principales.
- Selecciona las alternativas.

Pide lo que quieres

Si eres un empleado introvertido, habrá momentos en los que tengas que pedirle lo que quieres a tu jefe. Muchos introvertidos tienen problemas para hacer eso. Pedir algo no solamente los pone en el candelero (a lo que son reacios por naturaleza), sino que también es una merma de energía. Muchos temen quedarse en blanco y olvidarse de lo que quieren decir o no ser capaces de adoptar una decisión rápida o de responder con la velocidad necesaria en una reunión. Si eso es un problema para ti, intenta poner en práctica una de las estrategias siguientes:

- Pon por escrito lo que quieres pedir. Sé muy concreto.
- Anticípate a las posibles objeciones de tu jefe y escríbelas. Toma nota de tus refutaciones.
- Ensaya tu charla frente al espejo o con un compañero o amigo. (Por lo general, a los introvertidos les va mejor si ensayan antes de hablar sobre algo que les produzca ansiedad).
- Felicítate por pedir lo que quieres, sea cual sea el resultado. Si no tienes éxito, recuerda que siempre puedes volver y hablar de nuevo de esa petición. Tal vez puedas pensar de nuevo en tu estrategia y salir con más formas de contrarrestar los problemas que te ponga tu jefe.

ELIMINAR LAS TENSIONES DEL DÍA

He averiguado que existen cuatro elementos en el entorno laboral que son especialmente problemáticos para los introvertidos. El primero son las temibles fechas límite, los vencimientos. A continuación te muestro estrategias para abordar las fechas límite y los vencimientos sin perder los nervios. El segundo son las interrupciones. Con solo unos cuantos consejos podrás tratar a todos esos extravertidos que se dejan caer y te hacen «solo una pregunta rápida». El tercero es que, si te preocupa recordar nombres y caras, existen algunas técnicas para implantarlos firmemente en tu memoria. Y, por último, como introvertido te sentirás abrumado de vez en cuando en el trabajo, así que he incluido un plan en cinco pasos para reducir esa horrorosa sensación cuando te ataque.

Cinco estrategias para tratar fechas límite y vencimientos

Como he dicho antes, los introvertidos tienen a menudo problemas con las fechas límite y los vencimientos. Se preocupan por generar la energía suficiente para completar el proyecto y por pensar en lo que están haciendo sin sentirse abrumados. Es posible que tengan que explicarle al jefe por qué necesitan tiempo añadido para completar el trabajo. Las fechas límite repentinas son las más problemáticas: pueden llegar a sentirse como la «muerte súbita» (un término importado del mundo de los deportes que se utiliza cuando los equipos están empatados y gana el que primero anote). Si trabajas con un jefe introvertido, las fechas límite podrían ser un tema más fácil de hablar. Intenta que tu jefe sea flexible; di que te das cuenta de que las fechas límite no siempre pueden ser amplias, pero que cuanto más adelantado sea el aviso, tanto mejor será tu cometido.

Sea cuando sea la fecha límite, empieza por dividir el trabajo en tareas pequeñas. Esta es la estrategia más útil para los introvertidos. Te ayuda a que disminuyan los sentimientos de ansiedad, de impotencia y de vago mareo. Hazlo de este modo:

- Apunta la fecha límite en tu calendario; luego divide la tarea que te corresponda en partes pequeñas. Calcula lo que tienes que hacer y para cuándo para completar el proyecto a tiempo.
- Escribe en tu calendario lo que tienes que completar cada día. Reserva momentos concretos para el proyecto en las horas en que tu energía esté más alta. (Por ejemplo, yo escribo desde las seis hasta las diez todas las mañanas, menos los domingos).
- Deja sitio en el calendario para las interrupciones y los trabajos inesperados.
- No te critiques si no consigues todo lo que habías planeado en un día determinado. Simplemente, vuelve a dividir el trabajo en partes más grandes para los días siguientes y atente a ello.
- Date siempre una recompensa por lo que haces: cómprate un libro nuevo, ve al cine, cómete una galleta, juega a un videojuego...

Cómo evitar los «solo una pregunta rápida» y demás interrupciones

A no ser que los introvertidos estén esperándolas o que sus depósitos de energía estén llenos hasta el borde, las interrupciones les resultan muy perturbadoras. Se sienten molestos, a menudo sin saber por qué. Por el contrario, los extravertidos se mueven fácilmente de una cosa a otra, medran con los descansos inesperados en sus calendarios y simplemente no pueden entender por qué no los quieres cuando asoman por tu escritorio, levantan el dedo y dicen: «Solo una pregunta rápida».

Existen razones fisiológicas para que las interrupciones sean difíciles para muchos introvertidos. Una de ellas es que uno puede estar muy metido en sus pensamientos, y es difícil «salir» de la concentración para interactuar en un tema distinto. Esto es un proceso que los extravertidos experimentan frecuentemente como insensibilidad. Salir de la concentración puede durar varios minutos, de modo que uno puede sentirse confuso o no tomar nota inmediatamente de lo que el extravertido de palabra fácil le está diciendo. Hay que captar el nuevo asunto, y cuesta energía cambiar de marcha. Después de la interrupción, uno debe utilizar más energía para recuperar el «lugar» y la concentración que tenía previamente. A veces, no se puede encontrar el «lugar» exacto durante días.

Tengo unos pacientes que son pareja y socios en un despacho de abogados. Zoe es introvertida y Ethan, extravertido. Si ella está escribiendo un informe, se pone nerviosa y se irrita si alguien —incluso Ethan— abre la puerta, que tiene cerrada. A él le gusta dejarse caer por su despacho y preguntarle esto y aquello, y se enfada por su aislamiento. Les expliqué por qué ve cada uno las interrupciones de manera diferente. Después de explicarlo, Ethan dijo:

—Me parece muy extraño, a mí me vivifican las charlas rápidas.

Zoe se animó y le respondió:

—Tú no comprendes cómo me alivia saber que existe un motivo para que las interrupciones me molesten tanto. Nunca había comprendido por que las detestaba —respondió.

Estas son algunas estrategias que pueden serte útiles para reducir o desviar las intromisiones y las interrupciones:

- Pon la señal de un reloj en tu puerta en la que digas cuándo estarás disponible.
- Crea tu propia señal de «no molestar». Intenta infundirle algo de humor; por ejemplo, añade un dibujo de cómic o una imagen, como la escultura de *El pensador*.
- Cubre de papeles los asientos de tu despacho o ve un poco más allá y elimina los asientos adicionales.
- Di: «Ahora no puedo verte, pero estaré libre a las diez. ¿Puedes volver a esa hora?».
- Abrevia las reuniones levantándote y moviéndote poco a poco hacia la puerta. Di: «Lo lamento, tengo una fecha límite y he de volver al trabajo».
- Dispón un tiempo límite para cada conversación: «Hablemos el jueves durante unos quince minutos; ¿es tiempo suficiente?».
- Desvía a los visitantes inesperados caminando hacia la puerta de tu cubículo o despacho y diciendo que estabas justamente de camino a otra reunión o al baño: «Podemos hablar por el camino».
- Asiente con la cabeza, pero deja de hablar y de vez en cuando mira a otro sitio o a tu reloj si necesitas una escapatoria.
- Localiza un escondite para pensar —el baño o un rincón tranquilo de la cafetería o de la sala de empleados— cuando falle todo lo demás.

Cuatro herramientas para la memoria

> Cuando yo era más joven, podía recordar cualquier cosa, tanto si había sucedido como si no.
>
> MARK TWAIN

Marta me contó lo avergonzada que estaba cuando le presentaron a un cliente nuevo y solamente unos minutos después no podía recordar el nombre de esa persona. «Quería meterme debajo de la mesa», dijo.

Los estudios muestran que muchos introvertidos tienen problemas a la hora de reconocer caras y nombres. De hecho, algunos investigadores sostienen la teoría de que la dificultad para reconocer caras y nombres familiares se une a la ansiedad que sienten los introvertidos ante los encuentros sociales y de trabajo. Si cualquiera de esos problemas se te aplica a ti, aquí van algunas técnicas que pueden ayudarte a implantar un nombre o una cara en tu memoria:

- Busca un rasgo fuera de lo normal: una cicatriz o una verruga, la forma de los labios, un peinado peculiar, lentes, color del pelo.
- Traduce el nombre de la persona en una imagen vívida. Por ejemplo, «Victoria» me recuerda a la gloria; «Elena» me recuerda a una bella melena.
- Repite el nombre cuando saludes: «Hola, Victoria».
- Vuelve a mirar unas cuantas veces a la persona conforme te muevas por la sala. Pon mentalmente juntos el nombre y las asociaciones que hayas hecho.

Si te olvidas de un nombre o de una cara, date un respiro. Todo el mundo se queda en blanco de vez en cuando.

Plan en cinco pasos para reducir el «agobio»

Cuando estamos sobreestimulados y agobiados, no podemos pensar, nos resulta imposible ser creativos y no somos muy productivos. Es fundamental aprender a calmarse.

Paso 1: entiende lo que sucede en tu cuerpo

El primer paso hacia la relajación —reducir el «agobio»— es intentar separar tu «mente» de tu «cuerpo». Sé que eso es más fácil de decir que de hacer, pero se *puede* aprender. Como psicoterapeuta, si uno de mis pacientes llega sintiéndose agobiado, siempre empiezo

por pedirle (llamémosla Cassandra) que se ponga cómoda en la mecedora. Luego le pido que describa cómo se siente físicamente: «Dime
qué pasa en tu cuerpo, Cassandra». Si tiene problemas para responder, le pregunto: «¿Cómo sientes los brazos? ¿Tienes hormigueos en
las manos, o se te quedan dormidas? ¿Están tensas, las notas pesadas?
Mueve un poco los hombros; ¿los notas oprimidos?». Por lo general,
estas preguntas son el pistoletazo de salida: el paciente empieza a describir ansiedad (hormigueo, tensión, necesidad de moverse) o depresión (pesado, cansado, aletargado, indolente) en su cuerpo. Cuanto
más puedas expresar, a ti mismo o a alguien, lo que esté sucediendo
en tu organismo, tanto más podrás aprender a ayudarte.

Paso 2: respira y bebe un trago de agua

El segundo paso es hacer entrar oxígeno en el cuerpo. Presta
atención a la respiración. La mayor parte de la gente contiene la respiración cuando está en situaciones de sobreestimulación, así que respira desde el abdomen y espira. Cuando tu respiración sea más profunda, tensa los músculos del cuerpo y aguanta así un minuto. Date
cuenta de la diferencia entre estar más relajado y estar tenso. Bebe un
vaso de agua helada. Los estudios muestran que la deshidratación, incluso leve, afecta a la concentración, al pensamiento, al metabolismo y
al flujo de los neurotransmisores. En su libro *High Energy Living* [Vivir
con alta energía], el doctor Robert Cooper dice que el agua «estimula
el aumento de la producción de energía a lo largo de todo el cuerpo e
incrementa la alerta del cerebro y de los sentidos».

Paso 3: date cuenta de lo que te dices mentalmente

El tercer paso para reducir la sensación de agobio es darse cuenta
de lo que acontece en la mente. Cuando percibimos ciertas sensaciones corporales, les asignamos *significados*. Ni siquiera sabemos que eso
ocurre. Empezamos ese proceso de niños, de modo que para cuando
somos adultos va en piloto automático. Funciona así: se te tensa el abdomen; tu respuesta inconsciente es miedo; miedo significa peligro;
peligro indica que algo malo está a punto de suceder. Por lo general,

lo que ocurre después es consciente. Hay una voz dentro de tu cabeza que te dice: «No puedo hacerlo, me caeré». Esa voz intensifica tu miedo del principio, y te sientes paralizado. ¿Recuerdas el capítulo 3, cuando hablé de que los introvertidos tienen un mecanismo cerebral que reduce la estimulación cuando están agobiados? Mis pacientes me dicen con voz de pánico: «No puedo pensar, no voy a ser capaz de responder preguntas en mi presentación».

Presta atención a esa voz de tu cabeza y escucha lo que dice. Aprende a transformarla en una voz tranquilizadora que pueda reducir tus miedos: «Me siento un poco nervioso, ya se calmará» o «Me siento tenso; eso no quiere decir que vaya a pasar nada malo. Yo estaré bien».

Paso 4: ¿recuerdas cuando...?

El cuarto paso consiste en recordar otras situaciones de tensión en las que te las hayas arreglado. Al estar agobiados podemos olvidar lo que sabemos. Le pedí a una de mis pacientes, Allie, que tenía miedo por una conferencia que iba a pronunciar, que me hablará de otras presentaciones en las cuales fue capaz de atender las preguntas.

—Ah, sí —dijo—, lo recuerdo. Sí lo hice, ¿verdad?

—¿Qué puedes hacer si se te queda la mente en blanco? —le pregunté.

Ella me contestó:

—Puedo decir que me dejen pensarlo, o puedo preguntar si alguna otra persona se ha encontrado con ese problema y qué hizo al respecto. Yo no tengo por qué responderlo todo.

—Y recuerda —añadí—, siempre puedes decir que tendrás una buena respuesta de camino a casa en tu automóvil, pero que ahora no se te ocurre nada.

No lo olvides: puedes aprender a controlar las sensaciones de agobio en tu mente y en tu cuerpo. Lo has hecho antes; podrás hacerlo de nuevo.

Paso 5: conoce el lado «positivo» de estar agobiado

Sentirse agobiado forma parte de ser introvertido; no te critiques, es una de tus inestimables cualidades. Recuerda que significa que absorbes mucha cantidad de información y que tu cerebro es muy activo.

NEGOCIOS CON LOS JEFES

Acaso te sorprenda saber que muchos introvertidos son jefes. Frecuentemente exhiben excelentes cualidades de liderazgo: integridad, sentido común, aptitud para adoptar decisiones duras, sentido del humor, curiosidad intelectual y capacidad de mirar al pasado, al presente y al futuro. Aunque de muchas maneras puede ser más fácil trabajar para un jefe extravertido, eso también puede ser problemático. Los jefes introvertidos pueden olvidarse de comunicar sus expectativas, no consiguen delegar y tal vez no se den cuenta de la importancia que tienen los elogios y saber recompensar un buen trabajo.

Al principio de mi profesión trabajé para una jefa introvertida, Trisha, durante algo más de un año. Tuve suerte de no necesitar mucha supervisión, porque la vi cara a cara unas dos veces. Se comunicaba sobre todo por escrito. Hacía comentarios a los materiales de enseñanza que desarrollé y me enviaba notas sobre las evaluaciones que me daban mis alumnos, y eso era todo. Este estilo de gestión puede ser horrible para los extravertidos: ellos querrían más colaboración, más comentarios sobre su trabajo y más reuniones. No recuerdo ni una sola reunión de personal en todo el año.

Tanto si eres extravertido como si eres introvertido, trabajarás mejor con esos jefes si aprendes a mantenerlos al día sobre lo que sucede enviándoles correos electrónicos, notas y comunicaciones. Si te gustaría tener más comentarios, pídelos, porque los jefes introvertidos podrían pensar que no los necesitas. Como no están tan motivados por las fuerzas exteriores, podrían no darse cuenta de que muchos empleados necesitan que los animen y los estimulen.

Los estudios muestran que los introvertidos que están en puestos de gerencia no atribuyen poderes a los empleados sin esfuerzo como los extravertidos. Si eres un jefe *innie*, toma nota de los puntos que siguen a continuación y mantén presente que a los extravertidos los motivan factores diferentes que a los introvertidos.

Comunica tus expectativas

- Habla de tus expectativas y ponlas por escrito.
- Solicita comentarios a tus empleados.
- Hazles observaciones sobre lo que tú ves como sus puntos fuertes, así como de las áreas en las que te parece que tienen que mejorar.

Delega

- Delega autoridad otorgando a tus empleados una responsabilidad creciente.
- Que tus empleados sepan que te apoyas en ellos.

LENGUAJE DE SIGNOS

Una de mis pacientes introvertidas, Anna, había empezado un trabajo nuevo hacía poco. Me dijo:

—Marti, no vas a creértelo, pero mi nueva jefa es muy introvertida y tiene un puesto en la agencia que implica un ritmo frenético y montones de interrupciones. Ha puesto una señal en su escritorio —*Estate aquí y ahora*— para que le ayude a concentrarse. Lleva señales en torno al cuello en cintas de color naranja para que la gente sepa de qué humor está: si quiere charlar con sus compañeros o si solamente quiere mantenerse apegada al trabajo.

Le pedí a Anna que me trajera una lista de esas señales. Nos reímos al mirar la selección.

—Tu jefa se conoce a sí misma de veras; será un gran modelo que imitar para ti —le dije.

Esta es la lista de las señales que lleva por la oficina:

- No molestar.
- Puedes venir, estoy preparada para las preguntas.
- De descanso, prefiero no hablar del trabajo.
- No molestar, intento cumplir con una fecha límite.
- Lo siento, estoy de mal humor.

- Solicita sugerencias, ideas y soluciones; pon en marcha algunas de ellas.
- Respalda a tus empleados, anima las buenas intenciones.

Que sigan zumbando esos motores

Según la mayoría de los estudios, una de las maneras más eficaces de motivar a los empleados es el reconocimiento. Esto es más complejo que simplemente darles ascensos y promociones: significa encontrar recompensas que combinen con su personalidad. Los introvertidos no se motivan con los mismos incentivos que los extravertidos. A estos les motivan los apoyos exteriores, como el elogio, las oportunidades para las recompensas, el aplauso popular (como ser «empleado del mes») y los concursos competitivos. Por el contrario, a aquellos les gusta estar lejos del centro de atención; para ellos, ser objeto de la atención pública es un castigo, más que un placer. Eso no quiere decir que no respondan a la validación y a los comentarios; lo hacen, mientras no sean demasiado sobreestimulantes. Recomiendo la lectura del libro *1001 maneras de recompensar a sus empleados*, de Bob Nelson, en el que analiza los aspectos principales de recompensar a los trabajadores:

- Averigua lo que le parece motivador a cada uno.
- Piensa en algo que les motive personalmente; puede ser divertido y gratificante para todos los implicados.
- Elige una recompensa acorde con la persona.
- Elige una recompensa acorde con el logro.
- Sé oportuno y concreto.

DISFRUTA DE TU TRABAJO

> Cuanto más quiero hacer algo,
> tanto menos lo llamo trabajo.
>
> RICHARD BACH

En este capítulo nos hemos enfocado en muchos de los obstáculos que el mundo de nueve a cinco presenta a los introvertidos. Pero, a pesar de todos los riesgos, los introvertidos disfrutan con su trabajo, y este es frecuentemente una parte importante de sus vidas. De hecho, un estudio reciente del Proyecto Felicidad de Oxford reveló que los introvertidos felices disfrutan con su trabajo más que los extravertidos felices. Si pueden aprender a interactuar sin sentirse desvaídos al final de la jornada, serán capaces de utilizar su energía interior para aportar beneficios increíbles a su empresa.

De manera que no te olvides de «pavonearte de tus cosas» de una manera cómoda para ti. En definitiva, mereces reconocimiento y agradecimiento por tus valiosas aportaciones. Ninguna organización puede arreglárselas sin los introvertidos. Los extravertidos nos necesitan, incluso si no siempre lo saben. Tú puedes iluminarlos.

Puntos que considerar

- Se necesita algo de esfuerzo para ser reconocido en el trabajo.
- Haz algo de autopromoción cada día de alguna manera sutil.
- Protégete de los vampiros de energía.
- Aprende los pasos para calmarte si te sientes desbordado.
- Recuerda que tu jefe tiene suerte de tenerte a ti como empleado.

Crear la vida «perfecta»

Las grandes ideas necesitan el tren de aterrizaje tanto como las alas.

C. D. JACKSON

Los tres parámetros personales: ritmo, prioridades y límites

Mi fortaleza reside únicamente en mi tenacidad.

Louis Pasteur

H e hablado en el capítulo 3 de los factores fisiológicos que sub-yacen en nuestro temperamento introvertido. Debido a nues-tra constitución, necesitamos un tipo particular de alimenta-ción y de cuidados. Tenemos que utilizar nuestra energía, conseguir el ritmo adecuado y poner en marcha nuestros objetivos mientras pro-tegemos nuestros recursos internos. En este capítulo hablo de los tres parámetros personales –ritmo, prioridades y límites–, tres conceptos que pueden ayudarte a arreglártelas con tu introversión. El ritmo per-sonal es aprender a establecer tu propio ritmo, la tasa que te permite conseguir lo que quieres sin sentirte agobiado ni agotado. Las priori-dades personales te permiten pensar en los objetivos que tengan más significado para ti, de modo que puedas encauzar tu energía hacia su cumplimiento. Los parámetros personales son útiles para crear lími-tes de cara a mantener tu estimulación en la gama de lo «suficiente»: ni demasiado ni demasiado poco. Cuando aprendas a utilizar estas indicaciones, verás que puedes conseguir una vida más satisfactoria y gratificante.

RITMO PERSONAL

> Raras veces ve la gente los vacilantes y dolorosos pasos
> que conducen al más insignificante de los éxitos.
>
> ANNIE SULLIVAN

¿Recuerdas los personajes de la fábula clásica *La liebre y la tortuga*? La liebre estaba tan confiada de que podía batir a la tortuga en la carrera que se detuvo al lado de la carretera y se echó una siestecita. La tortuga, que iba caminando arduamente todo el rato, despacio y con constancia, cruzó la línea de meta mientras la liebre salía a toda velocidad para alcanzarla.

Varios de los introvertidos que entrevisté para este libro se referían a sí mismos como tortugas o galápagos. Siempre habían sido conscientes de que su ritmo era más bien lento. Debido a nuestra fisiología, los introvertidos comemos, pensamos, trabajamos, andamos y hablamos más despacio que los extravertidos. Aunque es posible que algunos de nosotros hayamos intentado ser liebres toda nuestra vida, podríamos no darnos cuenta de cuánto mejor estaríamos si disminuyésemos un poco la velocidad.

Yo, por ejemplo. Yo me muevo despacio; mi mejor amiga, Val, que es una liebre, camina frecuentemente por delante de mí cuando vamos juntas a pie. Yo no puedo ir más aprisa y llego a nuestro destino unos minutos después que ella. Normalmente, ella ya lo ha averiguado todo y me da consejos. Yo antes intentaba seguir el ritmo de la gente, pero ahora ya no lo hago, y me siento mejor.

Y también como despacio. He aprendido a prepararme para las camareras que intentan arrebatarme el plato. Por si se me aproximan, estoy dispuesta a luchar contra ellas. Entonces brota de mis labios: «Todavía no he terminado», y se retiran. Hablo despacio, y mis pacientes están acostumbrados a esperar a que termine de racionar mis palabras por fin. Es posible que camine lentamente por la vida, pero consigo hacer bastantes cosas. Todo tiene que ver con el ritmo. Los introvertidos somos como los relojes Timex, que podemos «aguantar una paliza y seguir funcionando».

Ritmo significa establecer tu propio compás y luego proceder. Cuando lo haces, equilibras tu suministro de energía con las exigencias de tu organismo y así no terminas corto de combustible. Ritmo es también descomponer las actividades en medidas menores. Puesto que nunca corres ni correrás a toda velocidad por la vida, es importante que conozcas tus propios flujos y reflujos: cuándo y cómo trabajas mejor, cuánto tiempo adjudicar a los proyectos, y así. Es posible que tu ritmo sea diferente al de los demás; es muy importante aceptar este rasgo de tu naturaleza introvertida.

ADAPTARSE A LOS CAMBIOS

Los investigadores han averiguado que es frecuente que los introvertidos (tortugas) se adapten mejor que los extravertidos (liebres, caballos de carreras) a los cambios de la vida, como el envejecimiento, la jubilación, la enfermedad o los accidentes corporales. Los caballos de carreras están acostumbrados a galopar y a acumular trofeos. Como resultado de ello, a menudo tienen problemas para controlar un ritmo más lento. Por su parte, las tortugas están acostumbradas a medir bien su energía y a ellas les es más fácil adaptarse.

Si no te adjudicas un ritmo, puedes acabar sintiéndote tenso y agobiado, incapaz de hacer nada. Si lo pospones, empeora, y tal vez se produzca un «parón importante». En ese caso pueden caer sobre ti la ansiedad o la depresión. La ansiedad te pondrá frenético, te volverás olvidadizo, perderás la concentración y tu capacidad de pensar, mientras que la depresión te arrastrará al agotamiento y la desgana.

Lo gratificante de establecer un ritmo personal es que te permite hacer muchas cosas sin que te agotes hasta la extenuación. Planea lo que *puedes* hacer de todo lo que tengas que hacer, y luego establece el ritmo. Sigue trabajando hasta que hayas terminado. Si desarrollas un compás adecuado para tu vida, conseguirás evitar los parones, que pueden llevarte a la depresión y la ansiedad. Te será útil en todas las áreas de la vida.

Aquí van varias tácticas que te ayudarán a descubrir tu ritmo personal:

- Date cuenta de tus flujos y reflujos. Utiliza el momento en que tu energía esté más alta para hacer los trabajos más importantes o más difíciles. Cuando tu energía baje, termina las tareas más sencillas.
- Sé realista con tus objetivos. Vivimos en una cultura que nos dice que podemos tenerlo todo, lo que no hace más que añadir presión sobre los introvertidos. Concéntrate en lo que puedas lograr y disfrutar razonablemente, que desde luego no lo es todo.
- Elige cómo gastar la energía que tienes. Recuerda que solamente dispones de una cierta cantidad de ella.
- Descompón los proyectos en partes mucho menores.

Picos y valles

Es importante que seas consciente de tus ritmos corporales y de que tu energía llega a su punto más alto y luego decae. Hazte estas preguntas:

- «Por las mañanas, ¿me siento dinámico o cansado?».
- «A última hora de la tarde, ¿me siento relajado o tenso?».
- «Por las tardes, ¿cobro vida o toco fondo?».
- «¿Cuándo me gusta hacer ejercicio o tareas físicas?».
- «¿Cuándo me concentro mejor, por la mañana, por la tarde o a medianoche?».
- «¿Cuándo parece que mi cerebro esté más rendido o lleno de electricidad estática?».
- «¿A qué hora del día disfruto más de estar con gente?».

Si las respuestas a estas preguntas no te son evidentes enseguida, lleva un diario y controla tus niveles de energía durante una o dos semanas. Apunta cada día cómo te sientes al despertar. Toma nota de tus subidas y bajadas (añade divertidas etiquetas adhesivas que representen tus estados de ánimo). Por la mañana, ¿brillas o estás como sonámbulo? A las diez, ¿estás hundido o andando a zancadas? Al mediodía, ¿estás ansioso por empezar o simplemente despertándote? A última hora de la tarde, ¿te sientes atontado o lleno de empuje y vigor? Después de cenar, ¿tienes ganas de jugar a algo con los niños o estás listo para meterte entre las sábanas?

Como ahora ya tienes una idea de tus ritmos de energía, intenta organizar tu día de manera que utilices los picos de energía para tus trabajos más importantes y tus valles energizantes para actividades que sean menos agotadoras. Aunque tenemos ciertos ritmos, la energía fluye siempre, de manera que sigue evaluándote y adáptate cuando sea necesario.

Jill, una artista y psicoterapeuta a la que entrevisté para este libro, llevó su ritmo personal a lo científico. Durante años estuvo prestando atención a sus patrones energéticos y aprendió que trabaja mejor si concentra todas las consultas de la semana en tres días y solo recibe a sus pacientes de lunes a miércoles. Eso le concede cuatro días para pintar y relajarse en su precioso jardín inglés. También sabe exactamente a cuántos compromisos sociales puede acudir antes de tener una resaca social. Otra mujer a la que entrevisté, Courtney, me dijo: «Saldremos al cine el fin de semana, de modo que esta semana solamente tengo hueco para otro compromiso. El máximo nivel de emoción que puedo asimilar son dos actividades fuera de casa».

Courtney también es una maestra de sus propios picos y valles.

Edición limitada

> Lo que verdaderamente importa
> es lo que haces con lo que tienes.
>
> SHIRLEY LORD

Crecemos en una sociedad que fomenta el «tenerlo todo» y el «hacerlo todo» sin límites. Pero el hecho es que todos tenemos limitaciones, especialmente los introvertidos. Nosotros no disponemos de energía ilimitada; la nuestra está limitada y tenemos que pensar cuidadosamente cómo la empleamos. Esta píldora puede ser difícil de tragar; sin embargo, quizá haga que nuestra vida sea más valiosa. Cuando elegimos de forma consciente, eso nos permite apreciar de verdad lo que *podemos* hacer.

Muchas de las personas que entrevisté para este libro habían aceptado el hecho de que no tendrían tantos amigos, ni serían capaces de trabajar tanto ni de hacer tantas cosas como los extravertidos. Pero su amistad es más profunda, llevan a cabo un trabajo significativo y disfrutan con los momentos más simples, tranquilos y valiosos de la vida. Cuanto más capaz seas de valorar las ventajas de ser introvertido, tanto más capaz serás de aceptar el hecho de que tienes limitaciones. Eso no quiere decir que tengas un problema. El problema no es tener limitaciones; es el *significado* que les demos a esas limitaciones lo que nos provoca tanto dolor. Trata de darle un giro positivo a tus rasgos congénitos. Dite: «Tengo poca energía, pero eso es parte de mi naturaleza y a pesar de eso puedo hacer lo que es importante para mí». No te tortures por aquello que eres incapaz de cambiar: una vez que lo aceptes, este hecho puede ser muy liberador. Y recuerda: todos los seres humanos tenemos limitaciones, incluso los dinámicos extravertidos.

Una de las formas más rápidas de aceptar la ausencia de algo que desearíamos tener —pero que no tenemos— es reconocer la decepción.

UN COMPÁS MÁS LENTO

A veces creo que a los introvertidos nos hicieron para una época histórica anterior. Tengo una caja de zapatos llena a reventar de las floreadas y románticas cartas que se escribían mis abuelos paternos durante su noviazgo de tres años, desde 1896 hasta 1899.

Mi abuelo era contratista de puentes y viajó por todo el Medio Oeste construyendo puentes modelo Arrowback. Cuando estaba lejos de su novia, le enviaba una carta con el correo de la tarde en la que le hablaba de su día: sus reuniones de negocios y lo que vio desde las ventanillas del tren. Y ella escribía, en fino papel de vainilla con su maravillosa letra en tinta azul, sobre la música que había tocado, las amigas con las que había tomado el té y los jardines en los que había descansado. La vida tenía un compás más lento.

Una tarjeta de visita, que evocaba la vida de mi abuelo en el cambio de siglo, se cayó de una de las cartas: «Recibiré de 2 a 4 el domingo por la tarde».

La urbanidad social de aquella época cortés marcaba el ritmo de la gente. Un tiempo para hacer visitas, y luego un tiempo en el que no recibían. Para los introvertidos era perfecto.

Mucha gente quiere saltarse este paso; se llama negación. Pero si lo que haces es fingir que no te importa no tener ni la energía ni la aptitud para la conversación ingeniosa y rápida, mientras por dentro tu crítico interior te está martirizando, seguirás pensando que esa carencia te convierte en alguien diferente y menos valioso. Es muy decepcionante no ser una bola gigante de energía, pero si te permites sentir esa limitación, la tristeza pasará. En su lugar valorarás la energía eficaz que *sí* posees.

Compensaciones

Ni siquiera el más dinámico de los extravertidos puede hacerlo todo. Las compensaciones son importantes para cualquiera de nosotros. Todos tenemos que hacer intercambios y concesiones. Los introvertidos, sobre todo, tienen que hacer ajustes porque su limitada energía requiere que reduzcan sus actividades al mínimo. Si aprendes a hacer compensaciones con facilidad, eso te ayudará a sentir que tienes el control de tu vida y te permitirá mantener las cosas en equilibrio y en marcha todo el tiempo. Y elimina cualquier tendencia a sentirte como si fueses la víctima. El «no puedo» se convierte en «puedo hacerlo, pero voy a tener que desistir». Puedes elegir algunos de los sabrosos platos de la vida —un poco de esto y de aquello— sin sentirte desfavorecido.

Si tengo por delante un fin de semana muy social, por ejemplo, no programo ninguna otra actividad durante la semana. La semana siguiente, si tengo dos almuerzos previstos en mi calendario, no me apuntaré a ningún otro compromiso social. Para mí es como si fueran calorías: si el próximo fin de semana voy a ir a una cena sofisticada, recorto durante la semana y ahorro algo para el gran acontecimiento. Si tengo la fiesta de cumpleaños de mi nieto el sábado y también me han invitado a acudir a un almuerzo con mis amigas el domingo, pensaré en transigir. Puede ser que arregle reunirme con mis amigas solamente para el postre, o puede que decline la invitación. Como alternativa, podría decidirme a ir a la fiesta de cumpleaños un poco tarde y ser más observadora que participante; o podría ofrecerme voluntaria para hacer fotos. Las compensaciones te ponen al volante de tu propia vida y podrás ir tan rápido o tan lento como quieras.

Pájaro a pájaro

> Consigues que tu intuición vuelva cuando haces sitio para ella, cuando detienes el parloteo de la mente racional.
>
> ANNE LAMOTT

En el libro *Pájaro a pájaro*, una divertida guía de escritura paso a paso, su autora, Anne Lamott, recuerda una época de la niñez en que su hermano trabajaba en un reportaje sobre pájaros. Había tenido tres meses para escribirlo, lo había pospuesto y ahora debía entregarlo el día siguiente.

Estaba en la mesa de la cocina casi llorando, rodeado de carpetas con papeles y lápices y libros sin abrir sobre los pájaros, inmovilizado por la enormidad de la tarea que tenía por delante. Entonces mi padre se sentó a su lado, le puso el brazo alrededor de los hombros y dijo: «Pájaro a pájaro, compañero. Simplemente, tómatelo pájaro a pájaro».

Recuerdo cuánta fuerza me dio este fragmento cuando lo leí en 1994. Pensé: «Si escribo una página al día, al final del año podría tener un libro». Página a página, pájaro a pájaro. Parecía algo bastante posible.

Prácticamente todo puede hacerse descomponiéndolo en pasos pequeños. Sark, la extravagante escritora especialista en creatividad, nos explica en su libro, *A Creative Companion: How to Free Your Creative Spirit* [El compañero creativo. Cómo liberar tu espíritu creativo] que «los micromovimientos son pasos pequeñitos que de alguna manera nos mueven hacia delante». (Debe de ser otra introvertida, porque aconseja echarse muchas siestas). Lo grande de los pasos pequeños es que reducen inmediatamente el agobio; nos ponen en marcha. Cuando los introvertidos se ven enfrentados a una tarea abrumadora, se imaginan inmediatamente cuánta energía van a consumir en ella. Una estrategia de paso a paso reduce instantáneamente el miedo a no tener el suficiente aguante. Los micromovimientos nos dan el valor que necesitamos para no dejar de funcionar y para que no se nos ponga esa mirada vidriosa de la que hablé en el capítulo 1. Y lo más chistoso de todo es que cuando das un par de pasos pequeños, es muy posible que *quieras* dar más.

Una de mis pacientes introvertidas, Dru, estaba preparada para empezar a salir otra vez con hombres después de varios años intentando comprender por qué elegía a los que no estaban nunca disponibles. Se sentía agobiada y aterrorizada ante la perspectiva de conocer a nuevas parejas potenciales. Hablamos de la estrategia pájaro a pájaro. La primera semana después de haber tomado su decisión, Dru compró el *L. A. Weekly*, una publicación que enumera todos los «lugares adonde ir» en Los Ángeles y que incluye actividades para solteros. Marcó algunos que le interesaron. La semana siguiente fue a una librería y ojeó algunos libros de autoayuda enfocados en el tema de las citas románticas; *Dating for Dummies* atrajo su mirada y lo compró. Durante la tercera semana se apuntó a ir de senderismo con el Sierra Club para solteros. Acordamos que, si quería, podría iniciar una conversación con alguien o que simplemente siguiese con la caminata. Lo de hablar con otro excursionista ocurrió a la cuarta semana. Buscar trabajo o vivienda, reparar objetos, organizar una fiesta, decorar la casa: prácticamente cualquier actividad puede descomponerse en pasos pequeños y *factibles*.

Supón que tuvieras que buscar información para refinanciar tu vivienda (eso es una tarea que la mayoría de nosotros no apreciaría mucho). Deja que te muestre cómo puedes descomponerla en fragmentos manejables. Una vez tengas la idea, podrás modificar la estrategia según tu propia situación personal. ¿Cuál podría ser el primer pasito mínimo que podrías dar para empezar? Piensa en pequeño:

- Escribe el nombre del proyecto, «Refinanciación», en una carpeta.
- Piensa simplemente adónde podrías acudir para informarte: biblioteca, Internet o un agente de préstamos hipotecarios.
- Llama a un amigo que haya pasado últimamente por una refinanciación para que te dé sus recomendaciones.

- Pon una fecha límite generosa, pero realista, de cuándo quieres tener cumplida la tarea.

La clave es seguir moviéndote pasito a pasito hacia delante y recordar que puedes hacerlo. Por ejemplo, decide hacer una llamada de teléfono al día relacionada con el proyecto durante cinco días. Como mejor trabajan los introvertidos es dando micropasos diminutos.

Veamos este otro ejemplo. Mi casa tiene que estar limpia y recogida porque vivo y trabajo en ella. Mi despacho está en el piso de arriba, de modo que cada vez que subo o bajo llevo algo conmigo. Llevo mi collar de corazones arriba, a la cómoda del pasillo. Más tarde, si voy a mi habitación, lo llevo hasta allí. Esa misma noche, o la mañana siguiente, lo pongo en el joyero. La casa se mantiene recogida de esa manera, y yo no me siento abrumada por la tarea. Lo hago *todo* en etapas; conozco mi propio ritmo.

Y ahora llega lo mejor: mímate un poco. Después de haber completado un número predeterminado de pasos relacionados con la tarea, date un baño de espuma, escucha música a la luz de las velas o mira un partido de fútbol. Después de otros cuantos pasos, disfruta con tu película clásica preferida (cualquiera en la que esté Cary Grant es la mía). Una buena galleta va muy bien después de haber cumplido veinte pequeños pasos. Cuando hayas terminado todo el proyecto, cómprate ese libro que querías. Como he venido diciendo a lo largo de estas páginas, es importante encontrar el ritmo propio. Utiliza la estrategia de los micropasos y marca el ritmo que mejor te funcione.

PRIORIDADES PERSONALES

Todo lo que puedas mantener firmemente en tu imaginación puede ser tuyo.

WILLIAM JAMES

Conforme aprendas a entender tu temperamento y seas capaz de marcar tu propio ritmo, estarás preparado para el paso siguiente: establecer tus prioridades. En el libro de James Fadiman *Cómo suprimir las limitaciones*, su autor nos dice: «Vamos a empezar por el principio.

Establecer objetivos significa decidir un rumbo para tu propia vida». Para los introvertidos esto es una tarea decisiva, porque necesitamos aprovechar nuestra energía y encauzarla hacia lo que tenga más valor y mayor significado para nosotros. Las prioridades consolidadas nos ayudan a conseguir nuestros objetivos, desde las mínimas decisiones diarias hasta llegar a las elecciones vitales importantes, como escoger una profesión o una pareja o decidir cuántos hijos tener.

¿Qué significa eso para ti?

La mayoría de los introvertidos se preocupa por el significado. Piensa en las áreas diferentes de tu vida y en lo que es importante para ti. El significado es lo que hace que tu vitalidad siga adelante, lo que hace que tengas ganas de saltar de la cama por la mañana. Eso podría ser X, o podría ser Y. Una de mis pacientes, Pam, trabaja en la industria cinematográfica y entre película y película trabajaba de interina como auxiliar administrativa. Me dijo: «Tenía que encontrar un propósito, no podía ir a mi nueva oficina y simplemente teclear cartas todo el día. Empecé a imaginarme cómo podía fluir mejor todo ese lugar. Le conté mis ideas a mi jefe y él me dio la responsabilidad de redistribuir el departamento. Ahora me siento mejor, porque al salir de allí todo será más productivo».

Para Pam el significado era hacer que la organización funcionase mejor. Eso transformó lo que ella llamaba una experiencia «gris» en otra «arcoíris».

Para mí, el significado es ayudar a la gente a continuar lo que parece ser el propósito de la vida: crecer. Todas mis ocupaciones –profesora de guardería, bibliotecaria, entrenadora, psicoterapeuta y escritora– encarnan ese propósito: ayudar a la gente a crecer.

Una de las formas más rápidas de descubrir lo que tiene significado para ti es pensar en tu propia muerte. Intenta tomar nota de lo que te gustaría incluir en tu necrológica. Imagina tu vida como si fueras periodista. ¿Qué es lo que destaca en ella? ¿De qué te enorgulleces más? ¿Qué es lo que más cuidas? ¿Qué momentos de tu vida tienen mayor significado para ti?

Ahora haz una lista con algunas de las cosas que todavía no has aprendido, experimentado o completado. Pon por escrito aquello que te gustaría conseguir antes del fin de tu vida; todo es correcto, no te pongas límites. Apunta todas las ideas que pudieran ocurrírsete; siempre puedes cambiar la lista en un mes, o en un año. No estará grabada sobre la lápida de tu tumba. Mantén presente que la lista es *tuya* —con lo que quieres para ti mismo—, no lo que los demás esperan de ti.

Estos son unos ejemplos en los que han pensado mis pacientes: sentirme bien conmigo mismo por fin, sentirme como si hubiera seguido mi propio camino y aprendido a conocerme bien a mí mismo, pintar, escribir en un diario cada ciertos días, comprar un equipo para elaborar piezas de joyería, aprender a tocar el piano, recibir clases de navegación a vela, hacer un viaje a Inglaterra, hacer un viaje en un barco de vapor por el Mississippi, abandonar algunos de mis miedos y ansiedades, apoyarme a mí mismo con menos críticas, sentirme más a gusto con los asuntos económicos, trabajar para una organización benéfica, desarrollar relaciones nuevas o comer mejor y cuidarme físicamente.

Puede parecer una tarea abrumadora poner por escrito los objetivos. Tal vez surjan miedos: supón que no lo consigues, que no son adecuados o que no puedes pensar en ninguno. Podrías decidir que sería mejor adoptar la estrategia del avestruz que esconde la cabeza bajo tierra: enterrar todo el asunto y esperar ciegamente que lograrás todo lo que quieres; pero cuando haces esto, normalmente significa una cosa: que no estás al mando de tu propia vida. Enterrar la cabeza es como correr al lado de tu vehículo mientras otro lo utiliza.

Decide qué quieres realmente

1. El primer paso para comprender de qué va tu vida es poner por escrito tus objetivos en las áreas siguientes (puedes ir anotándolos según se te vayan ocurriendo):

   - Tu salud.
   - Tus planes de renovación.
   - Tu vida personal.

- Tu crecimiento personal.
- Tu matrimonio o tu relación.
- Tu profesión.
- Tus amistades.
- Tu creatividad.
- Tu vida social.
- Tu identidad espiritual.
- Tus aficiones y juegos.
- Tus ———.
- Tus ———.

2. Decide tus prioridades generales desde tus objetivos.
3. Pon por escrito algunos de los pasos que podrías dar con vistas a conseguir tus prioridades.
4. Haz una lista de los cuatro pasos que puedes dar esta semana. Recuerda que deben ser pequeños, un pasito después de otro.
5. Pregúntate qué barreras te frenan para alcanzar tus objetivos.
6. Pregúntate como puedes superar esas barreras.
7. Reevalúa tus prioridades. ¿Todavía quieres todo lo de tu lista o deberías modificarla un poco?
8. Recompénsate por todos los progresos que hayas hecho.

Una de las ventajas que tenemos los introvertidos es que por lo general nos conocemos a nosotros mismos muy bien. Al pensar en lo que tiene significado para nosotros y al reflexionar sobre los obstáculos que se nos ponen por delante, podemos concentrar nuestra energía en lo que verdaderamente queremos.

Este es un ejemplo de cómo seguí los ocho pasos:

1. ¿Cuáles son mis objetivos respecto a mi salud?

Fomentar mi salud de manera que me sienta tan animada como sea posible; mantener fluida mi energía durmiendo lo suficiente, comiendo alimentos nutritivos y haciendo ejercicios y estiramientos sistemáticamente.

2. ¿Cuál es mi prioridad general?

Poner más atención en mi salud comiendo bien, realizando ejercicio regularmente y durmiendo más.

3. ¿Qué pasos puedo dar hacia mis prioridades de cara a conseguir mi objetivo?

- Caminar cuatro veces por semana.
- Evitar mis dónuts favoritos.
- Dormir al menos siete horas cada noche.
- Conseguir tiempo el mes que viene para practicar yoga.

4. ¿Cuáles son los cuatro pequeños pasos que puedo dar hacia la salud esta semana?

- Caminar una vez esta semana.
- Cenar saludablemente dos veces, incluso si eso me mata.
- Apagar la televisión una noche a las diez.
- Mirar tres cintas de yoga y elegir una que me guste.

5. Barreras posibles

- No tengo tiempo para el ejercicio.
- Detesto ir a la tienda de comestibles, así que no habrá alimentos saludables en la cena.
- Me gusta relajarme viendo la televisión nocturna.
- No quiero tomar la decisión de cuándo encajar el yoga en mi horario.

6. Soluciones posibles para la próxima semana

- Apuntar en mi calendario las horas para el ejercicio con etiquetas divertidas.
- Concertar una cita con Mike para ir de compras. Cantar canciones clásicas de camino. Comprar una revista como recompensa.
- Apagar la televisión a las once de la noche. Poner música y encender velas.

- Poner un vídeo de yoga y practicarlo de una vez. Darme cuenta de cómo me siento.

7. Reevaluar las prioridades
- Empezar a caminar mientras escucho audiolibros (es más fácil).
- Sentirme más descansada cuando duermo más horas.
- Disfrutar del yoga, pero no estoy segura de que ahora mismo quiera que sea una prioridad. Practicarlo una vez más y comprobar cómo me siento.

8. Recompensas
- Me compré un libro que quería leer hace tiempo después de practicar yoga dos veces.
- Me felicité por dar pasos hacia mis objetivos.
- Me compré un yogur helado descremado después de mi cuarta marcha alrededor del lago en una semana.
- Tras tres semanas de dar pequeños pasos, me obsequié con un masaje.

Bien, ya sabes lo que quiero decir. Elige un área de tu vida y establece tus objetivos, prioridades, barreras y soluciones; luego reevalúa las prioridades después de unas semanas. Es posible que quieras abordar solamente un área, o dos, o tres, o añadir una que no hayas incluido, como la económica. Quizá quieras hacer de Escarlata O'Hara y pensar en ello mañana. Sea lo que sea lo que elijas, ten presente lo poderosa que puede ser esta estrategia.

DE CENTÍMETRO A CENTÍMETRO, DE METRO A METRO

Señor, dame la determinación y la tenacidad de las malas yerbas.

SEÑORA DE LEON R. WALTERS

Recuerda que esto es siempre un proceso en marcha. No hay problema si te equivocas; simplemente, empieza de nuevo. Es muy importante reevaluar. Continúa pensando en lo que te importa y tiene significado para ti. Comprueba cómo te sientes después de haber hecho algún progreso. Si hay algo en tu lista que no estés realizando, sopesa si realmente quieres hacerlo. ¿Es algo que crees que debes hacer o algo que *alguien* cree que debes hacer? (Recuerda que una de las ventajas de ser adulto por fin es ser capaz de elegir). ¿Es algo que te da miedo? (Si es así, da un «minimicropaso» hacia esa prioridad y observa cómo te sientes). ¿Quieres hacerlo, incluso si tienes miedo? ¿Quieres probarlo más adelante? ¿Podría ser algo distinto del miedo lo que te frena?

Carol, otra de mis pacientes, me contó que utiliza la estrategia de centímetro a centímetro no solo para establecer objetivos de largo alcance, sino también para los objetivos a corto plazo.

—Sé que tengo que equilibrar todos los fines de semana lo de conservar y gastar mi energía —me dijo—; de verdad que tengo que utilizar el tiempo sabiamente, así que establezco objetivos y prioridades el viernes por la noche. Pienso en cómo me siento, en qué acontecimientos tengo previstos el fin de semana y qué ha planificado mi familia —continuó Carol—, y me digo: «El lunes, cuando mire atrás al fin de semana, ¿qué habré hecho que me haga sentirme bien?». Esto me ayuda siempre a poner las cosas en perspectiva.

»Entonces decido lo que serán mis objetivos del fin de semana. Siempre intento incluir actividades de varias clases. Por ejemplo, podría elegir una actividad de cada una de las categorías juego, salud, familia y renovación. Luego escribo lo que deseo hacer, en caso de que me canse demasiado y no pueda recordar lo que quería del fin de semana.

»Mis notas podrían ser algo como esto: mi hija Beth y yo podríamos pintarnos las uñas de manos y pies una a la otra, Beth podría elegir un vídeo para verlo juntas, toda la familia podría preparar la cena y luego recoger y limpiar juntos el sábado por la noche. Lo compruebo con mi marido y solventamos cualquier diferencia grande que haya en nuestros planes; siempre podemos cambiar algunas de nuestras actividades para el siguiente fin de semana. Mientras yo tenga algo de tiempo para recuperarme y para pasarlo con Beth este fin de semana, me sentiré bien.

Recuerda que desarrollar tus objetivos y tus prioridades reserva tu energía para aquello que le aporte plenitud a tu vida.

LÍMITES PERSONALES

> Uno de los secretos de la vida es hacer caminos de baldosas con los escollos.
>
> JACK PENN

Ahora que ya tienes el ritmo perfectamente controlado y que sabes lo que quieres conseguir, es hora de comprobar que sabes poner los límites adecuados. Establecer límites significa poner límites alrededor de uno, diciendo «lo lamento, ahora mismo no puedo hablar, luego te llamaré», si no quieres hablar por teléfono, o «estoy muy liada la semana que viene, pero me encantaría reunirme contigo la siguiente», si ya tienes demasiados compromisos.

Nosotros, los introvertidos, nos sentimos a menudo culpables de no poder hacer más que lo que nuestro tiempo y energía nos permiten, así que nos rendimos ante cualquier demanda que se nos hace y no establecemos límites en absoluto. O bien somos incapaces de evaluar nuestro suministro de energía con exactitud y establecemos límites que son o bien demasiado firmes o bien demasiado laxos. Tenemos que regular el mundo exterior de manera que no nos invada y nos sobreestimule, pero que al mismo tiempo podamos participar en él. Habrá mucha gente que no comprenda la necesidad que tenemos de tiempo y espacio personales. Es difícil decepcionar a

---

PROTÉGETE

Estos son algunos motivos de que tengamos que poner límites personales a nuestro alrededor y erigir señales de *Stop*:

- Para protegernos.
- Para disminuir la estimulación.
- Para darnos espacio donde conservar nuestra energía, cumplir con nuestras responsabilidades y conseguir nuestros objetivos.
- Para generar la energía suficiente para salir al mundo extrovertido.

un amigo, decirle que no a un jefe que quiere que el proyecto se haga inmediatamente o negarse a atender la llamada de la profesora de tu hijo que pide voluntarios para una excursión de la clase. Lo que normalmente ayuda es hacer otra propuesta. Dile a esa persona lo que *no puedes* hacer y luego lo que *sí puedes*. Dile a tu amigo: «Hoy no puedo ir a almorzar contigo, pero ¿qué tal un café la semana que viene?». Sugiérele a tu jefe: «Puedo terminar la primera parte del informe esta mañana, y así tendrás unos cuantos días para revisarlo; luego puedo entregarte la segunda parte pasado mañana». Si puedes, ofrece un sustituto (un abuelo, amigo o pariente) que te reemplace en el colegio de tu hijo: «Yo no puedo ir a esa excursión al planetario, pero al abuelo de Jonah le encantaría ir».

Límites laxos

Ya simplemente estar vivo implica ciertos riesgos.

HAROLD MACMILLAN

Los seres humanos nacemos programados para contactar con nuestros padres, de manera que normalmente nos adaptamos a cualquier situación familiar en la que nos encontremos. Los introvertidos que crecen en una casa en la que todos los demás son extravertidos, o una en la que los padres son introvertidos pero les parece que no deberían serlo, de niños pueden sentir mucha presión para que sean «extravertidos». El niño introvertido puede ser criticado, avergonzado, o llevado a sentirse culpable por necesitar soledad o disfrutar con ella. Cara, que es profesora, me dijo: «Mi madre entraba en mi habitación, me quitaba de las manos el libro que estuviese leyendo y me hacía salir y estar con la familia. Nunca pude descansar a solas. Me preguntaba por qué estaba tan cansada y tan abrumada la mayor parte del tiempo. Yo necesitaba aislamiento, pero mi familia creía que los estaba evitando o replegándome en mí misma».

A Cara, como a muchos otros niños introvertidos, sus padres la convencieron de que *no debería* querer estar sola, sino que *debería* querer estar con la gente. No comprendía su baja energía ni podía relacionarla con la carencia de tiempo a solas.

Los niños que no se sienten aceptados toman uno de estos dos caminos. O bien deciden pasar por alto sus propios sentimientos y dejar que los otros influyan demasiado en ellos, moldeándose y reformándose continuamente bajo los deseos y necesidades de los demás, como el personaje que cambia de forma en la serie de televisión *Star Trek: Espacio profundo nueve*, o bien deciden fingir que su familia no tuvo influencia alguna en ellos. Como los adultos aprendieron de niños esos mecanismos para salir adelante, no son conscientes de ellos y sus reacciones son automáticas.

Los introvertidos con predominancia del hemisferio derecho del cerebro, de los que hablé en el capítulo 3, necesitan grandes cantidades de tiempo protegido para filtrar y ordenar, porque asimilan muchísima información inconsciente. Sin tiempo a solas, acaban por sentirse confusos y divididos internamente. Los del hemisferio cerebral izquierdo también necesitan tiempo para reponerse, pero no se les enturbia la mente si no lo consiguen. Sin embargo, podrían volverse muy retraídos.

Si a ti no te permitieron tener tu propio espacio tranquilo, tanto física como emocionalmente, cuando estés sobreestimulado, podrías:

- Sentirte caótico o carente de concentración.
- Sentirte atascado y carecer de motivación.
- Sentirte agobiado, con el cerebro turbio o lleno de interferencias.
- Sentirte víctima.
- Sentirte invisible.
- Ser autocrítico y oír duras voces internas.
- Tener la sensación de estar fuera de control o en una montaña rusa emocional.
- Tener un nudo en el estómago y sentirte nervioso.

Si experimentas alguna de estas señales de aviso, *detente* y ponte tu sombrero de pensar. Pregúntate si tienes que establecer algunos límites. ¿Te sientes confuso, inseguro? El miedo subyacente de las personas de límites laxos es que serán abandonadas si no hacen lo que quieren los demás. Frecuentemente sienten como si debieran hacer más por los demás, cuando en realidad tendrían que dejarlo y hacer *menos*. A veces llegan a creer que exigen tanto de ellos que se sienten víctimas.

Échale un vistazo a tu propio comportamiento. ¿Te estás olvidando de tus propias necesidades? ¿Intentas hacer más de lo que puedes? ¿Haces algo automáticamente para otra persona, sin comprobar lo que verdaderamente puedes o quieres hacer? Empieza por resolver qué límites tienes que establecer. Más adelante hablaré de algunos consejos para crear límites personales. Establecer límites es una forma poderosa de recuperar la propia vida.

Límites rígidos

Algunos introvertidos crecieron en familias en las que se sentían o bien completamente pisoteados o bien ignorados por sus padres —a menudo, alcohólicos, negligentes o maltratadores—. En ese tipo de hogar, los niños deciden levantar un muro, como si estuvieran construyendo un foso a su alrededor. Uno de mis pacientes, que ya ha superado los cuarenta y no se ha casado nunca, me dijo: «Cuando hacía algo que no le gustaba a mi madre, no me hablaba en varios días. Yo salía al jardín por las mañanas y me subía a mi nogal preferido; me quedaba allí hasta que se hacía de noche».

Según crecían, esos niños aprendieron a protegerse haciendo inflexibles sus límites, frecuentemente evitando a los demás o apartándose de ellos, lo que limita su capacidad de interactuar con el mundo que tienen a su alrededor.

Los introvertidos con predominancia del hemisferio cerebral izquierdo (de los que he hablado en el capítulo 3) a menudo también desarrollan límites rígidos. Valoran el pensamiento por encima de los sentimientos y de las relaciones interpersonales. Son como el señor Spock, de *Star Trek* (*Viaje a las estrellas*, o *La conquista del espacio*), que controlaba excesivamente sus sentimientos y siempre dependía de su pensamiento lógico. Individuos así utilizan el desapego como forma de protección. Pero eso hace que se pierdan algo importante: el pegamento de la conexión humana, los sentimientos. Algunas de las consecuencias de establecer límites rígidos son:

- Sentir las relaciones como algo exigente o invasor.
- Sentirse desamparado y desesperado.
- Sentirse atrapado e incapaz de ver las posibilidades.
- No tener la capacidad de crecer emocionalmente.
- Ser controlador; los demás lo ven como una «personalidad obsesiva».
- Parecer egocéntrico y crítico.
- Rechazar a la gente.

Si tiendes a establecer límites rígidos, podrías sentirte solo o enfadado con los demás. Podrías llegar a creer que son *ellos* la causa del problema. Tal vez te sea difícil relacionar la soledad que sientes con los límites que hayas establecido. Podrías no darte cuenta de que estás muy aislado tras tu muro.

Reflexiona un poco sobre cómo interactúas con tus amigos, tu familia y tus compañeros de trabajo. Pregúntale a alguien en quien confíes si le parece que tiendes a ser distante y crítico. Piensa si en tu niñez tenías que replegarte para sentirte seguro. Si resuelves que los rasgos de la lista anterior te describen, no te desesperes. Existen formas de reducir tus miedos de ser invadido o ignorado por los demás. Puedes desarrollar estrategias para protegerte sin tener que retirarte. Conforme aprendas a interactuar más con la gente, encontrarás una riqueza mayor y un aislamiento menor en tu vida. Hallarás que tu sentido de ti mismo es más fuerte, más motivado y más claro acerca de dónde y cómo quieres gastar tus energías. Merecerá la pena.

Consejos para crear límites personales

Establecer límites no es difícil, solo se necesita práctica. Lo complicado es aprender a volver a colocar tu medidor de consciencia en la posición alta, de manera que puedas establecer los límites adecuados:

ni demasiado rígidos ni demasiado relajados. A continuación te muestro algunos consejos que te ayudarán a fijar nuevos límites.

Consejo 1: *quizá quizá*

En lugar de responder al mundo con límites laxos (demasiado flexibles) o rígidos (demasiado inflexibles), funcionamos mejor con una capa protectora que se pueda transformar de permeable en impermeable según pida la situación. La piel de nuestro cuerpo es así: nuestros poros mantienen fuera algunas cosas y dejan entrar a otras.

Una manera de desarrollar límites más flexibles es ampliar nuestras suposiciones. Susan Patron es bibliotecaria infantil y escritora de numerosos libros, uno de ellos el encantador libro para niños *Maybe Yes, Maybe No, Maybe Maybe* [Quizás sí, quizás no, quizás quizás]. Ella es introvertida y comprende los «quizá quizá» de la vida. La he escuchado hablar sobre la necesidad que tiene de escabullirse a la pequeña cabaña que tienen ella y su marido en el desierto, donde puede pensar en lo que quiere hacer. En su libro, la hermana mayor —con su lema «¡Quizá!»— abre la puerta a infinitas posibilidades en cada situación que se le presenta a la familia «quizá». Ese «quizá» significa que el mundo no es en blanco y negro, que se basa en matices de gris.

Con frecuencia, los introvertidos sienten como si tuvieran que adoptar decisiones a la manera de los extravertidos, sin darse el lujo de preguntarse cómo se sienten y decidiendo qué hacer basándose en sus propios pensamientos e impulsos. Pero los «quizá» ensanchan el mundo y abren la toma de decisiones a muchas perspectivas, puntos de vista y posibilidades diferentes. Otro beneficio valioso que tiene el decir «quizá» es que concede a los introvertidos el tiempo de «improvisar» sus respuestas a algo. Para todo introvertido es difícil adoptar decisiones instantáneas. Por lo general, no podemos (porque estamos demasiado abrumados) o no debemos (porque necesitamos pensar bien las cosas, debido a nuestro sendero cerebral largo). Lo que a los extravertidos les parece evidente —dónde conseguir algo rápido de comer, por ejemplo—, a un introvertido cansado, que tiene la cabeza un poco nublada, puede parecerle una decisión monumental. Los introvertidos necesitan la holgura de los «quizá».

Recuerdo que cuando era adolescente, una amiga y yo estábamos hablando por teléfono sobre planificación y me dijo: «Déjame pensarlo y luego te llamo». Me sentí muy sorprendida. Vaya, estaba bien eso de pensar en algo y volver al tema. Me resultaba llamativo, porque frecuentemente no tenía las ideas claras sobre lo que quería hacer. Me sentía dispersa y presionada y tenía problemas para pensar cuando estaba rodeada de gente. A veces tenía varios compromisos sociales para el mismo día. Mi récord de todos los tiempos fue programar tres cenas para la misma noche.

Resultaba más fácil hacer planes cuando estaba lejos de la gente y me sentía menos presionada. Eso me daba tiempo para pensar en lo más adecuado para mí. Es muy poderoso decir que sí. Si quieres hacer algo, di que sí. También decir que no es muy poderoso. Si no quieres hacer algo, di que no. Si quieres pensarte la respuesta, di que quizá.

Consejo 2: «respuesta confusa, inténtalo otra vez» (la respuesta de la bola mágica)

¿Recuerdas aquellas bolas mágicas del tamaño de pomelos que usábamos en secundaria? Tengo una en mi consulta. Uno hace una pregunta, luego le da la vuelta a la bola y un pequeño triángulo con la respuesta flota en la pequeña ventanita circular que hay en ella. Si se siente extravertida, la respuesta es «Sí», «No» o «Sin duda». A veces responde de una manera más introvertida: «Ahora no puedo predecirlo. Concéntrate y pregunta otra vez». O bien: «Será mejor que no te lo diga ahora».

Un día caí en la cuenta de que mi proceso de recuperación de palabras era como las respuestas de la bola mágica. Parecía como si estuviese esperando que flotase el triángulo con la respuesta. Y cuanto más nerviosa me ponía porque no encontraba las palabras, tanto más tenía que esperar. Desde entonces he aprendido lo importante que es ser paciente. Casi puedo sentir cómo las palabras se amontonan en mi consciencia antes de asomar. Mi cerebro necesita tiempo para captar algunas palabras y relacionarlas con la información que está digiriendo. Ahora ya puedo relajarme. Pon en práctica este pausar y esperar, y las palabras aparecerán. Aprende a confiar en tu cerebro; luego ya podrás establecer tus límites.

Consejo 3: consultar con la almohada

La mayoría de los introvertidos absorbe muchísima información y la procesa a muchos niveles diferentes antes de aparecer con una idea o de adoptar una decisión. A menudo les gusta esperar hasta la mañana siguiente antes de comprometerse con algo. Ahora ya sabemos por qué es así. El neurotransmisor principal que utilizan los introvertidos, la acetilcolina, es también el neurotransmisor que les ayuda a almacenar información en su memoria a largo plazo durante la fase REM (que es cuando se sueña). Puesto que los introvertidos utilizan su memoria a largo plazo más frecuentemente que los extravertidos, tienen que consultar con la almohada sus decisiones para sacarle partido al modo en que procesan la información.

Oí una entrevista que le hicieron al director de cine Mike Nichols, en la que hablaba de este proceso inconsciente. Dijo que había aprendido a consultar con la almohada las ideas, y se refería a ello como «una pereza productiva».

A menudo los extravertidos nos presionan para que respondamos aprisa. No caigas en esa trampa. Practica lo de consultar con la

---

CONCÉDETE TIEMPO Y ESPACIO

- Permítete pensar en las posibilidades; casi siempre hay más de dos.
- Dile a la gente: «Me parece bien, deja que lo piense un rato», «Todavía no lo sé» o «Lo que me preocupa es...».
- No te sientas incómodo por tener una mezcla de sentimientos; es señal de salud mental.
- Permítete consultar con la almohada las decisiones; los cerebros introvertidos rumian las cosas por la noche.
- Deja que la respuesta flote en la bola mágica.
- No dejes que los extravertidos te presionen para responder rápidamente.
- Confía en tu cerebro.

almohada las ideas, proyectos o cualquier otra cosa que signifique utilizar el pensamiento complejo. Si tengo que adoptar una decisión, me recuerdo que los pros y los contras estarán más claros por la mañana. A veces me imagino que me voy a despertar por el sonido de los fuertes crujidos provocados por mi cerebro, que trabaja en alguna pregunta particularmente difícil.

Consejo 4: prueba a decir sí

Como he señalado anteriormente, por lo general, los límites rígidos se desarrollan en una fase temprana de la vida como respuesta a la sensación de que no está bien ser quien eres: un introvertido. No era correcto tomarse un respiro para calmar tus sobreestimulados sentimientos antes de poner a funcionar tu mente. Las personas cuya primera respuesta es por lo general decir que no probablemente en la infancia se sintieron importunadas, o fácilmente agobiadas. Como resultado de ello desarrollaron el patrón de decir que no sin pensar, de cara a protegerse. Cavaron una profunda zanja en la arena y no la cruzaron nunca. Pero decir siempre que no crea un abismo entre los demás y tú. Practica decir que sí; no dejes de decir que no, pero esparce unos cuantos síes por aquí y por allá. Una de las muchas ventajas de ser adulto es que podemos ser un *innie* y decir que sí a más oportunidades.

DECIR QUE NO

- Di que no con buenas maneras, pero firmemente, sin disculparte ni dar muchas explicaciones.
- Haz que tus propios planes sean la prioridad máxima: «Me encantaría, pero tengo que terminar este artículo».
- Agradece al otro: «Agradezco la invitación. Tú haces un buen trabajo en el hospital, pero desgraciadamente esta vez no puedo ir. Gracias por pensar en mí».
- Considera limitar tus síes, si es que tienes que decirlos: «Puedo ayudar en la venta de tartas, pero no puedo encargarme de hacer las llamadas».
- Date cuenta de que no tienes por qué aceptar todas las buenas ofertas; vendrán más.
- De vez en cuando di sí o no sin pensarlo mucho, solo porque sí, en algún asunto de escasas consecuencias. ¡Viva!

Podemos dejar entrar más sin que nos dañen, nos avergüencen o nos echen la culpa. Podemos decir lo que pensamos si nos hacen daño. Si alguien nos está avergonzando, podemos decir: «Parece que te es difícil comprender que yo necesite tomarme unos minutos para decidirme». Podemos tratar con gente invasiva dando respuestas directas: «¡Eh, que me pisas!». El no no es la única forma de permanecer seguros; el sí abre la puerta e invita a que ocurran muchas cosas buenas en tu vida.

Un sólido primer paso para que hagas más lento tu desenfundar el no tan rápidamente es que te observes durante una semana y te fijes en si tu primera respuesta a la mayoría de las peticiones es no. Si lo es, detente un momento, respira hondo y piensa en lo que sientes. Podrías estar inquieto, asustado o nervioso. En tu tocadiscos interno podría estar sonando «no me encierres tras la valla».

No tienes por qué brincar de miedo a decir que no automáticamente. Recuérdate que puedes tomarte un momento para considerar las opciones que tengas. Deja algo de espacio para respirar diciéndote que puedes decir «déjame que lo piense». (Quien se moleste porque te tomes unos momentos para pensar bien tu respuesta es la clase de persona con la que deberías utilizar el no). Imagínate las consecuencias de decir que sí. ¿Serían verdaderamente tan horrorosas? Prueba a decir que sí unas cuantas veces y ver qué sucede. Recuerda que a menudo puedes adaptar la situación a tus necesidades: «Me resulta imposible reunirme contigo justo después del trabajo, pero puedo pasarme un poco después». Y no te olvides de que siempre puedes cambiar de opinión y decir que no.

Consejo 5: prueba a decir no

Como ya he explicado, mientras que existimos aquellos de nosotros que decimos que no demasiado rápido, existen otros que se ven a sí mismos incapaces de decir que no a nada. Mientras crecíamos aprendimos a asociar el hecho de decir que no con los conflictos. Los conflictos nos ponen nerviosos porque hacen que aumente nuestra sensación de sobreestimulación. De modo que evitamos decir que no; pero puesto que tenemos que conservar nuestras energías, es importante aprender a decir que no. Hemos de emplear nuestra limitada energía en lo que más necesitamos o queremos hacer. Si no estableces límites, la gente podría no darse cuenta de que deben tenernos en consideración y nos pasarán por encima.

Para empezar a desarrollar límites más firmes, durante una semana fíjate en si tu primera respuesta a la mayoría de las propuestas y peticiones es sí. Haz una pausa y respira. Pregúntate qué quieres hacer *realmente*. Date cuenta de si te sientes asustado. ¿Es que tu miedo ha tomado el mando y te empuja a decir automáticamente que sí? Podrías sentirte inseguro, presionado y nervioso por tener que responder de inmediato. Ponte tu sombrero de pensar antes de responder. Recuérdate que es correcto darse tiempo a uno mismo y decir «todavía no estoy seguro». Piensa en lo que se te pide exactamente. Piensa en que es lo peor que te puede pasar si dices que no. Di que no unas cuantas veces y comprueba qué ocurre. La gente sana no te abandonará; si lo hace, mantente firme en el no.

Después de haberte dado cuenta de tus patrones durante una semana aproximadamente, estarás listo para los consejos avanzados para el no. Practica alguna de las estrategias que figuran en el recuadro de la página 249. Echa mano de ellas cuando necesites una respuesta.

POR QUÉ NECESITAS UN TRATO ESPECIAL

> La primera responsabilidad de un ser humano
> es darse la mano a sí mismo.
>
> HENRY WINKLER

En su libro *Better Boundaries* [Mejores límites], Jan Black y Greg Enns dicen que «el camino a los límites bien situados es un proceso natural que empieza por valorarse uno a sí mismo, y luego consiste en dar pasos hacia ser el dueño de la propia vida y protegerla». Establecer tus propios límites significa decidir a quién y a qué abrir la puerta, y a quién y a qué cerrársela. Es un proceso de cambio y clasificación conscientes. Los introvertidos necesitan intimidad personal, poner vallas por aquí y por allá.

Cuanto más capaz seas de valorar tu introversión y de disfrutar con ella, tantos más saltos darás hacia la autoaceptación, la comprensión y el crecimiento. Si te sientes una persona competente y encantadora siendo introvertido, conseguirás establecer tus propios límites.

Eres una persona única e irrepetible. No existe otro juego de genes que se hayan mezclado jamás como los tuyos, y no habrá ninguno en el futuro. ¡Eso es todo un pensamiento! Tú eres el «molde que solo se ha utilizado una vez». Trátate bien.

Puntos que considerar

Recuerda los tres parámetros:
▶ Ritmo:
  - Acepta tus limitaciones.
  - Sé consciente de tus ritmos energéticos.
  - Descomponlo todo en pasos diminutos.

▶ Prioridades:
  - Date cuenta de que siempre tienes varias posibilidades.
  - Elige lo que tenga significado para ti.
  - Evalúa continuamente tu lista de prioridades.

▶ Límites:
  - Protege tu identidad introvertida.
  - Establece límites diciendo sí, no y quizá.
  - Tómate tiempo antes de tomar decisiones.

CAPÍTULO

9

Alimenta tu naturaleza

Pero tu soledad será un apoyo y un hogar para ti
incluso en medio de circunstancias
muy desacostumbradas,
y desde allí encontrarás todos tus caminos.

RAINER MARIA RILKE

E n muchas sociedades, ir ajetreado de actividad en actividad e interactuar con montones de gente es algo altamente valorado; pero no nos funciona bien a los introvertidos. Cuando intentamos mantener el paso, nos vemos derrochando nuestras energías y en poquísimo tiempo nos quedamos sin ellas. Sin formas de renovarnos, podemos llegar a perder de vista nuestra especial naturaleza y la alimentación que necesita. Por tanto, es esencial que nosotros, para funcionar bien, creemos las pausas, la soledad y el entorno que necesitamos para restablecernos; de lo contrario, la vida se transforma en una larga experiencia de agotamiento.

Imagina que estás intentando utilizar un automóvil que se ha quedado sin gasolina. La única manera de hacer que se mueva es salir de él y empujarlo. A menudo los introvertidos intentan empujarse a sí mismos por la vida, por eso se quejan tan frecuentemente de sentirse fatigados. En un esfuerzo por ser más enérgicos, al igual que los extravertidos, a veces utilizan la ira (que bombea adrenalina), la ansiedad (que aumenta el ritmo cardíaco, la presión arterial, el azúcar y las hormonas del estrés), la cafeína (que estimula el sistema a toda máquina) o las drogas (por lo general, drogas como la cocaína, que aceleran el organismo). Si los introvertidos no se dan cuenta de que se están estirando de más, pueden llegar a enfermar. Ni siquiera son conscientes de que están funcionando a base de ansiedad y adrenalina hasta que sus cuerpos colapsan.

ALIMENTAR TUS RECURSOS NATURALES

> Lo que está detrás de nosotros y lo que está delante son asuntos ínfimos comparados con lo que hay dentro de nosotros.
>
> RALPH WALDO EMERSON

Alimentarse uno mismo significa darse los cuidados personales concretos que uno necesita. En su libro *La botánica del deseo*, Michael Pollan dice: «El tulipán es el introvertido entre todas las flores». Los tulipanes florecen todos los años; pero florecerán solo si tienen un período de hibernación anual para recuperarse. También necesitan la luz del sol, agua y fertilizante, que se los plante a la profundidad adecuada y en la posición correcta. En este capítulo hablaré de las condiciones especiales que *tú* necesitas para *florecer*.

Tu naturaleza es el todo o nada, como la del elegante tulipán. Esto no es algo de lo que avergonzarse. Si se dan las condiciones adecuadas, los tulipanes son resistentes y florecen más tiempo que muchas otras flores; pero no florecen en absoluto si no se dan esas condiciones. También los introvertidos somos así.

¿Por qué necesita nuestra naturaleza condiciones especiales? Como ya he mencionado en el capítulo 3, en nuestra fisiología predomina el lado «descansar y digerir» del sistema nervioso, el sistema a cámara lenta, de manera que cada parte de nuestro cuerpo intenta preservar nuestros recursos. Estamos hechos para la contemplación y la hibernación. En nuestros cerebros se disparan menos golpes de euforia de los de «sentirse bien». Mover nuestros miembros requiere más pensamiento consciente. Tendemos a tener bajos el azúcar en sangre y la tensión arterial, una respiración superficial, dificultades para dormir, dolores de cabeza debidos a la tensión y, de vez en cuando, nos sentimos agotados y desconcertados.

Como normalmente tenemos menos energía física, hemos de aprender a llenar nuestro depósito con gasolina de muchísimos octanos cada cierto tiempo. Además, debemos recargarnos conservando nuestra energía. Una de las maneras principales de hacerlo es silenciando la estimulación exterior y creando descansos. Sin embargo, muchos introvertidos se han sentido tan estigmatizados por el aspecto privado y reservado de su naturaleza que no se han dado tiempo para desarrollar prácticas eficaces de recuperación. ¡Es hora de cambiar todo eso!

UN PROBLEMA EN RIVER CITY

> Hay un problema en River City que empieza con B y acaba en R.*
>
> PROFESOR HAROLD HILL

En el musical *The Music man* (estrendo en España con el título *Vivir de ilusión*), ambientado a principios del siglo XX, el profesor Harold Hill habla con la gente del pueblo para que compren uniformes para la banda e instrumentos para sus hijos para así acabar con el «problema» de River City. ¿Y en qué consiste el cruel problema? Que los niños tienen demasiado tiempo libre. Con tanto tiempo ocioso, los niños pueden ir por mal camino.

Hoy, la creencia de que la ociosidad es caldo de cultivo para los juegos del diablo y la obsesión de mantener ocupados a los niños son incluso más fuertes que en la época de *The Music Man*. Sin embargo, para los introvertidos, el tiempo para reflexionar y sopesar no solo es bueno, sino necesario. Y además, como indica Anthony Storr en su libro *Soledad*, «la capacidad de estar solo es también una expresión de madurez emocional». La mismísima cualidad que se

---

* Se refiere al billar, ya que desde que han abierto unos billares en la calle principal, los niños de la ciudad pasan todo su tiempo libre allí metidos.

creía problemática, o que era un lastre, es en realidad una señal de salud psicológica.

APROVECHA TU ENERGÍA

La energía es el combustible que utilizamos para una vida bien llevada. Las últimas investigaciones nos han proporcionado evidencias valiosas acerca de cómo mantener nuestro combustible en niveles óptimos. El primer paso para reunir nuestra energía es comprender cómo y por qué sube y baja.

¿Qué quiero decir verdaderamente cuando insisto en hablar de la energía? La energía nos rodea por todas partes; normalmente es invisible, pero es lo que mueve el mundo. Todos los seres vivos necesitan gastar energía continuamente. Sin ella, nada puede vivir, moverse, trabajar o cambiar. La energía llega de muchas maneras, como la cinética, la eléctrica, la calórica, la sonora, la luminosa y la nuclear. Aunque es imposible sujetarla en las manos, podemos sentir la energía del sol cuando nos calienta y disfrutamos de su luz y podemos oír el poder de una ráfaga de viento o de una catarata que se precipita. Después de estar hambrientos y cansados, podemos sentir que nuestra energía y nuestra fortaleza vuelven cuando nos damos un banquete a base de alimentos nutritivos y descansamos durante un rato.

La termodinámica es la rama de la física que se ocupa de la energía. La primera ley de la termodinámica es que la energía puede transformarse, pero no crearse ni destruirse. La segunda ley es que cuando utilizamos o transformamos la energía (llamada «energía libre»), esta se vuelve desorganizada (lo que se denomina «entropía») y no podemos reutilizarla a menos que se organice otra vez. Es un ciclo continuo. Como resultado de ese ciclo, la energía cambia constantemente de un estado libre a otro de entropía, y vuelta a empezar. Los extravertidos convierten la energía desorganizada en energía libre al ir de un lado para otro por el mundo; los introvertidos lo hacen al quedarse quietos. (Cuando sientas alguno de los síntomas descritos en el recuadro «Crisis energética», es señal de que tu energía está desorganizada, y así es exactamente como te sientes: como si la electricidad estática estuviese fluyendo a través de tu cuerpo y de tu mente).

La naturaleza nos ha concedido a los seres humanos una multitud de formas de convertir la energía difusa en energía compuesta: podemos hacer ejercicio, consumir alimentos nutritivos, poner atención a nuestros cinco sentidos, practicar el yoga y la meditación, recibir un masaje o irnos de vacaciones y crear entornos que nos resulten restauradores. Podemos contactar con la familia y los amigos, concentrarnos en nuestro propósito en la vida y conseguir paz de espíritu por medio de la religión o la espiritualidad. La naturaleza nos presenta un surtido de maneras de alimentarnos.

CRISIS ENERGÉTICA

¿Te estás dando los descansos suficientes? Cuando tus reservas están bajas, es posible que tengas problemas para dormir o para comer y que sufras frecuentemente resfriados, dolores de cabeza, dolores de espalda o alergias. También podrías experimentar alguna de las señales que aparecen aquí. Esos avisos te dicen que estás atravesando por una crisis energética. Si experimentas alguna de las sensaciones que aparecen en la lista, tómate un descanso para recuperarte.

- Nervioso, inquieto, irritable y susceptible.
- Incapaz de pensar, de concentrarte o de adoptar decisiones.
- Confuso y desconcertado, dando palos de ciego.
- Atrapado y preguntándote por el sentido de la vida.
- Agotado, cansado, sobrecargado y reventado.
- Desconectado de ti mismo.

REAVIVAR LAS RESERVAS DE ENERGÍA

La energía llega de muchas formas; puede ser mental, de alerta, curativa, calmada, vital, activa, amorosa, sensorial y creativa, por enumerar solo unas cuantas. Aunque utilizamos muchas formas de energía, existen dos clases que los introvertidos necesitan alimentar constantemente en sí mismos: energía calmada y energía de alerta. La primera permite que nuestras activas mentes se silencien mientras recopilamos nuestros pensamientos y sentimientos. La segunda nos ayuda cuando estamos cansados o sobrecargados.

PARA RECUPERARTE TÓMATE UN DESCANSO

La mejor cura para una paciencia corta es un paseo largo.

JACQUELINE SCHIFF

Las investigaciones genéticas han demostrado que a los introvertidos les cuesta más tiempo que a los extravertidos reconstituirse cuando están agotados. ¿Por qué motivo? Las áreas receptoras del final de sus nervios son lentas a la hora de reabsorber los neurotransmisores. Dicho de otra manera, a los introvertidos les hace falta más tiempo de descanso para recuperarse.

DESGLOSE DE LOS DESCANSOS

Unas cuantas sugerencias para un descanso de quince minutos:

- Cerrar los ojos, relajar el cuerpo, visualizar una playa o el viento que sopla a través de los altos pinos.
- Dar un paseo corto.
- Estirarse y bostezar, hacer una siestecita corta.
- Beber una taza de té o un vaso de agua con unas gotas de zumo de limón.
- Mirar abstraídamente sin pensar en nada.
- Contraer los músculos y luego relajarlos; sentir la diferencia.
- Elevar los pies y ponerse una toallita fría o caliente sobre la frente.
- Recordar algo que haga sonreír (cualquier pensamiento en que aparezcan mis nietos me sirve).
- Mirar una página web divertida.
- Jugar a un videojuego, hacer un crucigrama, hojear una revista, leer un cómic, ojear folletos de viajes.
- Garabatear unas cuantas líneas en un diario.
- Jugar con un juguete de tus hijos.

Unas cuantas sugerencias para un descanso de treinta minutos:

- Echarse una siesta.
- Dar un paseo.
- Leer un artículo de una revista.
- Pedir algo por catálogo.

Como introvertido puedes evitar quedarte agotado mediante descansos, incluso si te parece que no los necesitas. Pon en tu calendario esos descansos y siestas breves. Utiliza un rotulador de color brillante y escribe «Descanso»: quince minutos cada dos horas. Luego pégalo a tu calendario, tómate esos descansos durante unas semanas y mira cómo te sientes.

Ted, un director de animación introvertido al que entrevisté, me dijo: «Yo solía esperar hasta que ya no podía funcionar y *entonces* me tomaba algún descanso. Parecía que nunca podía ponerme al día. Ahora hago descansos cortos en mi programación y veo que ya no caigo en los bajones por desbordamiento que me ocurrían antes».

- Ir al trabajo por la carretera más pintoresca.
- Planear una sorpresa para tu hijo o tu pareja.
- Localizar a un viejo amigo por Internet.
- Escaparse de la rutina y hacer algo en orden inverso (a veces me gusta comerme primero el postre, al estilo Mary Poppins).

Unas cuantas sugerencias para un descanso de dos horas:

- Ir a una librería y adentrarte en una sección que no hayas estudiado nunca antes.
- Llevarse una bolsa con el almuerzo y un buen libro a algún lugar pintoresco.
- Visitar un museo o un edificio histórico.
- Sentarse en un parque, un jardín o un terreno hermoso y soñar despierto.
- Dar una caminata y observar una puesta de sol.
- Intercambiar masajes de pies, de espalda o de cuello con tu pareja.
- Relajarse con una mascarilla, compresas frías para los ojos y música calmante.
- Hacer galletas y llevárselas a la oficina o dárselas a los compañeros de clase de tu hijo.
- Empezar un rompecabezas.
- Planear las próximas vacaciones.
- Mirar viejas fotos o películas caseras.
- Plantar flores donde puedas verlas desde la ventana.
- Golpear unas cuantas pelotas de golf.
- Hacer volar una cometa.

Los descansos son la mejor herramienta para generar energía calmada o de alerta, si sabes cómo tomártelos. Echa un vistazo al recuadro «Desglose de los descansos» para ver algunas sugerencias.

MINIVACACIONES

Debido a su compás, más lento, los introvertidos se sienten a menudo como si no lograsen conseguir lo suficiente, y como resultado de ello no se permiten tomarse más que un corto descanso. Cuando les sugiero a mis pacientes que dejen un día del fin de semana para pasarlo en la cama con el pijama puesto, sin hacer otra cosa que leer, ver telebasura y apoltronarse, generalmente me miran con escepticismo y dicen: «¿Y está bien pasarse *todo* el día en la cama?». Si lo intentan y no se sienten demasiado culpables por ello, a menudo se sorprenden de lo mucho mejor que se sienten. También puede ser muy revitalizante hacer algo completamente diferente. Por ejemplo:

- Alquilar tres películas antiguas y verlas, con descansos para pasear.
- Acudir a un festival de música de todo el día.
- Ir a un *spa* y recibir un tratamiento completo.
- Tomar el tren a otra ciudad, almorzar allí y tomar el tren de vuelta.
- Pasar el día con algún amigo y traer recuerdos.
- Pasar la noche en un hotel de tu propio pueblo o ciudad.
- Dar una caminata por donde haya flores silvestres; llevar lo necesario para un día de campo y sacar fotos.
- Dar un largo paseo en coche cantando al ritmo de tu CD favorito.

LA IMPORTANCIA DE LA RESPIRACIÓN

Te has pasado todo el día inspirando y espirando, pero podría apostar a que ni siquiera te has dado cuenta de tu respiración durante días, semanas y hasta meses. El oxígeno es el material básico de la vida. Eleva tu nivel energético entregando suministros vitales a tus músculos, conserva clara tu mente y mantiene tu sensación de bienestar. Todas las células de tu cuerpo lo necesitan. Cuando respiras, el oxígeno entra en tu organismo y sale de él el dióxido de carbono. Si no respiramos lo bastante hondo, nuestro nivel de oxígeno se agota y el dióxido de carbono asciende gradualmente y hace que suba la acidez de la sangre, lo que da como resultado una cabeza nublada, una sensación de atontamiento y una ansiedad mayor.

Date cuenta, sin criticarte, de cómo respiras normalmente. ¿Respiras superficial o profundamente? (Con frecuencia, los introvertidos respiran de forma superficial porque están en el sistema a cámara lenta, que hace más pausada también la respiración). ¿Son tus inhalaciones parejas o inspiras más aire del que espiras? ¿Se te levanta el pecho al respirar? ¿Aguantas el aliento? ¿Suspiras mucho?

La respiración profunda saludable se origina en el abdomen (justo debajo del ombligo), no en los pulmones. Practica la respiración consciente e intenta hacer alguno de los ejercicios siguientes para ver si te sientes más dinámico. Busca un lugar cómodo donde echarte

---

COLÓCATE EN EL LADO BUENO DE LA VIDA

Lo creas o no, los científicos han averiguado que nuestra forma de salir de la cama por la mañana influye en cómo nos sentimos durante todo el día. Lo ideal es que durmamos profundamente por la noche y según se acerca la mañana cambiemos a un sueño más ligero. Si nos despierta una alarma atronadora, nos administramos una dosis de cafeína y corremos por toda la casa antes de salir disparados por la puerta, ponemos en *tensión* nuestro cuerpo para todo el día. Si empezamos suavemente la mañana, nuestro cuerpo estará preparado para tener más energía y menos tensión. Prueba estos pasos durante varias mañanas y observa cómo te sientes:

- Prepara el despertador lo suficientemente temprano como para tener tiempo para ti mismo por la mañana.
- Despiértate con música suave de la radio.
- Incorpórate en la cama y sal de ella deslizándote despacio.
- Mira por la ventana que tenga la mejor vista y aspira la luz.
- Haz cinco minutos de estiramientos fáciles.

sobre un tapete o alfombra. Colócate una toalla doblada bajo la cabeza y un almohadón bajo las rodillas. Ponte una mano sobre el abdomen y la otra en el pecho, sobre el esternón. Ahora inspira profunda y ampliamente. ¿Cuál de las manos sube y baja más? El objetivo es que la mano del abdomen suba más alto.

Con la práctica podrás aprender a respirar profundamente desde el vientre de manera que se convierta en algo automático. Mientras sigues inspirando, eleva el abdomen. Espira mientras lo llevas hacia abajo. Visualízalo como si fuera un globo que se hincha y se deshincha cuando inspiras y espiras. Respira hacia dentro y hacia fuera a través de la nariz de manera rítmica. Al principio puede parecer un poco raro, pero con la práctica puedes llegar a ser bueno en esto de respirar desde el abdomen. Cambiar de solo llenar apenas tus pulmones con aire a la respiración abdominal hará que aumenten tu energía y tu calma. Tu cuerpo te lo agradecerá.

Puedes incrementar tu energía de alerta en cualquier momento del día con este ejercicio rápido de respiración profunda. Cierra los ojos. Inspira profundamente por la nariz y aguanta la respiración mientras cuentas hasta cuatro. Espira por la boca hasta contar seis. Repítelo varias veces. Date cuenta de cómo se siente tu cuerpo.

ALIMENTAR EL ESPACIO

Tu espacio sagrado es donde puedes encontrarte a ti mismo una y otra vez.

JOSEPH CAMPBELL

Leo a menudo que los introvertidos no son conscientes de lo que los rodea. Creo que es más bien lo opuesto. La mayoría de ellos son intensamente conscientes, de modo que se concentran de forma automática en solo unas pocas cosas concretas para contribuir a reducir la sensación de estimulación. Los introvertidos necesitan paz y tranquilidad para poder encontrar sentido en todos los datos que interiorizan a lo largo del día; si no, no pueden pensar. Imagina lo que sería intentar decidir adónde ir de vacaciones mientras estás de pie en la mediana de una autopista grande y abarrotada. Los ruidos, los zumbidos de los automóviles, el agobiante entorno hacen que concentrarse sea imposible. No se puede procesar información si uno está sobreestimulado. Eso es lo que una de mis pacientes llama tener «estática Philco» en el cerebro. Todo es ruido blanco y la recepción no es clara.

Cuanto más introvertido seas, tanto más necesitarás un entorno sereno para procesar los estímulos y para recargarte. ¿Por qué es tan decisivo este tiempo de procesado? Porque sin él se produce la sobrecarga de información. Las nuevas entradas aterrizan encima de las viejas y, de repente, alcanzas el umbral y te apagas. Colisión. Los circuitos están atascados; se instala el entumecimiento.

Mucha gente malinterpreta este fenómeno. Deja que me explique. He trabajado con muchos introvertidos que no creían ser muy listos. Irónicamente, alrededor del 60% de los superdotados intelectuales son introvertidos. El problema real es que se han pasado la vida en un estado de sobrecarga. Creen que no tienen «nada» en el cerebro cuando en realidad allí hay «demasiado». Sin embargo, si no son conscientes de la necesidad que tienen de darse tiempo para tamizar, organizar y reflexionar, pueden llegar a creer que son incapaces de pensar o, peor aún, que su cabeza está vacía.

¿Por qué ocurre esto? Imagina que tu introvertido cerebro es como el ordenador de un gran banco. Se pasa todo el día recogiendo enormes cantidades de ingresos, haciendo reintegros y procesando muchas otras transacciones de miles de clientes, poniendo esto aquí, almacenando eso allá. Por la noche, los empleados del banco manejan esas transacciones en lo que llaman «proceso de remesas». (Por eso en los extractos bancarios se dice que tu ingreso no se reflejará en tu cuenta hasta el día siguiente). Y por la mañana, ¡ya está!, tu ingreso figura en tu cuenta (con suerte).

¿Qué ocurriría si el ordenador del banco no funcionase por la noche? Que habría una congestión y un atasco graves. Las cuentas serían incorrectas; tu saldo podría ser demasiado alto o demasiado bajo; no conseguirías encontrarle sentido a nada. Los seres humanos somos igual: si no tienes tiempo para procesar los estímulos que absorbes, te atascas y se instala la congestión. Puedes sentirte confuso o quedarte «en blanco».

Los introvertidos necesitan tiempo sin interrupciones y espacio para hacer que sus pensamientos y sentimientos se organicen, para pensar sobre los puntos a favor y en contra. Solamente un tiempo para reflexionar les permite comprender lo que sienten realmente sobre algo y les da acceso a la información que han recibido inconscientemente. «Esa idea simplemente flotaba en mi cerebro», me dicen mis pacientes después de haber aprendido a darse más descansos.

Tras el tiempo de procesado, a algunos introvertidos les gusta hablar acerca de sus sentimientos y sus pensamientos con otra persona que sepa escuchar. Es posible que no necesiten comentarios ni observaciones. Si desean que les den una respuesta, con frecuencia ayuda resumir sencillamente lo que hayan dicho. De esta manera pueden valorar y aclarar su propio proceso mental. Empiezan a confiar en que pensarán en ideas útiles y soluciones creativas para los problemas. Es importante confiar en ese proceso.

Crea tu propio rincón o refugio

Cuando los introvertidos se pasan demasiado tiempo con otra gente, es posible que empiecen a agotarse ya solamente por la proximidad física. Pueden sentirse cansados en una multitud sin tener siquiera que hablar con nadie. Forjarse el espacio físico les proporciona la amplitud que necesitan para reorganizarse. La mayoría de los introvertidos necesitan su propio espacio personal, porque tienden a ser territoriales. Necesitan un lugar real que puedan considerar suyo; eso les otorga la sensación de controlar su propia energía.

El espacio para renovarse tiene que percibirse como algo seguro y cómodo, libre de muchedumbres, interrupciones, ruidos fuertes y exigencias. Si no está protegido y no es cómodo, más que proporcionar energía, se la lleva.

Imagina qué tipo de espacio percibes como confortable e inspirador. ¿Qué clase de entorno necesitas para reflexionar, para rumiar tus problemas, para inventar una fantasía, para paladear los recuerdos? A mi paciente Emma le gusta holgazanear por la casa recogiendo hojas secas de los helechos, reorganizando objetos y cambiando de sitio las alfombras sobre sus pulidos suelos de madera. Cuando te estás relajando, estás reduciendo la estimulación exterior y rellenando tus almacenes de energía.

Otra paciente prefiere recargar sus almacenes de energía envolviéndose en un montón de mullidos almohadones de plumas y sumergiéndose en una novela policíaca. Mi paciente David tiene un hogar muy activo con cuatro hijos y una esposa extraextravertida. «Mientras tenga mi despacho en el garaje donde pueda esconderme una hora, estoy bien», dice.

Una amiga mía tiene un pequeño refugio zen en el desván donde medita con almohadones, velas, imágenes significativas y fragancias.

Aquí van algunos detalles que deberías tener en cuenta cuando estés creando tu rincón o refugio personal:

- ¿Quieres un lugar en el exterior o en el interior? Uno de mis pacientes todavía se muere de ganas por su casita en el árbol. A mucha gente le encanta la sensación que dan una hamaca o una tumbona bajo la sombra fresca de un árbol. Otros prefieren muebles cómodos con almohadones mullidos y acogedoras mantas.
- ¿Qué clase de luz quieres, y cuánta? ¿Mucha luz natural? ¿Velas? ¿Luz suave de lámpara? ¿Sombras frescas?
- ¿Qué colores hacen que aumente tu sensación de bienestar?
- ¿Quieres silencio absoluto?, ¿música?, ¿sonidos de la naturaleza?, ¿un surtidor de agua? Recuerda que puedes utilizar tapones para los oídos, aparatos de sonido y auriculares.
- ¿Quieres tener cerca alguna mascota? (Puedes aprender de los gatos: son expertos en el reabastecimiento).

Si no puedes darte el lujo de tener una habitación especial propia, crea un espacio para ti con un biombo, con plantas o con una librería. Incluso una lona puede valer. Cuando mi paciente Rochelle estaba en quinto curso (tenía once años), dividió el dormitorio que compartía con su hermana colgando una colcha de chenilla del techo; era lo más parecido a una habitación propia que podía tener en ese momento. La cama llenaba el espacio casi por completo, pero era *su* espacio. Otra de mis pacientes se hizo una pequeña «salita de lectura» en un armario.

Recuerda que puede ser que necesites tipos distintos de espacio para momentos diferentes. Si has pasado demasiado tiempo dentro de casa, es posible que necesites la sensación de los espacios abiertos; sin embargo, en otros momentos podrías preferir ponerte cómodo junto a la chimenea. Existen muchas formas de crear un espacio personal en este mundo.

A menudo les indico a mis pacientes que cuando sientan que el mundo se les echa encima, se imaginen una burbuja o campo de fuerza alrededor de ellos. La sensación de tener protección de la estimulación exterior hace que su energía aumente enormemente.

Luz y temperatura del aire

Los cuerpos de los introvertidos parecen estar especialmente sintonizados con las fluctuaciones de la temperatura y con los ritmos de luz y oscuridad. Nuestros organismos son a menudo más difíciles que los de los extravertidos a la hora de ponerse en marcha por las mañanas (ahí está otra vez el viejo sistema a cámara lenta). Necesitamos la luz natural, sobre todo la luz brillante de la mañana, para que nos ayude a sentirnos despiertos. En la Universidad de Harvard, los investigadores estudiaron la relación entre la luz y el estado de alerta. Averiguaron que la gente se siente más dinámica durante todo el día cuando han tenido al menos quince minutos de luz brillante nada más empezar la mañana. La luz natural es vital para todos nosotros, pero sobre todo para los introvertidos, ya que estos funcionan con el lado menos dinámico del sistema nervioso. La luz natural regula los niveles de una sustancia similar a las hormonas llamada melatonina, que tiene un fuerte efecto sobre el estado de ánimo, el sueño y el sistema reproductor. Una cantidad insuficiente de luz puede provocar una acumulación de melatonina, que da como resultado la depresión y la apatía. Esta situación puede volverse bastante grave durante los meses de invierno y se le ha dado un diagnóstico real: trastorno afectivo estacional.

Existen formas de aumentar la luz que recibes. En casa o en el trabajo, siéntate cerca de una ventana. Según puedas, evita las luces fluorescentes (la forma de luz más antinatural). Sal al exterior para los pequeños descansos. Si vives en latitudes más al norte, utiliza bombillas de espectro lumínico completo o una lámpara que reproduzca la luz del día. Lleva otras lámparas al trabajo si tu despacho solamente dispone de una fuente de luz.

Te interesaría saber que los introvertidos tienden a enfriarse y quedarse helados con facilidad. Su temperatura corporal normal está frecuentemente por debajo del promedio de 36,8 °C. Su sistema a cámara lenta aleja la sangre de sus extremidades para ayudar a los órganos internos a digerir los alimentos, de modo que las manos y los pies reciben menos sangre que los caliente. Si los introvertidos sienten frío, podría ser todavía más difícil que salgan de casa. Al mismo tiempo, como es posible que no suden tan fácilmente como los extravertidos —sudar es la forma principal que tenemos los seres humanos de regular el sobrecalentamiento—, no funcionan bien cuando están recalentados. Todos los movimientos del cuerpo se hacen mucho más lentos y el pensamiento rechina hasta detenerse.

Los introvertidos disponen de un rango de temperaturas relativamente estrecho en el que se sienten cómodos. Para asegurar un funcionamiento al máximo, es una buena idea que:

- Te vistas en capas, de manera que te puedas adaptar a la temperatura.
- Lleves contigo un suéter o una chaqueta, incluso cuando no creas que te harán falta.
- Metas calientamanos en tus bolsillos.
- Lleves puestos calcetines finos con otro par más grueso sobre ellos, de modo que puedas quitártelos cuando se te hayan calentado los dedos de los pies.

- Lleves un calentador portátil o un ventilador al trabajo para equilibrar la temperatura ambiente y mantengas el aire circulando abriendo una ventana al menos un rato cada día.

TU NARIZ LO SABE

A diferencia de los demás sentidos, nuestro olfato tiene su propio sendero corto desde la nariz hasta el cerebro. ¿Has olido alguna vez un chicle y un recuerdo de la niñez voló por tu cabeza? Tenemos una reacción inmediata a los olores porque estos se procesan justo al lado del centro emocional y del centro de la memoria del cerebro.

Puesto que nuestro sentido del olfato consta entre nuestros sistemas más básicos, tiene efecto en nuestro sistema a cámara lenta. Cuando olemos perfumes que nos gustan, respiramos lenta y profundamente, de manera que absorbemos más oxígeno. Como ya hemos visto, estos dos procesos hacen que aumente nuestro nivel de energía. Existen evidencias de que los perfumes pueden mejorar también la concentración y el aprendizaje. En un estudio, a dos grupos de sujetos se les pidió que hicieran un rompecabezas. A continuación, uno de los grupos olió un perfume. Luego se les pidió a los dos grupos que volvieran a hacer los rompecabezas. El que había olido el perfume acabó un 30% más rápido. En otro estudio sobre la respuesta al estrés, a los sujetos que mostraban señales de estrés se les dio a oler brevemente una manzana especiada. Eso fue seguido de un aumento de las ondas cerebrales alfa, que indican un estado de alerta relajado.

En muchos lugares del mundo se utiliza la aromaterapia en combinación para tratar una gran variedad de enfermedades médicas y no médicas. En Gran Bretaña, por ejemplo, la aromaterapia a base de lavanda se utiliza para tratar el insomnio y el jazmín se utiliza para tratar la ansiedad. Y en un estudio que se hizo allí, cuando los que hacían dieta eligieron un aroma que les gustase para olfatear, ¡realmente perdieron peso con más facilidad! En Japón, el aroma de limón se dispersa por los sistemas de ventilación en algunos edificios de oficinas para aumentar la productividad.

Puedes disfrutar de los beneficios de la aromaterapia inhalando unas pocas gotas de fragancias de los aceites esenciales a los que mejor respondas. Pon un par de gotas en tu baño o ducha o utilízalas en un masaje o una manicura. Pon el perfume en un pañuelo y olisquéalo varias veces al día. O bien enciende varias velas perfumadas con aceites esenciales y deja que el olor flote por la casa.

Prueba varios olores de perfumes, colonias, especias y alimentos para calcular sus efectos en tu estado de ánimo y tu sensación de alerta. Una vez que hayas descubierto lo que funciona mejor para ti, puedes utilizar los olores concretos para crear el estado de ánimo que desees. Programa tu nariz enseñándole a que asocie un olor a una emoción. Por ejemplo, cada vez que te encuentres en un estado relajado y alerta, olfatea el olor de la mandarina. Muy pronto, cada vez que huelas mandarinas suscitarás en ti un estado de alerta y relajación.

OLORES REFRESCANTES Y VIGORIZANTES

Refrescantes	Vigorizantes
Lavanda	Menta
Rosa	Hierbabuena
Manzanilla	Cítricos
Geranio	Eucalipto
Sándalo	Ciprés
Vainilla	Romero
Hierba recién cortada	Flor de azahar

MOMENTOS MUSICALES

La música es tu propia experiencia, tus pensamientos, tu sabiduría.

CHARLIE PARKER

La música se ha utilizado desde los tiempos antiguos en todas las culturas como una fuerza poderosa para el cambio de humor y para mejorar estados emocionales. Los estudios muestran que mucha gente la encuentra más excitante que las relaciones sexuales. Puede animarnos, relajarnos o inspirarnos al movimiento. La música influye sobre el ritmo respiratorio, la presión arterial, las contracciones estomacales y los niveles hormonales, que a su vez afectan a nuestro sistema inmunitario. El ritmo cardíaco se hace más lento o más rápido para sincronizarse con el pulso de la música, y eso aumenta la oxigenación y altera las ondas cerebrales (recuerda las relajantes ondas alfa de las que he hablado).

Varios experimentos han mostrado que las preferencias musicales son sumamente idiosincrásicas: lo que es relajante para una persona puede ser chirriante para otra. Tus gustos musicales pueden cambiar de un día para otro, también; unas veces el *jazz* puede ser relajante y otras veces puede resultar molesto. Presta mucha atención a tus reacciones diferentes ante varios tipos de música. Toma nota de si un estilo particular te pone contento o triste, relajado o avivado. Si tienes el ánimo por los suelos, intenta elegir algo que combine con tu estado de ánimo. Poco a poco, cambia a una pieza de ritmo más rápido —*góspel*, *swing*, *rock*, *reggae*, *new age*, *country* o *jazz dixieland* pueden servir— y siente cómo las *nubes* van desapareciendo.

Puesto que a veces los introvertidos tienen problemas para seguir adelante, la música puede ser tu pistoletazo de salida. Puede ayudarte también a ponerte cómodo y relajarte. Distrae de las desagradables voces que parlotean en tu cabeza o de los recuerdos dolorosos y levanta un ánimo triste. Conforme te relajas, tus almacenes energéticos se convierten en combustible que puedes utilizar.

Tómate un tiempo libre para disfrutar de las notas de la naturaleza. Su música es refrescante, renovadora y reconfortante. Me gusta escuchar discos con sonidos de la naturaleza: una tormenta de montaña con viento, lluvia, chasquidos de rayos y estruendo de truenos. Después de escucharlo me siento electrizada. O puedes poner un comedero para pájaros fuera de la ventana y escuchar los diferentes cantos y trinos. Date una vuelta por la orilla del mar, por un bosque o alrededor de un lago y concéntrate en escuchar la animada música que toca la naturaleza.

Los estudios muestran que tararear, cantar y silbar también pueden mantenernos animados. Mejoran el humor y la conciencia y hacen disminuir la ansiedad. Piensa en cuántos padres les cantan suavemente a sus bebés de manera natural. Cantar aumenta el oxígeno y parece afectar a los neurotransmisores, así que canta en la ducha, o en el automóvil, o forma parte de un coro si te lo tomas así de en serio. ¿Te has dado cuenta de lo ligero que te hace sentir el cantar? Y no te olvides de silbar. Es un arte perdido; relánzalo frunciendo los labios y soplando. Estoy segura de que te sentirás más animado.

ESCUCHA A TU CUERPO

> El estado de ánimo de una persona es como una sinfonía,
> y la serotonina es como la batuta del director.
>
> JAMES STOCKARD

Como hemos visto, la acetilcolina, la serotonina y la dopamina son neurotransmisores que utiliza nuestro cerebro para muchas funciones mentales y físicas importantes, y es indispensable mantener su suministro a niveles óptimos. La única manera que tenemos de controlar nuestros neurotransmisores, además del uso de las drogas, es mantener nuestra salud física. Nuestro cerebro y nuestros neurotransmisores se ven afectados por la nutrición, el sueño, los niveles de estrés y el ejercicio.

Tentempié nutricional

> Comer es humano; digerir, divino.
>
> CHARLES T. COPELAND

Debido a la manera que está organizado nuestro sistema nervioso, los introvertidos metabolizan rápidamente los alimentos. Los alimentos entran, se convierten en energía y esta se gasta. Eso hace que sea difícil mantener constante el nivel de glucosa. Comer regularmente a lo largo del día proporciona una corriente continua de nutrientes que mantienen estable nuestro nivel de glucosa en sangre. Picotear evita los cambios de humor y los dolores de cabeza, así como la somnolencia. (Piensa en lo aletargado que te sientes después de una gran comilona).

En su libro *Your Miracle Brain* [Tu maravilloso cerebro], Jean Carper, una escritora médica altamente considerada, señala: «Algunos de los descubrimientos más emocionantes sobre cómo funciona el cerebro vienen de los nuevos conocimientos de la actividad de los sistemas de neurotransmisores». Luego continúa: «Conclusión radical: el tipo de neurotransmisores que fabrican y liberan las neuronas, y su destino definitivo en el cerebro, dependen en gran medida de lo que comas. Evidentemente, eso hace que la comida sea un regulador importantísimo del cerebro». Supongo que no bromeaban cuando dijeron «somos lo que comemos».

Aquí van algunas claves nutricionales para los neurotransmisores:

La acetilcolina es el neurotransmisor principal de los introvertidos. Hace que mejoren el aprendizaje, la memoria y la coordinación motriz, y también protege contra la enfermedad de Alzheimer. Los estrógenos aumentan la acetilcolina, de manera que durante la menopausia, cuando bajan los niveles de este neurotransmisor debido a la pérdida de estrógenos, las mujeres tienden a tener problemas de memoria. Las mejores fuentes alimenticias para aumentar la acetilcolina son el pescado (salmón, arenque, caballa, sardinas y otros), las yemas de huevo (una fuente excelente), el germen de trigo, el hígado, la carne, la leche, el queso, el brécol, el repollo, la coliflor y la lecitina.

La serotonina contribuye a calmarnos. Su pieza fundamental es el aminoácido triptófano, que se produce al consumir carbohidratos. Los carbohidratos son azúcares y están contenidos en alimentos como las féculas, los cereales, las legumbres, las verduras y muchas frutas. Vienen de dos formas —de liberación rápida y lenta— y afectan al azúcar en sangre y a la serotonina de maneras diferentes. Las barritas energéticas de caramelo y chocolate son carbohidratos de liberación rápida. Se descomponen rápidamente, haciendo que alcance su máximo el azúcar en sangre y aumentando la serotonina. Tu energía se dispara y luego cae en picado. Es posible que te sientas vigorizado justo después de comerte una de ellas pero que una hora después te sientas como si tu coeficiente intelectual hubiese caído cincuenta puntos. El yogur desnatado, por el contrario, es un carbohidrato de liberación lenta. Se descompone poco a poco y hace aumentar el azúcar en sangre y la serotonina más a la manera de una pastilla de liberación controlada. Consumir carbohidratos de liberación lenta en el momento adecuado del día puede ser calmante, porque la serotonina se liberará poco a poco. Es adecuado consumirlos por la tarde para calmarte y como tentempié a la hora de acostarte para que te ayuden a dormir. Lee sobre cómo funcionan los carbohidratos y cuáles son los mejores para comer. En la bibliografía he incluido algunos excelentes libros sobre nutrición.

La dopamina aumenta tu alerta y te hace sentir menos hambre. Su pieza fundamental es el aminoácido tirosina, que se libera en el torrente sanguíneo cuando consumes proteínas. La proteína da energía al cerebro y sacia el hambre bastante rápido, de modo que es una buena idea comer algo al principio de cada comida. El pescado, las carnes, los huevos, los lácteos, la mantequilla de cacahuete, ciertas legumbres y los frutos secos contienen proteínas. Estas se presentan como magra o como grasa. Consume a lo largo del día pequeñas cantidades de las más magras para mantener un buen nivel de energía.

Una sola palabra sobre el agua: *bébela*. Cada parte de tu cuerpo la necesita para funcionar. Al menos el 60% de tu organismo es agua, y los fluidos corporales se basan en ella. Pierdes agua a lo largo de todo el día y si te deshidratas, tu energía se hundirá; así que sigue dando sorbitos. Los nutricionistas recomiendan que se beban ocho vasos de agua al día. Tu cuerpo lo agradecerá y tú mantendrás todas tus células en un estado excelente.

Atrapa algunos zzzzzzz

El doctor William Dement, director de la clínica de trastornos del sueño de la Facultad de Medicina de la Universidad de Stanford, manifiesta: «Una cantidad considerable de estadounidenses, quizá la mayoría de ellos, ven mermadas sus capacidades funcionales por la privación de sueño». La falta de sueño aumenta la irritabilidad y los errores, embota los sentidos y reduce la concentración. Y lo más importante es que evita el sueño REM, el estado en el que soñamos y en el que almacenamos diariamente las experiencias en nuestra memoria a largo plazo. Si no dormimos lo suficiente, podemos perder este aspecto decisivo de la función cerebral. Si eso sucede, el miedo que tienen muchos introvertidos a que su cerebro esté vacío se convertirá efectivamente en una realidad.

Uno de los motivos por los que los introvertidos tienen problemas para dormir es porque su cerebro es muy activo. El flujo de sangre hacia las áreas de estimulación de su cerebro es mayor que en los extravertidos, y están bombardeados constantemente por una diversidad de estímulos, tanto del mundo interior como del exterior. No pueden apagar sus mentes, ni bloquear el mundo que los rodea, ni acallar las voces internas. Esto hace que frecuentemente les sea más difícil tranquilizarse, relajarse y conseguir las siete u ocho horas de sueño que los expertos dicen que necesitan.

Aquí van algunos consejos para atraer a Morfeo:

- Los introvertidos son generalmente muy sensibles a la cafeína, de manera que limita beber café a solo las mañanas.
- Instala cortinas opacas en las ventanas de tu dormitorio y utiliza tapones para los oídos o una máquina de ruido blanco para no escuchar los ruidos.
- Saca la televisión del dormitorio.
- Crea un ritual para ir a la cama que sea cómodo. Acuéstate y levántate a la misma hora todos los días.
- Mantén fresco el dormitorio.

- Si no puedes dormir, respira profundamente y dite que estás ayudando a tu cuerpo, que es lo que tú eres.

Ponte en forma

Los introvertidos son más sedentarios que los extravertidos. No están tan motivados para moverse y a muchos no les gusta hacer ejercicio; pero es importante encontrar una manera de estar en forma físicamente. Uno de los motivos de que el ejercicio sea importante es que aumenta el oxígeno en tu cerebro. Tus neurotransmisores y tu memoria funcionan mejor con más oxígeno. Asimismo, tu cuerpo es más fuerte y tiene más resistencia y flexibilidad si a los músculos se los tensa un poco. Por último, el ejercicio fortalece tu corazón y tus pulmones y mejora tu vigor en general, por lo que podrías sentirte más dinámico. Mi mejor sugerencia para hacer ejercicio es encontrar uno o varios que te gusten y escribir en el calendario que tienes una cita contigo mismo «para ponerte en forma». Entonces, como dice el anuncio, «simplemente, hazlo».[*] He visto que algunos introvertidos disfrutan con las actividades de grupo, pero la mayoría prefiere un deporte que sea también individual. El yoga, los estiramientos, nadar, las artes marciales, el levantamiento moderado de peso, bailar, patinar en línea, montar en bicicleta o deslizarse por ahí con uno de esos monopatines de aluminio que tienen ruedas de neón, todos esos son saludables. A mí me gusta caminar mientras escucho audiolibros. Manny, profesor de Lengua introvertido, prefiere caminar con sus dos cachorros, *Keats* y *Shelley*, que parecen dos bolas de pelo corriendo por la acera. Otro paciente hace remo y varios más juegan al golf.

Recuerda establecer tu propio ritmo. Es mejor hacer ejercicio tres veces por semana durante treinta minutos que hacerlo durante varias horas cada dos semanas. Es importante perseverar, porque dejar de practicarlo es muy fácil. Desgraciadamente, eso le ocurre a mucha gente. Como la mayoría de los introvertidos no experimentan la misma elevación de energía por el ejercicio que los extravertidos, y reciben golpes de euforia más leves de la experiencia, una vez que

---

[*] Eslogan famoso de Nike: *Jus do it* (N. del T.).

lo dejan es posible que tengan problemas para retomarlo. Recuerda por qué lo haces: para mejorar tu cuerpo y tu mente. Cuando acabes la sesión, date una recompensa: un libro nuevo, una ducha, un videojuego o una película.

TIENES QUE TENER AMIGOS

Los introvertidos se sienten aislados a menudo y, a veces, solitarios. Como ya he explicado, existen muchas razones psicológicas y fisiológicas complejas para esto; pero no podemos pasar por alto una de ellas: muchos de nosotros tenemos un círculo de amigos relativamente pequeño. A diferencia de los extravertidos, que consideran amigos a casi todo el mundo que conocen, nosotros creemos que todas las relaciones tienen que ser «profundas» y «significativas» para que sean auténticas. Pero ver más a los conocidos como amigos y aceptar que las relaciones satisfactorias pueden ser superficiales, así como profundas, hará que el mundo parezca un lugar más amigable. Tener más amigos también le pone picante a la vida; si no, podríamos caer en la misma rutina de siempre.

CÓMO PROGRESAR EN LA SECCIÓN AMIGOS

- Explícales la introversión a tus amigos extravertidos; eso ahorra sentimientos dolidos. Diles que es posible que necesites llamarlos o enviarles un correo electrónico cuando te sientes animado y que si no tienen noticias tuyas en varias semanas, no se lo tomen como algo personal.
- Explícales también la introversión a tus amigos introvertidos, porque es posible que no sepan mucho de su temperamento.
- Programa un almuerzo con un amigo al menos una vez cada dos semanas.
- De vez en cuando, invita a tu casa a un amigo, exponiendo claramente la hora de inicio y de fin.
- Aléjate de los *amigos* tóxicos.

Otro motivo para tener una mezcla de amigos es asegurarte una red de apoyo. Si un amigo no está disponible, o se muda lejos, o se muere, o si la relación se termina de alguna manera, nos quedamos sin el suficiente respaldo emocional. Eso es aún más cierto cuando vamos envejeciendo.

Necesitamos gente que pueda hablar de temas con los que disfrutamos o que nos parecen instructivos. Necesitamos gente que pueda hablar horas y horas de todos los temas, o solo de unos cuantos. Necesitamos amigos de libros y amigos de ideas, amigos con los que podamos estar en silencio, amigos con los que podamos hacer tonterías, amigos con los que hacer cosas: viajar, ir de compras, ver una película... Necesitamos amigos de todas las edades, desde niños pequeños hasta personas mayores. Necesitamos amigos introvertidos y extravertidos. Necesitamos amigos que comprendan a los introvertidos.

CULTIVA TU ESPÍRITU

> Nosotros no somos seres humanos que intentan ser espirituales;
> nosotros somos seres espirituales que intentan ser humanos.
>
> JACQUELYN SMALL

El crecimiento espiritual es importante para muchos introvertidos. Nuestro temperamento tiende a ser sincero y amante de la paz, de manera que las doctrinas de muchas religiones reflejan nuestros valores. Asimismo, muchos de nosotros queremos conocer el sentido de la vida. Podemos quedarnos atrapados en ver la vida a través de una lente pequeña. Las creencias espirituales nos ayudan a ver el panorama general y a equilibrar nuestro mundo interior con el mundo exterior. La religión puede hacer que el agobio disminuya, ya que proporciona guías y consejos prácticos sobre cómo vivir una vida satisfactoria. Sentir que existen más posibilidades sirve para eliminar cualquier sensación de depresión o de desesperación y nos da energía. Con frecuencia, nuestras creencias espirituales aportan el beneficio añadido de posibilitarnos disfrutar del compañerismo y de la comunidad en un entorno definido.

Las prácticas espirituales pueden ofrecer optimismo, una forma de salir adelante, sensaciones de paz y de bienestar general. Si en este momento no tienes sitio para ninguna religión o práctica espiritual y crees que merece la pena probar, o si quieres ampliar un interés incipiente y aumentar tu participación, prueba alguna de estas actividades: visita una iglesia o sinagoga y sopesa participar en ella. Lee un texto espiritual o religioso por las mañanas o pronuncia una oración corta todos los días cuando mires por la ventana. Únete a un coro parroquial. Apúntate a una clase de religiones del mundo. Haz algo amable para alguien a diario y no se lo digas a nadie. Agarraos de las manos y orad como una familia antes de cenar. Lee el libro de M. J. Ryan *Attitudes of Gratitude* [Actitudes de agradecimiento], que nos recuerda que debemos apreciar las pequeñas maravillas de la vida. Celebra los momentos especiales de tu vida escribiendo cada día tres cosas por las que estés agradecido. Da a los demás participando en obras solidarias durante las festividades, hazte hermano o hermana mayor o envía a un niño desfavorecido a un campamento de verano. Estas son solamente unas pocas del sinnúmero de formas de ofrecer voluntariamente tu tiempo, tu dinero y tu energía. Comprueba si te sientes enriquecido por estas prácticas.

En su libro *La biología del éxito*, el doctor Bob Arnot dice:

> Los estudios científicos, no anecdóticos, demuestran ahora que la oración hace maravillas con la salud. De los trescientos estudios sobre la espiritualidad publicados en revistas científicas, el Instituto Nacional de Investigación Sanitaria ha encontrado que el 75% demostraba que la religión y la oración tienen efectos positivos en la salud.

Si esto es un aspecto de tu vida que quieras alimentar de cara a llenar tus reservas de energía, cultiva unos cuantos hábitos espirituales en tu vida.

HAZ UNA DECLARACIÓN DE OBJETIVOS

Lo que todos tenemos que decidir es cómo somos valiosos, más que lo valiosos que somos.

EDGAR A. FRIEDENBERG

¿Qué le da sentido a tu vida? ¿Te gustaría marcar una diferencia? Todo el mundo ha nacido con un objetivo vital. Puede dar un poco de miedo creer que no tienes un objetivo o que no puedes pensar en ninguno, pero lo tienes y puedes. Muchos introvertidos quieren saber el motivo de que estén en este planeta (no tiene por qué ser salvar el mundo). Les ayuda a encauzar sus fuerzas interiores hacia lo que más los llena. Un objetivo claro da forma a la vida y le hace a uno sentirse más motivado y menos insatisfecho.

Puesto que es posible que los introvertidos no tengan tanta energía como los extravertidos para las actividades «en el mundo», para ellos es muy importante concentrarse en hacer lo que tenga más sentido. Asimismo, como las exigencias de la vida diaria los agobian tan fácilmente, podría no ocurrírseles pensar en lo que realmente quieren para sí mismos.

Quizá ya hayas expresado tu objetivo. Si no lo has hecho y te gustaría crear una declaración de objetivos, sigue las guías que te muestro más adelante; pueden ser muy útiles. Ten presente que tu objetivo no tiene que ser fijo, que puede cambiar con el tiempo.

Aquí van cinco preguntas para hacer que empieces con tu declaración de objetivos. (Si se te ocurren otras preguntas pertinentes, estupendo, utilízalas también). Toma nota de las respuestas, pero intenta captar lo primero que pienses. Juega con las ideas que estallen en tu mente. (Podría ayudar también referirte a los objetivos y prioridades que hayas establecido en el capítulo 8).

No te atormentes. Si lo que te viene a la mente es «quiero ser feliz», piensa en qué cosas concretas te harían feliz. A continuación, dispón tus ideas en un solo párrafo. Déjalo que se asiente unos cuantos días y luego dale vueltas otra vez. Recuerda que lo que escribas no es algo inamovible, que en cualquier momento puedes ampliarlo o cambiarlo.

1. ¿Qué aspectos de mi vida son los más importantes para mí?
2. ¿Qué me gustaría aportar al mundo?
3. En esta vida, espero que _____.
4. ¿Cómo puedo hacer que eso suceda en mi vida?
5. ¿Quién quiero que me acompañe en mi viaje?

Esto es lo que yo escribí (ten en cuenta que es solamente un ejemplo, no una respuesta *correcta*).

Mi declaración de objetivos

Mi objetivo en la vida es vivir conscientemente cada día, eligiendo lo que estimula el crecimiento en mí misma y en los demás. Espero que mi trabajo le proporcione a la gente maneras de comprenderse mejor a sí misma, con más compasión y agradecimiento por su condición humana. Quiero crear relaciones significativas basadas en lo mutuo, lo divertido y el crecimiento. Me gustaría dejar a los demás recuerdos de épocas locas, momentos conmovedores y sabiduría perdurable.

Intenta hacerlo. No tiene que ser perfecto, ni profundo, ni incluir siquiera una respuesta a todas las preguntas de la lista anterior. (te habrás dado cuenta de que mi ejemplo no lo hace). Solo tiene que estar hecho a *tu* medida; y siempre puedes enmendarlo y ponerlo al día más adelante. Tener una declaración de objetivos te ayuda a encauzar tu energía personal hacia lo que más te importa y a vivir con un significado basado en tus propios talentos y valores. Te ayuda a sentirte completamente vivo.

CUANDO SE ALIMENTA TU NATURALEZA

La felicidad no es una estación a la que llegar,
sino una manera de viajar.

Margaret Lee Runbeck

Imagínate a ti mismo como el tulipán que he mencionado al principio del capítulo. Mírate como una floración vibrante, digna, robusta, rica y milagrosa. Necesitas cuidados especiales que solo tú puedes proporcionarte. De alguna manera, es frustrante darse cuenta de que tendrás que mantener tu entorno muy cuidadosamente durante el resto de tu vida. Por otra parte, es emocionante saber que tienes el poder de cuidarte bien. Si alguna vez fracasas en el trabajo, solo tienes que volver a leer este capítulo y cambiar a la función de jardinerocultivador. Esto puedes hacerlo en cualquier momento y tan a menudo como lo necesites.

Puntos que considerar

Si llevas a cabo con regularidad todas o algunas de estas actividades para estimular la energía, estarás preparado para cualquiera de los obstáculos que la vida arroje en tu camino. Alimentarnos a nosotros mismos nos hace más fuertes, más felices, y aceptamos más el hecho de ser introvertidos. Te sentirás menos como un pez fuera del agua.

- ▶ Alimenta tu especial naturaleza.
- ▶ Toma nota de lo que parece que estimula tu energía y también de lo que parece que la agota.
- ▶ Cuando seas consciente de una sensación de calma y bienestar, estás en el camino correcto. Sentirse irritado y cansado son señales de que tienes que cambiar de estrategias.
- ▶ Los cambios pequeños tienen grandes recompensas.
- ▶ Emplea sabiamente tus energías.

Hacerse extravertido: que tu luz brille en el mundo

Tener miedo es una cosa; dejar que el miedo te agarre por la cola y te haga dar vueltas es otra.

KATHERINE PATERSON

Has reconocido que eres un introvertido y ya estás de camino a vivir cómodo contigo mismo. Ahora es el momento de ponerse otra vez un poco incómodos, y por una buena razón. Aunque quedarse dentro de los límites de lo conocido sería agradable, no siempre es práctico. Existen cosas que los introvertidos tienen que hacer que requieren algunas habilidades del tipo extravertido. Por ejemplo, si quieres buscar otro empleo, cambiar el médico de tus hijos o hacer nuevos amigos, necesitarás habilidades de extravertido. Yo no podría haber escrito este libro de no haber estado dispuesta a ir un paso más allá. Tuve que apretar los dientes y hacer llamadas telefónicas, salir y hacer entrevistas a la gente y hablar con grupos.

En ocasiones, todos tenemos que hacer algo extravertido para conseguir nuestros sueños y objetivos; todos tenemos que hacer incursiones fuera de lo habitual. Siempre podemos volvernos corriendo después.

Los extravertidos son como los faros, que están hechos para concentrar la energía hacia fuera. Su atención está orientada lejos de sí mismos, constantemente están analizando el entorno exterior. De ahí es de donde consiguen energía física y tienen golpes de euforia con la agitación de la dopamina. Los *innies* no tenemos tanta suerte. Estamos hechos como faroles, un resplandor leve que insinúa la fortaleza interior. Nuestra atención está puesta siempre en indicios internos. Cuando salimos al mundo real, tenemos que hacer las cosas de modo diferente. Tenemos que reducir nuestro brillo interior y encender otra llama, cuyo rayo debemos concentrar hacia fuera.

Los extravertidos se zambullen en el mundo a toda máquina, con una actitud intrépida que rebosa confianza. Son habladores, abiertos, espontáneos y siempre están listos para intentarlo prácticamente todo. Lo mismo que ellos tienen que aprender ciertas habilidades de los introvertidos, nosotros tenemos que aprender algunas de las suyas.

En este capítulo te indico estrategias para hacer que tus incursiones en lo extravertido sean tan suaves y estén tan libres de ansiedad como sea posible. Aprenderás a adoptar aspectos de la «actitud E» (actitud extravertida). Es una estrategia vital más ligera, más despreocupada y confiada; y, a pequeñas dosis y en períodos cortos, puedes utilizarla en tu propio beneficio.

LA ILUSIÓN DE LO CONOCIDO

En cuanto creemos que hemos establecido una vida cómoda, encontramos una parte de nosotros que no encaja en ningún sitio.

GAIL SHEEHY

Ya en la infancia y a partir de ella encontramos seguridad en lo que nos es conocido, habitual. Los niños de todo tipo de temperamentos se traerán consigo una mantita o un muñeco de peluche para que los ayuden con los sentimientos que les genera lo desconocido. El desgastado tejido les recuerda el calor del hogar, calma sus miedos e inquietudes. De adultos seguimos buscando lo conocido, puesto que nos ayuda a arreglárnoslas cuando nos sentimos agobiados. Los introvertidos, aún más que los extravertidos, se dan cuenta de aquello a lo que están acostumbrados y encuentran seguridad en ello. Absorber nueva información del exterior requiere energía.

Es posible que los introvertidos desarrollen una fantasía en la que si se sienten cómodos todo el rato, estarán bien; pero esa fantasía puede ser limitadora. Construyas tu vida lo cuidadosamente que la construyas, seguirás topándote con obstáculos, retos, trabas y sentimientos desagradables, y tienes que ser capaz de tratar con todo ello. Se necesita probar nuevos comportamientos y tolerar la extraña sensación de no ser uno mismo del todo.

Además, crecer significa sentirse un poco nuevo ante uno mismo. Es posible que una vida aislada te proteja de los sentimientos desagradables, pero también te limita de tener experiencias y conocer gente, algo que podría ayudarte y brindarte deleites que nunca imaginaste ni creíste posibles.

Permanecer demasiado cómodo nos provoca que perdamos aspectos de nuestra personalidad. Igual que los músculos no ganan fuerza cuando no se utilizan, hay partes de nuestra personalidad que no se fortalecerán a menos que se las ejercite de vez en cuando. Y lo que es más, puedes aburrirte o deprimirte sin tener informaciones y retos nuevos. Los miedos a ser abandonado, rechazado o decepcionado pueden aumentar, a menos que las experiencias externas positivas te recuerden que esos miedos no siempre se basan en la realidad.

Como introvertido, tienes que recordarte que aunque estés quemando combustible rápidamente cuando eres extravertido, también se consiguen nuevas ideas, relaciones y experiencias. El mundo es un lugar emocionante. A diferencia de los extravertidos, no serás capaz de proyectar tu luz a tu alrededor caprichosamente, pero podrás precisar las áreas sobre las que quieras concentrar tu energía «extravertida».

ATRAPAR CONFIANZA

El carácter consiste en lo que haces al tercer y cuarto intento.

JAMES MICHENER

Los introvertidos tenemos que sentir que podemos depender de nosotros mismos para apañárnoslas en un entorno que no es nuestro lugar natural. Hacer frente a un compañero de trabajo problemático, devolver a la tienda el producto que hemos comprado, presionar para una promoción, quejarse en el colegio de los niños o apuntarse a un club de lectura pueden ser grandes desafíos. Pero los desafíos están hechos para ser superados, y tener confianza en uno mismo es un buen lugar para empezar. Recuerda que puedes brillar como un extravertido y luego puedes bajar la intensidad y regresar a la calidez de tu farol. Cuídate mucho cuando tengas que ser extravertido y tómate descansos. Te compensará.

Muchos introvertidos se quedan en lo conocido y habitual porque no están seguros de que puedan arreglárselas en el mundo extravertido. A menudo se sienten agobiados y no pueden recordar sus propias habilidades cuando están de un lado para el otro. Podrían compararse con los extravertidos y llegar a la conclusión de que son insuficientes. Se repliegan para no sentirse mal consigo mismos. Los introvertidos pueden verse también atrapados en la idea, tan generalizada en nuestra cultura, de que nuestra valía personal se basa en lo que hacemos, no en lo que somos.

En su libro *Confianza y seguridad en uno mismo: cómo encontrarlas y cómo vivirlas*, la doctora Barbara De Angelis explica que «cuando basas tu confianza en *quien eres*, en lugar de en *lo que consigues*, has creado algo que nadie en ninguna circunstancia puede arrebatarte jamás» (las cursivas son del original). Esto es muy importante para los introvertidos, porque muchas de nuestras habilidades no se valoran en el mundo extravertido.

La confianza es una palabra frecuentemente malinterpretada. La gente piensa en ella de una manera extravertida: hacer cosas rápidamente, tener una energía muy alta y acumular una gran cantidad de logros. Pero si eso fuera cierto, solo la gente como los campeones olímpicos tendría seguridad interna. La naturaleza no ha diseñado el universo de esa manera, o la mayor parte de la humanidad quedaría excluida. Asimismo, piensa en todos esos triunfadores que parecen haber llegado a lo más alto, pero que aún así se comportan de manera autodestructiva, abusando de las drogas o del alcohol. Además, si tu confianza se apoya en aquello en lo que ya eres bueno, se vuelve difícil hacer algo nuevo. Para emprender actividades novedosas tienes que ser un principiante, y pasar por la curva de aprendizaje y ser torpe. La confianza basada únicamente en los logros limita tu habilidad de ampliar y abordar nuevas áreas de interés.

Consideremos el caso de Sean, un paciente nuevo de veintipocos años: «Mi mente es tan rápida que los demás no pueden seguirme el ritmo, y desde muy pronto me di cuenta de que puedo ganar pensando a la mayoría de los adultos —me dijo en nuestra primera reunión—. Soy como el *Correcaminos*, el personaje de dibujos animados; puedo revolotear alrededor de casi todo el mundo».

Algunas personas oyeron la bravuconada de Sean y la tomaron por confianza. En realidad, estaba asustado, y era impulsivo y resuelto. Tenía muy poca confianza en sí mismo y en su lugar dependía de su rapidez, a la que equiparaba con el conocimiento y la inteligencia. En su vida profesional, tenía problemas para llevarse bien con las figuras de autoridad y su carrera estaba en punto muerto. *Hacía* muchas cosas, pero no llegaba a parte alguna, por rápido que fuese.

Si solamente puedes sentir confianza cuando participas en una actividad que haces bien, ¿qué ocurrirá cuando *no estés* desarrollando esa actividad? Si solo te sientes seguro en tu papel de padre, ¿cómo te las arreglarás cuando tus hijos ya no te necesiten? O bien si la tuya es una profesión de asistencia ¿cuál será tu autopercepción cuando puedas ayudar a alguien? Si enfermaras, por ejemplo, ¿ya no valdrías nada porque no puedes lograr nada?

Existe una gran diferencia entre la confianza que se basa en los logros y la confianza basada en las cualidades interiores. Por eso es por lo que conseguir un objetivo concreto, como graduarse en la facultad, comprar un automóvil de capricho, conseguir aquel ascenso o tener cierta cantidad de dinero en el banco proporciona confianza, pero se pasa relativamente rápido. Las investigaciones indican que el aumento de satisfacción producido por un gran ascenso dura unos seis meses, como mucho. Para sentir seguridad en uno mismo necesitamos algo que esté siempre con nosotros. La confianza tiene que venir de lo que está *dentro* de nosotros, no de lo que hacemos *fuera*.

La confianza se apoya en un compromiso interior. Es un acuerdo que haces contigo mismo para aprender o para hacer lo que tengas que hacer de cara a alcanzar tus objetivos. Es la capacidad de ser decidido, curioso, tolerante con los errores y amable contigo mismo mientras aprendes habilidades nuevas. Nadie puede arrebatarte tu persistencia ni ninguna de esas cualidades.

Los introvertidos, sobre todo, tienen que pensar en sus habilidades internas, puesto que ellos podrían no tener tantos logros exteriores donde apoyarse como los extravertidos. A diferencia de Sean, los introvertidos no pueden ni siquiera engañarse a sí mismos diciéndose que tienen confianza. He aquí algunas de sus ventajas: la capacidad de concentrarse bien durante largos períodos de tiempo, de ser persistente, de tomar muchos factores en consideración, de dominar la información nueva, de esforzarse por hacer un buen trabajo, de reflexionar y crear de maneras imaginativas. Estas son solo unas pocas cualidades de una lista bastante impresionante, podría añadir. Si les indico a mis pacientes algunas de las cualidades que veo en ellos, por lo general se sorprenden. «Yo no había pensado nunca que esos aspectos de mí mismo fuesen valiosos», me dicen a menudo.

Entonces, ¿cómo puedes estimular tu cuenta de confianza introvertida? Solamente se necesitan algunas de tus dotes de observación. Imagina que tienes una cuenta bancaria de confianza. El saldo positivo de tu cuenta aumenta cuando emprendes una acción que te mueve hacia un objetivo o una prioridad tuyos. Visualízate ingresando algunas «monedas de confianza» en tu cuenta. Mejor aún, lleva un cuaderno de confianza y anota tus «ingresos». Cuando tienes miedo pero consigues hacer esa difícil llamada telefónica a pesar de todo, haz un ingreso. Añade otra moneda a tu cuenta cuando confíes en tus emociones y las valores. Si alguien te critica y consigues considerar sus comentarios objetivamente sin sobrevalorarlos («Tienen razón, soy un canalla por haber hecho eso») ni subvalorarlos («Se equivocan completamente, yo tengo razón»), echa unas pocas monedas en la cuenta. Después de que hayas decidido cómo responder a las críticas («Veo lo que quieres decir, pero creo que no me has comprendido bien; yo

SACÚDETE DE ENCIMA
ESE MODELO

Muchos pacientes con los que he trabajado se tensan cuando están nerviosos. Se les pone el cuerpo tan tenso como la piel del timbal de una banda de música. Decirles que dejen de sentirse ansiosos no sirve de nada, ni tampoco lo hace criticarse a sí mismos; solo se consigue que se tensen aún más. De modo que sugiero que hagan lo contrario de lo que normalmente hacen. Por ejemplo, cuando tenemos el cuerpo tenso, generalmente intentamos calmarnos a nosotros mismos; pero eso no siempre funciona, así que cambia el modelo. Tensa todo el cuerpo a propósito; luego suelta con un gran suspiro. Ahora sacúdete como hacen los perros después de correr bajo los aspersores en un ardiente día de verano. Sacúdete, sacúdete, sacúdete. Visualiza las gotas de agua que llenan el aire a tu alrededor. ¿Cómo te sientes ahora?

quería decir...»), haz otro ingreso. Cuando estés optimista, mete más monedas de confianza. Si tienes una decepción —no consigues el trabajo que querías de verdad—, permítete estar triste y desanimado unos cuantos días. Recuérdate que solo era un trabajo y luego ingresa un fajo de billetes en tu cuenta mientras envías otro currículum.

Imagina cómo te sentirías contigo mismo si realmente hicieras un ingreso cada vez que mostrases una actitud de confianza. En poquísimo tiempo habrías acumulado una cuenta considerable.

Ahora bien, cuando salgas a lo extravertido puedes mirar tu cuaderno de apuntes o bien visualizar un saldo enorme. El gran saldo es un recordatorio constante de que tienes la capacidad de trabajar por lo que quieres y de que puedes depender de ti mismo. Eres resistente; puedes pedir ayuda si la necesitas y ponerte otra vez de pie después de haber experimentado un obstáculo o una decepción.

CON UNO BASTA

> Cuando descubres que estás montado en un caballo muerto,
> la mejor estrategia es desmontar.
>
> DICHO DAKOTA

En general, los extravertidos no se pasan mucho tiempo atrapados en la rutina. Se marchan antes siquiera de pensar en ella. Pero para los introvertidos, seguir adelante puede ser como escalar el monte Everest. Como saben que cuesta energía extra salirse de su desgastado camino, y como no se ven recompensados con golpes de euforia por mover el cuerpo, les resulta fácil seguir asentados en su rutina. Se necesita menos energía para enfrentarse a lo conocido. Y si no están lo suficiente en el mundo, pueden llegar a suponer que tienen más problemas que los demás, con lo que se refuerza la idea de que algo les ocurre. Se sienten todavía más avergonzados y debido a ello aumentan su aislamiento. Con frecuencia, los introvertidos no se dan cuenta de que la vida tiene tensiones y esfuerzos inherentes a ella y de que todo el mundo lucha de una manera o de otra.

Dicho esto, ¿qué puede hacer un introvertido si se queda atrapado en la rutina? Es posible que esto te sorprenda, pero hacer *una* cosa diferente puede serte de ayuda para que efectúes cualquier cambio que quieras hacer. Es como tirar una piedra a un lago: las ondas se extienden por el agua alterando toda la superficie. Prueba lo siguiente:

- Precisa exactamente el patrón que quieras cambiar.
- Haz algo de manera diferente.
- Prueba una solución que hayas utilizado con éxito en otra situación.
- Utiliza la paradoja. Piensa en cómo podrías hacer que el problema fuese peor. Pueden darse soluciones nuevas.
- Concentra tu atención en lo que te gustaría que hubiera ocurrido, no en lo que está ocurriendo.
- Felicítate por tener éxito. Es muy liberador hacer algo fuera de la rutina habitual.

Así es como puede funcionar esta técnica en la práctica: mi paciente Alex vuelve a casa del trabajo todas las noches y ve la televisión, pero le gustaría cambiar este patrón de conducta y salir al menos una noche a la semana. Como le es difícil darse el empuje para salir de casa una vez se ha resguardado en ella, le sugiero que vaya a algún sitio directamente desde el trabajo: a ver una película o una exposición en el museo, a tomarse un café con un compañero de trabajo, a ver escaparates en el centro comercial... A continuación le pido que se imagine cómo se sentiría si no pudiera salir de casa durante las siguientes tres semanas. Esto es frecuentemente un buen motivador sorpresa, porque elimina el miedo. De repente, puede pensar en mil sitios a los que le gustaría ir. Seguidamente, lo animo a que se imagine a sí mismo en un campo de prácticas ensayando algunos golpes de golf, o en cualquier otro de los sitios divertidos de su lista, que también incluye el planetario, la librería y los paseos artísticos de los jueves por la noche. Le pido que los ponga por escrito todos ellos en una página que titule «Travesuras del fin de semana» y que la guarde en el trabajo o en su vehículo de manera que pueda refrescarse la memoria sobre sus posibilidades. En efecto, finalmente va a una interpretación leída en la biblioteca y disfruta con ello.

Muchos introvertidos se sienten inquietos durante las transiciones, que ellos experimentan como períodos de incertidumbre. Se ponen especialmente nerviosos cuando salen de su casa. Se anticipan a lo que podría salir mal y saben que necesitarán más energía. Asimismo, se preocupan por su capacidad para manejarse en un entorno desconocido. Frecuentemente tienen miedo de dejarse olvidado algo que podrían necesitar. Por ejemplo, mi introvertida paciente Holly me dijo que cuando se está preparando para salir, le ocurre mucho que no puede encontrar las llaves ni su PDA, o que se olvida de varias cosas importantes y tiene que volver corriendo a la casa varias veces. Ambas situaciones le hacían ponerse sumamente nerviosa. Holly y yo hablamos de cómo podría cambiar esa situación.

Le pedí que fuera consciente de todos los pasos que daba mientras se preparaba para salir de su casa. Cuando volvió la semana siguiente, me habló de todo lo que salió mal. Le pregunté si había algún momento en el que el proceso pareciera fluir mejor. Me contó cómo se preparaba para ir al gimnasio:

—Doy vueltas por la casa, recojo mi ropa de gimnasia, mi reproductor de música, la botella de agua y el resto de mi equipo y lo pongo todo en mi bolsa de deporte junto a mi bolso al lado de la puerta de entrada. Luego, todo lo que tengo que hacer es recoger la bolsa y salir.

Le pregunté si podría utilizar cualquiera de esos pasos en otras situaciones. Entonces se le ocurrió la idea de instalar una «zona de preparación» cerca de la puerta de entrada:

—La noche antes de salir, puedo andar por la casa recopilando todo lo que necesito.

Y luego les decía a sus hijos que no tocasen nada. Creía que eso rebajaría su inquietud por el miedo a olvidarse de cosas importantes.

Por último, le pedí que se imaginase a sí misma saliendo de su casa en un estado mental relajado y que se recordase que tenía todo lo que necesitaba. Holly me informó de que durante unas cuantas semanas después encontró más formas de abreviar su «preparación» y que ya no se sentía tan nerviosa al salir de su casa.

Cuando los introvertidos hacen diferente cualquier parte de una rutina de salida, se intensifica su conciencia; eso evita que circulen con el piloto automático de la ansiedad puesto.

JUEGA ESPONTÁNEAMENTE CON LA VIDA

«La vida es solo un sillón lleno de cuenquitos», como dijo la escritora y artista Mary Engelbreit. Se cree frecuentemente que a los extravertidos les encanta la diversión y que estar de un lado para el otro por el mundo les entretiene. En el lado opuesto, los introvertidos se toman demasiado en serio a sí mismos con mucha frecuencia. Es posible que los hayan criticado de niños por hacer tonterías, así que no muestran ese lado de sí mismos. Además, como son inhibidos y no les gusta llamar la atención sobre sí mismos, pueden asociar el hecho de ser juguetón con sentirse estúpidos, sobreestimulados y agotados. Sin embargo, el juego y la espontaneidad hacen que aumente realmente nuestra vitalidad, unen a la gente, hacen la vida más gratificante y amplían nuestro horizonte. Sin alegría de vivir podemos ser demasiado solemnes y apáticos.

Jugar significa concederse el espacio donde cualquier cosa es posible. Date cuenta de cómo los niños amontonan los bloques de madera hasta que se derrumban y se esparcen por el suelo según algún patrón improbable. Los niños están emocionados: ha ocurrido algo nuevo. Las investigaciones sobre la infancia han mostrado que uno de los vínculos más importantes entre padres e hijos es la capacidad de jugar. Es el pegamento que mantiene unida a la gente. El juego también libera tensiones, desbloquea el pensamiento creando enlaces nuevos entre las ideas y orea las telarañas del cerebro.

Cuando hago alguna presentación, empiezo por agradecer al grupo su invitación y luego digo «esperad un momento, ojos cansados, ya sabéis», y meto la mano en mi bolso para sacar mis gafas de Groucho Marx. Cuando miro al público, la mayor parte de la gente se ríe o está sonriendo. Nuestro ánimo se eleva y logramos una sensación de cohesión de grupo.

Por mucho que los introvertidos necesitemos jugar, un espacio espontáneo puede sentirse también como algo amenazador porque significa incertidumbre. Aun así, la vida es insegura y muchas de las golosinas que nos ofrece provienen de ese mismísimo hecho. Muchas cosas ocurren por casualidad, por pura suerte. Camina por una ruta nueva y podrías encontrar a tu futura esposa. Para ir a lo extravertido se necesita la capacidad de tomarse las cosas con calma y disfrutar de las sorpresas de la vida.

He visto que la mayoría de los introvertidos tiene un lado juguetón, incluso si no se dan cuenta de ello. Una actitud divertida ayuda a que rebajen su miedo y el agotamiento de sus energías. Para ayudarte a estar en contacto con tu lado más juguetón, apunta cinco cosas que siempre hayas querido hacer secretamente, algo fuera de tu rutina habitual. Piensa con originalidad. Aquí van algunas sugerencias:

- En un restaurante, pide una comida que no hayas probado nunca, como los caracoles.

- En sábado, quédate levantado hasta muy tarde, o levántate muy temprano, lo que para ti sea diferente.
- Mira algún musical clásico que no hayas visto nunca: *Cantando bajo la lluvia*, *Vivir de ilusión*, *Oklahoma*...
- Con los ojos cerrados, echa una moneda en una fuente y pide un deseo.
- Con tu familia o un grupo de amigos íntimos, juega a un juego como *Tabú*, *Twister* o alguno de mímica.
- Haz un viaje imaginario por Nepal, Tahití, Rusia o el Amazonas. Imagina cómo olería, cómo se sentiría, qué parecería y cómo sonaría. Piensa en las extrañas comidas que podrías comer allí. ¿Qué tal serpiente asada? Imagínate cómo sabría.
- Haz algo que siempre hayas querido hacer cuando eras niño pero eras demasiado pequeño para ello, o tus padres no te dejaban, o no podías permitírtelo. Para mí era tener una casita de muñecas. Utiliza la experiencia para crear lo que quieras para ti mismo.

Se pueden encontrar maneras divertidas de acometer el día a día. Yo tengo un bolígrafo rosa cuya parte de arriba se ilumina cuando escribo con él. También tengo uno que parece una zanahoria naranja que se contonea. Nunca deja de asombrarme que la gente —incluso la gente muy seria— se ponga de repente muy animada al ver mis ridículos bolígrafos. Siempre se ríen y me hacen preguntas acerca de ellos. Eso le da bríos a mi vida, y creo que también a la de ellos.

Consigue tiempo para jugar y no te tomes las cosas demasiado en serio. Agradécete tus puntos fuertes lo mismo que tus limitaciones. Disfruta de tu lado espontáneo.

SIETE ESTRATEGIAS PARA EXTRAVERTIRSE

> •
>
> Uno debe hacer siempre las cosas
> que uno cree que no puede hacer.
>
> ELEANOR ROOSEVELT

Al estimular tu confianza, salir de la propia rutina y aprender a jugar, te habrás preparado para enfrentarte al mundo exterior. Aquí van siete estrategias que pueden hacer más gratificante la aventura.

Estrategia 1: actúa sin pensar

A los extravertidos les gusta hablar (y, como consecuencia, se los escucha más que a los introvertidos). Sin embargo, no les gusta escuchar durante mucho tiempo y pueden dejar de prestar atención a los introvertidos si estos hablan lenta o dubitativamente. Algunos extravertidos creen que los introvertidos no son muy listos, o que son insulsos, debido a sus voces suaves y a su capacidad de ver ambos lados de un problema. Si tienes años de experiencia sintiéndote ignorado, o pasado por alto cuando hablas, o si crees que atraer la atención de la gente requiere demasiado esfuerzo, eso podría provocarte desánimo a la hora de expresarte. Es posible también que te haya hecho sentir aislado. Lo sorprendente es que unos pocos trucos sencillos pueden crear una gran diferencia. Prueba a hacer este ejercicio dos veces por semana, durante tres semanas, en los días que te sientas plenamente animado. Recuerda que solo necesitas poner en marcha tus labios para hacer una visita corta a Extravertilandia.

Sal de casa y habla con algún extraño. Elige una persona de tu alrededor inmediato que parezca amistosa y di algo que se relacione con el sitio donde estáis: «¿Verdad que son magníficas esas hojas rojas del arce?», «El servicio es taaaaaan lento aquí» o «Me encanta el pan de trigo y miel de esta panadería». Habla un poco más alto y un poco más rápido de lo que lo haces normalmente. Emplea frases cortas; di solo una cosa. Luego sigue adelante con lo que estuvieses haciendo: comprar, estar sentado, esperar en la cola... Comprueba qué sucede. Date cuenta de si te sientes un poco agitado. La experiencia simple de hablar con un desconocido es altamente estimulante para muchos introvertidos. Recuérdate que puedes estar un tanto nervioso y aun así decir algo sencillo. Imagínate hablando sin esfuerzo alguno.

Fíjate si la gente a la que le has hablado entra fácilmente y te contesta algo. Si no dicen nada, imagínate sencillamente que podrían estar incómodos. No te lo tomes como algo personal. Si, por el contrario, te siguen el juego y empiezan a charlar, recuérdate que las pequeñas conversaciones, cortas y agradables, nos ayudan a sentirnos vinculados con los demás seres humanos. Esta experiencia puede proporcionarte el incentivo de gastar un poco de energía adicional cuando quieras entrar en contacto con los demás.

PONTE UNA CARA FELIZ

Sonreír levanta tu energía interior y eleva tu estado de ánimo. Mover los músculos faciales afecta a varios neurotransmisores y encauzan por dónde fluye la sangre al cerebro. Prueba este breve experimento. Primero, levanta las cejas y sonríe ampliamente enseñando los dientes; aguanta la postura durante treinta segundos. ¿Qué clase de pensamientos o sentimientos se te pasan por la mente? Ahora, junta las cejas y tensa la mandíbula. Aguanta treinta segundos en esa posición. ¿Qué pensamientos y sentimientos se te pasan por la mente ahora mismo? Si pareces estar más contento, podrías sentirte más contento; de manera que finge, si es que tienes que hacerlo, hasta que tus neurotransmisores empiecen a hacer efecto.

Cuando hayas ensayado lo de hablar con los extraños en pequeñas ráfagas, es hora de reunir toda tu potencia de fuego para una misión más larga, para algo que te parezca un poco más abrumador, como la temible devolución de mercancías (es frecuente que los introvertidos aborrezcan devolver una compra). Si devolver algún objeto en una tienda no te resulta tan terrible, prueba con algo diferente que lo sea, como arreglar una discrepancia de tu factura telefónica o pedir presupuestos para la limpieza de las alfombras. Elige una misión de ansiedad alta. Es frecuente que los introvertidos teman el ritmo rápido que se necesita para estas experiencias, que son impredecibles, que pueden requerir decisiones inmediatas y donde los conflictos acechan en cada recodo. Muchos introvertidos se sienten desconcertados y acaban por ponerse muy nerviosos; pero no dejes que ese miedo te amedrente.

Cuando estés preparado para enfrentarte a esta aventura, ensaya todo lo que quieras decir: algo del estilo «quiero devolver este jersey; desgraciadamente no le está bien a mi hija. Tenga el recibo». Después de haber ensayado unas cuantas veces, ya estarás listo.

Las investigaciones muestran que percibimos como inteligentes a las personas que hablan rápido, en voz muy alta, y que evitan palabras y frases coloquiales. Tanto si estás hablando con la profesora de tu hijo en su aula como en una reunión en la oficina con tus compañeros, o en casa en una reunión familiar, di frases cortas y decididas con voz clara, firme y fuerte y mantén contacto visual directo. Si estás en un grupo, haz siempre una declaración firme, corta y relacionada con el tema: «Me gustaría añadir que...» o «Como dijo Jim, yo creo que...». Obséquiate siempre con un pequeño capricho después de haber completado la misión.

Estrategia 2: calma rápida para tus enfados interiores

> La bancarrota me miró a los ojos,
> pero me mantuvo en calma un pensamiento:
> pronto seré demasiado pobre para necesitar alarmas antirrobo.
>
> GINA ROTHFELS

Todos los días nos ocurren cosas molestas. Te adelantan y se te cruzan delante cuando vas en tu automóvil, llegas tarde a un compromiso importante, el ordenador se cuelga, tu jefe te critica, no puedes recordar el nombre del cliente, te tiras algo encima de tu camisa preferida... La lista sigue y sigue.

Por lo general, las molestias de la vida alteran más a los introvertidos que a los extravertidos. Como los primeros están más alerta a su mundo interior, se dan cuenta antes y más intensamente de sus reacciones al estrés. Conforme va aumentando su molestia, se les hace más difícil tranquilizarse. (Como los extravertidos están menos concentrados en su mundo interior, a menudo las malas noticias les resbalan como el agua sobre las plumas de un pato).

La neurociencia nos dice que es mejor abordar las reacciones según vayan surgiendo en lugar de dejar que se amontonen. Y en su libro *High Energy Living* [Vivir con alta energía], el doctor Robert Cooper ofrece un método para aplacar cualquier situación. He adaptado este método en lo que llamo plan de calma rápida. A diferencia de muchas otras técnicas para manejar el estrés, esta solo requiere cinco minutos y no tiene nada más que cinco pasos, que puedes poner en práctica en cualquier sitio.

El plan de calma rápida
1. Sigue respirando.
2. Haz que tus ojos estén calmados y alerta.
3. Abandona tus tensiones.
4. Date cuenta de tu singularidad.
5. Recurre a tu sabio.

1. **Sigue respirando**: cuando notas tensión, a menudo aguantas la respiración. Si no interrumpes este proceso y empiezas a respirar normalmente, te verás impulsado hacia la ansiedad, la ira y la frustración. Respirar hace que aumente el flujo de sangre y de oxígeno a tu cerebro y a tus músculos, reduciendo así la tensión y aumentando tu sensación de bienestar.

2. **Haz que tus ojos estén calmados y alerta**: practica esto en casa, frente al espejo. Cambia tu expresión de manera que estés sonriendo con una mirada relajada, alerta y concentrada. Intenta igualar la expresión de alguien que está disfrutando con la música o mirando jugar a los niños. Dite: «Estoy alerta y mi cuerpo permanece en calma». Tu neuroquímica seguirá tus órdenes y cambiará para levantarte el ánimo.

3. **Abandona tus tensiones**: tenemos tendencia a tensarnos o a derrumbarnos bajo el estrés. Date cuenta de tu postura física y de dónde acumula tensión tu cuerpo. ¿Tienes tensos los hombros?, ¿te duele el estómago?, ¿tienes la mandíbula agarrotada? Reparte tu peso sobre los dos pies; salta ligeramente para comprobar que

lo has hecho. Ahora imagínate que alguien tira de ti suavemente desde lo más alto de tu cabeza. Crece unos centímetros. Abre el pecho y álzalo. Imagina que un relajante líquido esmeralda fluye por tus venas calentando y aliviando las tensiones.

4. **Date cuenta de tu singularidad:** cuando somos conscientes y estamos alerta, nos damos cuenta de que cada situación es diferente. Sin embargo, a los cerebros les gusta agrupar las experiencias y luego hacer juicios instantáneos vertiendo una solución prefabricada sobre el problema, con lo que intentan reducir nuestra ansiedad. De modo que en lugar de organizar inmediatamente una experiencia en una categoría conocida –por ejemplo: «¡Ay!, mi esposa me está criticando otra vez»–, tómate un momento para darte cuenta de que esa situación es única: «Mi esposa se preocupa por mí. Su tono de voz no suena a crítica; a lo mejor está intentando ayudarme con su comentario». Ahora puedes responder adecuadamente a la situación.

5. **Recurre a tu sabio:** apela a tu sabio interior, a la parte sabia que todos tenemos. Reconoce que estás enfrentado a un problema y deja que tu sabio te recuerde otro momento en el que manejaste con éxito una situación semejante. Recuerda cómo te sentiste y métete en ese sentimiento. Es como probarse un traje hecho a medida. Cuanto más dependas de tu sabio interior, tanto más podrás confiar en que estará allí cuando lo necesites. (Y recuerda que si ignoras un problema o niegas su existencia, este no desaparece y por lo general empeora).

Estrategia 3: sé amable y no rebobines

Los extravertidos no revisan todo lo que dicen. De hecho, muy frecuentemente no piensan otra vez en sus palabras. Y eso es parte del motivo por el que muchos de ellos tienen esa actitud tan despreocupada. En el extremo opuesto, los introvertidos evalúan constantemente lo que dicen o han dicho. Tienen una voz interna activa en el área de Broca de su cerebro, que controla el habla y la comprensión del lenguaje. Con otras áreas cerebrales, está en el sendero que evalúa las reacciones y compara el pasado, el presente y el futuro. A veces esa voz interna puede volverse muy crítica.

También los extravertidos pueden tener una voz interna crítica, pero está más enfocada en lo que hacen que en lo que dicen. Muy a menudo, la voz interna de los introvertidos se concentra más en lo que dicen, lo que puede tener el desafortunado efecto de que se expresen menos en voz alta. ¿Eres consciente de tu voz interna? ¿Es amiga o enemiga? ¿Te anima o te desanima? Con frecuencia, si los introvertidos se sienten mal después de haberse aventurado en el mundo extravertido, la fuente del problema es la voz de su cabeza, no algo que haya sucedido en realidad.

Mi paciente Barry me dio un ejemplo magnífico de cómo funciona esto. Me contó lo avergonzado y estúpido que se sintió después de hacer una presentación. Cuando le pregunté cómo reaccionó su público, reconoció que la gente disfrutó de la charla y que había recibido muchos cumplidos, pero que a pesar de eso se sentía fatal porque, cuando una mujer del público le preguntó el título de un libro que él había mencionado, el nombre se le fue totalmente de la cabeza. Conforme repasábamos la experiencia, se dio cuenta de que la vocecita interna se lo estaba haciendo pasar mal por olvidadizo. Tenía que decirle a esa voz crítica que se callara.

Piensa en las voces acusatorias de tu cabeza. ¿Qué dicen antes y después de que hayas salido al mundo? ¿A quién se parecen? Si el mensaje es «tendrías que ser diferente, tendrías que ser más extravertido», ¿quién crees que habla?, ¿tu madre, tu padre, tu hermana mayor, tu abuela, tu novia del instituto? Si la voz dice «esto no debería resultarte difícil», ¿quién es? Aunque las voces de tu cabeza puedan parecerse a ti, es más probable que hayan sido creadas por gente de tu pasado que quería que te comportases de determinada manera. ¿Sabes una cosa? Sus comentarios denigrantes venían de algo con lo que *ellos* estaban incómodos, no de quien *tú* eres.

Desgraciadamente, las voces de nuestras cabezas pueden afectar a nuestra capacidad de apañárnoslas en el desbordante, apresurado y charlatán mundo real. Como ya somos reacios a atrevernos a salir de nuestra área conocida y estamos quemando combustible cada segundo, las voces críticas nos agotan y nos desaniman aún más.

Para conseguir una nueva perspectiva sobre nuestras voces interiores, te sugiero que encuentres una fotografía de ti mismo de cuando eras un niño pequeño. Siéntate y mírala durante al menos cinco minutos. A menudo, el mundo parece un lugar grande y aterrador para los niños, sobre todo si son introvertidos. Escribe cinco cosas que ese niño pequeño necesitaba cuando se atrevía a salir a un mundo extravertido. Por ejemplo, mi lista contiene:

- Necesita una mano que agarrar.
- Necesita una voz amable y alentadora.
- Necesita que le recuerden que a veces se siente incómoda.
- Necesita conocer formas de calmarse.
- Necesita saber que las emociones siempre pasan.

Lo que no necesita son las críticas.

La próxima vez que tengas una experiencia embarazosa o incómoda, intenta no evaluar lo que hayas dicho. Simplemente, acalla tus voces críticas, deja claro que no vas a escuchar. Imagínate de niño y convéncete de que todo lo que has dicho está bien.

Estrategia 4: prepara tu equipo de supervivencia

Muchos introvertidos son más sensibles a su entorno y a todo lo que sea desagradable o incómodo que los extravertidos. Los entornos pueden ser especialmente difíciles, porque en ellos pueden sentirse desprotegidos y bombardeados por los estímulos sensoriales. Mezclan ese ataque sensorial con la energía que están gastando, que se les escurre de las manos como el agua de la bañera cuando se quita el tapón. Para rematarlo, se añade el hecho de que metabolizan los alimentos a una tasa más alta que los extravertidos, lo que significa que su azúcar en sangre puede desplomarse fácilmente. Estas condiciones hacen que para los introvertidos sea vital preparar algunas provisiones antes de salir a lo extravertido. Su capacidad de salir adelante aumentará si sus necesidades físicas están cubiertas. En el recuadro «Equipo de supervivencia del introvertido» se incluye una lista de los artículos que lo harán más fácil.

Haz que ir a lo extravertido sea tan placentero y cómodo como sea posible. Viste tejidos suaves y zapatos cómodos. Lleva la ropa en capas, de manera que puedas amoldarte a temperaturas cambiantes. Haz que cada salida sea una experiencia más positiva añadiéndole belleza y naturaleza. Pasea por un parque o date una vuelta por una galería de arte. (Cuando voy a mi institución, estaciono a una manzana de distancia y así puedo caminar al lado de casas pintorescas).

Apaga tu teléfono móvil o tu mensáfono, a menos que sea absolutamente imprescindible que estés disponible. Lleva en tu bolso o bolsa un librito de poemas, citas o refranes que te inspiren y lee varios de ellos mientras haces cola o tienes un descanso en el trabajo. Cuando te sea posible, ajusta la luz a tu gusto. En las multitudes, imagínate una burbuja o escudo a tu alrededor. Podrás actuar como extravertido más tiempo si te cuidas bien.

EQUIPO DE SUPERVIVENCIA DEL INTROVERTIDO

A veces, es posible que tener todo lo que necesitas para reducir el ataque del mundo pueda ser la gran diferencia entre estar bien y acabar rendido. Estos son algunos de los artículos que te vendría bien tener en tu bolsa, bolso, maletín o automóvil:

1. Tapones para los oídos, para bloquear los ruidos de la calle.
2. Tentempiés (frutos secos, barritas proteínicas o cualquier otro tentempié con proteínas). Elevarán tu azúcar en sangre cuando sientas que se viene abajo.
3. Agua embotellada. Recuerda que debes seguir bebiendo.
4. Un aparato de audio con música relajante.
5. Una tarjeta con una afirmación escrita que diga algo así: «Hoy voy a relajarme y a disfrutar con lo que pase».
6. Unas bolitas de algodón con perfume relajante. Olfatéalo si te molestan olores desagradables. (¡Es muy útil en agosto en las calles de Nueva York!).

Estrategia 5: rellena el depósito

Hacer de extravertido es una esponja de combustible. Los depósitos de los extravertidos se bombean con glucosa y adrenalina, así que con razón no quieren estar en casa mucho tiempo. Por su parte, la energía de los introvertidos puede caer fácilmente por debajo del nivel óptimo. En cuanto te des cuenta de esa caída, haz los ejercicios siguientes para aumentar el nivel de tu combustible.

Vas a crearte un lugar de escape muy imaginativo. Puedes entrar en él utilizando una palabra clave. Piensa en algo que asocies con un descanso relajante, por ejemplo: Hawái, un jardín, una playa, un lago, un bosque... Imagínate ese lugar en tu mente; luego añádele tus cinco sentidos. ¿Cómo se vería, cómo olería, cómo sonaría, qué sabor tendría, cómo se sentiría? Mi paciente Kelly utiliza la palabra *cañada*. Su pequeño claro tiene musgo, y hierba, y flores silvestres rodeadas de árboles de sombra. Los pájaros cantan, el aire es fresco y vigorizante. Se visualiza a sí misma hundiéndose en la hierba de la orilla de un riachuelo y metiendo los dedos de los pies en el agua helada. El sol le

7. Medicación para el mareo, que a veces puede ser causado por las películas o por los movimientos inesperados.

8. Si el sol te molesta, lleva un paraguas o una sombrilla. También pueden cerrarle la puerta a la sensación de agobio en las grandes multitudes. Los de los niños no son tan aparatosos. Muchísima gente comenta lo buena idea que es cuando me ve andando con mi sombrilla en un día soleado.

9. Protector solar, crema de manos y cacao para los labios. Muchos introvertidos tienen la piel muy sensible.

10. Un pequeño ventilador a pilas, una botellita atomizadora o, mejor aún, una mezcla de los dos. (Esto tiene el beneficio añadido de ser un iniciador de conversaciones. He conseguido muchísimos amigos mientras estaba de pie en largas colas en días de calor o sentada en un partido de béisbol compartiendo el agua de mi botella).

11. Sombreros de ala ancha y gafas de sol.

12. Un suéter o una manta.

13. Esos resbaladizos paquetitos de bolsillo que irradian calor.

14. Orejeras o una colorida cinta de esquí para la cabeza, si el viento te hace daño en las orejas.

calienta la espalda. Kelly siente que su cuerpo se relaja y que su energía revive.

Cierra los ojos y piensa en tu palabra clave varias veces al día. Imagínate que estás *allí*. Aplica tus sentidos a esa palabra. Ensaya esta técnica hasta que logres pensar en ese lugar y transportarte allí en un instante. Es una manera rápida y fácil de rellenar el depósito.

Aquí hay algunas otras maneras de proporcionarte un rellenado rápido:

- Échate agua fría en las muñecas o alterna entre fría y caliente diez segundos cada una.
- Llena de agua una botellita atomizadora y deja un hueco para una pizca de zumo de limón. Utilízala de vez en cuando para humedecerte la cara.
- Ponte de pie y dóblate por la cintura de manera que tus manos pendan cerca del suelo y estés mirándote las rodillas. Relájate y respira varios segundos. Luego, enderézate lentamente.
- Ponte de pie, levanta ligeramente la barbilla, mueve la cabeza hacia delante y cabecea ligeramente. Descansa en esa inclinación. Repítelo varias veces al día.
- Apaga las luces y siéntate unos minutos a oscuras.
- Mira por la ventana, observa a la gente y deja que tu mente divague.
- Siéntate, cierra los ojos, echa la cabeza para atrás y piensa en alguna experiencia divertida de tu pasado.
- Cómprate una compresa caliente (o fría) para el cuello, ponla en el microondas (o en el congelador) y aplícatela durante cinco minutos sobre el área de tu cuerpo donde sientas tensión.

Estrategia 6: quédate en el lado divertido de la vida

Reírse de uno mismo es gratis.

MARY WALDRIP

Cuando accedas al mundo extravertido, no salgas de casa sin llevar tu sentido del humor. El humor es la forma más rápida de mantener la perspectiva, de reducir el estrés, de fortalecer el cuerpo, de aumentar el disfrute en la vida diaria y de conectar con otras personas. Como los introvertidos se concentran hacia dentro, sobre su propia experiencia, a veces pueden perder de vista la imagen completa. En ocasiones creen que las cosas molestas solo les ocurren a ellos. Se imaginan que si se volvieran un poco extravertidos de la manera *correcta*, todo iría bien. El humor nos ayuda a salirnos de nosotros mismos y a ver nuestras vidas desde una perspectiva más amplia. Es como si, de repente, mirases tu vida desde la cima de una montaña; es fácil localizar los puntos de referencia decisivos.

> **RIGUROSAMENTE HABLANDO**
>
> Esto es lo que el diccionario dice de la risa: «Reflejo espasmódico rítmico con espiración por una glotis abierta y vibración de las cuerdas vocales, frecuentemente acompañado de mostrar los dientes y de gestos faciales». ¿Verdad que parece divertido?

El humor reduce la ansiedad, nos recuerda que eso también pasará y nos ayuda a arreglárnoslas con los fastidios menores de modo que podamos dejar lo de estar molestos para lo que realmente importa: las cosas importantes como la vida y la muerte. Recuerda que tu suministro de energía es limitado, así que no desperdicies ni una gota poniéndote malhumorado. Como dijo Arnold Glasow: «La risa es un tranquilizante que no tiene efectos secundarios». Mi paciente Alice me contó cómo le ayuda el sentido del humor.

—Cuando ocurre algo verdaderamente frustrante, como aterrizar en la nevada Chicago y que mi equipaje no lo haga, pienso: «¡Vaya!, ya verás cuando les cuente a mis amigos que he tenido que estar aquí a las dos de la mañana, en el helado aeropuerto O'Hare, sin equipaje y vestida con mis pantalones pirata de algodón».

Irónicamente, ocurren muchísimas experiencias maravillosas desde la exasperación. Alice continuó:

—En esa ocasión se presentó un tipo que dijo que estaba en Chicago para un congreso de helados y que su empresa iba a regalar chaquetas en su pabellón y que tenía de sobra. ¿Me gustaría una de ellas? Dije que claro que sí. Sacó una chaqueta enorme que tenía cabezas de vaca en blanco y negro que miraban con ojos sombríos. Casi se las podía oír mugir. En el autobús de enlace con el hotel, mi chaqueta de vacas les provocó la risa a muchos desconocidos. Es imposible estar de bajón y reír al mismo tiempo. Acabé por llevar puesta la chaqueta de las vacas todo el fin de semana porque hubo muchísimas personas que empezaron a charlar conmigo sobre ella.

Cuando los bebés tienen unas diez semanas de vida empiezan a reír, y otras seis semanas después sueltan risitas una vez por hora. Para cuando tienen cuatro años de edad, se ríen tontamente cada cuatro minutos; pero cuando llegan a adultos ocurre algo triste. Nosotros reímos, de promedio, solamente unas quince veces al día (para muchos adultos, incluso menos). Perdemos una parte importante de nuestro arsenal natural para aliviar el estrés.

¿Recuerdas esa euforia tan llena de sabor que se siente después de unas buenas risas? Una risa abundante proporciona un buen ejercicio a los músculos de tu cara y de tus hombros, a tu diafragma y a tu abdomen. Tu respiración se acelera y tu presión arterial y tu ritmo

LOS BENEFICIOS DE LA RISA

*La risa es la distancia
más corta entre dos personas.*

VICTOR BORGE

La risa, además de ser sencillamente divertida, hace que:

- Aumente la sensación de bienestar.
- Se incremente el disfrute en las interacciones sociales.
- Se eleven el oxígeno, las endorfinas, los anticuerpos y los umbrales de dolor.
- Baje el estrés.
- Se reduzcan la ansiedad, el agobio, la depresión, la frustración y la ira.

cardíaco se elevan temporalmente conforme el oxígeno corre por tu torrente sanguíneo. Los investigadores especulan con que la risa, igual que hacer *footing*, libere endorfinas. Estas producen un estado de alerta de alto nivel y estimulan el sistema inmunitario. En un estudio, a los participantes se les mostraron escenas divertidas y luego se les dieron problemas matemáticos para resolver que eran cada vez más difíciles. (Eso sin duda haría que mi respuesta al estrés llegase al máximo). Ver escenas divertidas redujo el estrés de los sujetos, pero —aquí llega lo interesante— *solo en aquellos que estaban acostumbrados a reírse mucho*. Parece que para disfrutar de los efectos benéficos de la risa es necesario mantener la vena humorística bien engrasada.

En otro estudio se averiguó que la gente que dijo que utilizaba regularmente el humor para superar el estrés tenía más alto el nivel básico de los anticuerpos que protegen contra la enfermedad. Y otro estudio más mostró que la respuesta inmunitaria de las personas que tenían sentido del humor no caía cuando estaban expuestas al estrés. Incluso aquellos que solo utilizan el humor muy de vez en cuando tienen niveles de anticuerpos más altos en la saliva después de ver un vídeo humorístico.

Mike, mi marido, tuvo varios trabajos que nos ofrecieron la oportunidad de viajar. Desgraciadamente, el talento que tenemos para los desastres en los viajes era como una bonificación añadida. Lo llamamos «la maldición de la nube negra». En una ocasión acabábamos justo de abrocharnos los cinturones de nuestros asientos de la compañía aérea, agradeciendo a nuestras estrellas de la suerte que no hubiera ocurrido nada malo. Todavía. En ese mismo momento, el piloto habló por los altavoces y dijo con una voz inexpresiva:

—Tenemos un retraso debido a un enjambre de abejas que se ha pegado en nuestra rueda trasera. Se ha llamado a un apicultor para que venga y atrape a la reina. Esperamos que el resto del enjambre se eche a volar cuando la saquemos. Les informaremos del progreso de las gestiones.

Miré a Mike con la mirada vacía.

—¿Crees que bromea? —le pregunté.

Mike me devolvió la misma mirada vacía; el capitán no estaba bromeando. Para nosotros había llegado el momento de cambiar al tono humorístico.

—Esto no se lo va a creer nadie, ni siquiera viniendo de nosotros —dijimos riendo.

Estas son unas cuantas ideas para aportar más risas a tu vida:

- En el próximo viaje en automóvil que hagas con la familia, escuchad un audio de un humorista.
- Recorta personajes de dibujos, chistes y otras cosas divertidas y colócalos por tu casa y tu oficina.
- Recuerda reírte con los chistes y las anécdotas divertidas de los demás.
- Haz un esfuerzo para darte cuenta de tus propias debilidades y ten comprensión con la condición humana.
- Exagera algo que ocurra. Cuando mis pacientes se quedan varados en la queja y la indefensión, yo exagero lo que dicen: «¡Ay, Dios mío!, eso es espantoso. ¿Y qué demonios vas a hacer?». No tengo el propósito de reírme de ellos, pero a veces ayuda poner la situación en perspectiva y reírnos los dos. Las soluciones aparecen más fácilmente después de soltar unas buenas risas.
- Utiliza el humor en una situación tensa, cuando sea apropiado. Existe un relato famoso que dice que cuando llevaron al hospital al presidente Reagan después de que le disparase un asesino en potencia, le dijo a su mujer, Nancy: «Querida, debería haber esquivado la bala».

Un pequeño aviso: no todo el humor es saludable. La burla, el sarcasmo, la ridiculización y el desprecio se originan desde el miedo, la ira o la envidia, y son dañinos. Si alguien te lanza un comentario adverso, no te rías; eso solo los anima todavía más. Es mejor decir algo del estilo de «¡hala!, vaya puntería. Espera un momento, deja que me saque la flecha del pecho». Luego sigue la conversación cambiando

REÍR EL ÚLTIMO

Se posa un pájaro sobre el caparazón de una tortuga que está llorando. El pájaro pregunta:
—¿Y qué te pasa ahora?
—Que soy una fracasada —responde la tortuga.
—¿Por qué?
—Porque soy lentísima —dice la tortuga.
—Es que tienes que ser lenta; tú eres una tortuga, y las tortugas son lentas.
—Desearía ser rápida.
—¿Por qué?
—Porque las liebres se ríen siempre de mí.
—¿Cuál es tu esperanza de vida?
—Ciento cincuenta años —dice la tortuga.
—¿Y la de la liebre?
—Cinco años —contesta la tortuga.
El pájaro se aleja andando del lomo de la tortuga, mientras le dice.
—Bueno, piénsalo un poco: tú tienes ciento cuarenta y cinco años para reírte la última.

de tema o haciéndole una pregunta a alguien. Si ves que te has puesto sarcástico, piensa por qué estás rabioso con la persona a la que le has lanzado el sarcasmo. No utilices el humor en situaciones en las que alguien esté gravemente deprimido o haya sufrido la pérdida de un ser querido. Aunque a veces se puede introducir el humor en ese tipo de situaciones, no siempre es fácil saber lo que puede ofender, incluso si se trata de amigos íntimos o de parientes.

Sin embargo, el humor puede ayudarnos a superar las situaciones trágicas. En un capítulo premiado de la serie de televisión *El show de Tyler Moore*, Mary asiste al funeral del Payaso Risitas, que fue pisoteado por un elefante cuando estaba disfrazado de cacahuete. Ese capítulo fue uno de los mejores ejemplos de humor negro que se hayan filmado jamás.

Estrategia 7: que brille tu luz en el mundo

Aunque los introvertidos pueden sentirse incómodos en los grupos, irónicamente también anhelan una sensación de comunidad. Ver las relaciones en términos de todo o nada puede estorbar a la hora de crear su propia comunidad. Es posible que lleguen a creer que la gente o bien está totalmente ocupada con compromisos sociales todo el rato o bien está completamente aislada. Pero no hay por qué ser una persona sociable para disfrutar de una sensación mayor de camaradería. Tanto si estás casado como soltero, o si estás criando una familia o a punto de la jubilación, es posible que desees más relaciones personales. Muchos de mis pacientes introvertidos que quieren conocer gente me hacen habitualmente el mismo comentario: «No tengo ni idea de cómo empezar».

Esta es una manera de hacerlo: en un papel en blanco, escribe tu nombre en el centro con un bolígrafo de colores y dibuja un círculo a su alrededor. Ahora escribe tu red social actual utilizando bolígrafos de colores para identificar a los grupos diferentes. El azul podría ser para tus mejores amigos, el rojo para tu familia, el naranja para tus relaciones laborales y el morado para otros grupos a los que pertenezcas. Piensa en las personas y los grupos con los que hayas interactuado a lo largo de tu vida. Presta atención a aquellos que te gustaron una vez, pero que ya no formen parte de tu vida. Vuelve a pensarlo. Si existe alguna actividad con la que disfrutaste y que te gustaría empezar de nuevo, como la fotografía, añádela a tu lista. El color verde sería una buena elección para los contactos nuevos, ya que simboliza el crecimiento.

Piensa en las siguientes afirmaciones y mira si pueden aplicársete a ti. Si lo hacen, empieza a pensar en cómo puedes incorporar a tu red de contactos las ideas que representan. Quizá ya haya gente en tu red que podría ayudar.

- Me gustaría tener más cantidad de buenos amigos con los que sentirme cómodo.
- Me gustaría unirme a un grupo, o empezarlo, con otras personas que tuvieran intereses, valores, experiencias personales, profesiones, *hobbies*, creencias espirituales o puntos de vista políticos parecidos.

- Me gustaría ensanchar mis experiencias vitales uniéndome a un grupo que tenga ideas, experiencias personales o intereses diferentes de los míos.
- Me gustaría estar implicado en un grupo que esté haciendo del mundo un lugar mejor.
- Me gustaría formar parte de un grupo que brinde apoyo y ayuda a sus miembros, como un grupo para personas recientemente jubiladas.
- Me gustaría ser activo en un grupo social como los Amigos de la Biblioteca, la Asociación de Padres de Alumnos, una organización de guía como Los Hermanos o Hermanas Mayores o el programa docente del museo de la zona.
- Me gustaría unirme a un grupo establecido.
- Yo no quiero unirme a ningún grupo. Simplemente aumentaría mi red de amigos.

Ahora viene la parte que puede ser complicada para los introvertidos: superar los miedos, ansiedades y resistencias: «Me voy a sentir incómodo y nervioso», «No tengo la energía suficiente», «Podrían dañarme o rechazarme», «Aborrezco la etapa en que la gente se da a conocer», «Acabo por tener toda la responsabilidad»... Estos son algunos de los miedos que suelen asaltar a los introvertidos.

Para apaciguarlos, intenta pensar bien qué temores están encubriendo. Por ejemplo, ¿tienes miedo de que te rechacen, te avergüencen o te hieran?, ¿o es solo el simple miedo a lo nuevo y desconocido? Recuérdate que los miedos no son reales, ni proféticos; son simplemente energía eléctrica a la que tú has asignado un significado concreto. La mayor parte de lo que nos preocupa no llega a suceder nunca. Por último, decídete a disfrutar pase lo que pase.

Aquí van varias estrategias que pueden serte útiles para atreverte a salir:

- Elige un contacto que quieras hacer o un grupo con el que quieras desarrollar más tu sentido de comunidad y da un paso hacia ello. Por ejemplo, ve a una reunión de solteros de la parroquia, asiste a clases de baile para aprender salsa, acude a una reunión de la comisión de arbolado local, pídele a un amigo que vaya contigo a un grupo de lectura u ofrécete de voluntario para la comisión de fiestas del colegio de tu hijo. Empieza en pequeño y felicítate por cualquier progreso que hagas.

- Ten una cita o una conversación telefónica con un amigo semanalmente de manera regular. Sería una buena idea formalizar esta relación pidiéndole a la otra persona que establezca un compromiso de tiempo de manera regular. Si ese amigo no quiere, pídeselo a otro.
- Invita a tu casa a dos amigos para un debate sobre un tema de interés mutuo.
- Recuerda que Roma no se construyó en un día, de modo que varias incursiones en lo extrovertido pueden quedarse en nada. Eso es de esperar. Si le has dado varias oportunidades a un nuevo grupo o persona y la cosa no parece funcionar, sigue adelante e intenta otra conexión. No hay nadie que encaje en todos los sitios. Al final, encontrarás gentes y organizaciones con las que disfrutes y te sientas incluido y estimulado.

Ten presente también que la comunidad de Internet puede ser un buen lugar para que los introvertidos estén en contacto con los amigos y la familia, así como para hacer nuevas «ciberrelaciones». Aunque ha habido muchos funestos vaticinios acerca de que los ordenadores provocan alienación, reducen la interacción personal y disminuyen la sensación de comunidad, parece que Internet aumente en realidad los contactos personales para los introvertidos. También permite que los individuos enfermos, aislados, que viven en la otra punta del mundo o que no pueden reunirse en persona se pongan en contacto entre sí de modo constante. Y cuando se envía un correo electrónico a alguien, uno puede darse todo el tiempo del mundo para pensar qué decir y revisar todo lo que se quiera antes de apretar el botón «enviar» o «responder».

Me sorprende constantemente que escritores e investigadores muy conocidos en los campos que yo investigo me manden correos electrónicos con información y que expresen su disposición a ayudar. Eso me hace sentir *menos* alienada, no más. Los desconocidos son más solícitos y receptivos de lo que me podría haber imaginado. Con frecuencia creo que son más amistosos de lo que serían en persona, porque así se sienten seguros y más al control.

Puedes utilizar Internet para unirte a foros con gente que tenga intereses parecidos o leer tablones de anuncios para encontrar información sobre diferentes organizaciones. Lo creas o no, varios de los psicoanalistas de mi instituto y algunos de mis pacientes han encontrado pareja en webs de citas (los que son gratis) de Internet.

Un aviso. En un estudio de la Sociedad Psicológica Británica de 1998 sobre la adicción a Internet, se averiguó que la mayoría de los que navegan más frecuentemente eran introvertidos de treinta y tantos años, hombres o mujeres, y que era muy probable que sufrieran de depresión. Así que si te pasas más tiempo en Internet que en cualquier otra parte, si tus amigos o tus parientes se quejan de que lo utilizas demasiado y te sientes deprimido, piensa en consultar a un médico para una evaluación. La depresión es una enfermedad que puede tratarse con psicoterapia y medicación.

LOS FAROS SEÑALAN EL CAMINO A CASA

> Y por sobre todo esto: ser honesto contigo mismo...
>
> WILLIAM SHAKESPEARE

Es más fácil pensar en hacer de extravertido en el apresurado mundo si sabes que cuentas con un suministro de estrategias a las que recurrir y si sabes que tu incursión lejos de tu base doméstica está limitada en el tiempo. De tus esfuerzos y del valor de practicar técnicas nuevas vendrán más amigos, más posibilidades profesionales, más aventuras sentimentales, más reconocimiento de los demás y —lo que es más importante de todo— un sentido sólido de tus propias ventajas y puntos fuertes. El mundo se beneficiará con tus aportaciones. El tiempo libre en casa te parecerá el doble de renovador porque no te sentirás tan aislado, y tampoco te sentirás culpable de estar eludiendo la vida. Un descanso bien ganado.

Puntos que considerar

- A veces tienes que poner en marcha tus músculos *outies*.
- No siempre estarás cómodo al ser extravertido.
- ¡Aprende qué te ayuda cuando eres extravertido y hazlo!
- Sé un introvertido con confianza.
- Cree que el mundo extravertido se beneficiará con tus aportaciones.

Despedida final

Espero que este libro te haya ayudado a comprender lo que significa ser introvertido en un mundo extravertido. Creo que, al aceptar tu temperamento introvertido, conseguirás sentirte mejor y disipar cualquier culpa o bochorno que puedas sentir por ello. Al mundo le va mejor cuando los introvertidos se sienten cómodos consigo mismos y siguen su propio camino. Compartir tus ventajas ilumina las vidas de todos aquellos con los que te encuentras. Difunde la noticia entre tus amigos, tus parientes y tus compañeros de trabajo de que los introvertidos son mucho más que aceptables.

Me gustaría recibir tus comentarios. Mi dirección es Marti Laney, P.O. Box 8993, Calabasas, California 91372 USA. Mi dirección de correo electrónico es martilaney@sbcglobal.net. Estás invitado a visitar mi página web www.theintrovertadvantage.com.

Palabras con las que vivir para los introvertidos

No te tomes tan en serio.

Tómate descansos.

Valora tu mundo interior.

Sé auténtico.

Disfruta de la curiosidad.

Permanece en armonía.

Goza de la soledad.

Sé agradecido.

Sé tú.

Recuerda dejar que brille tu luz.

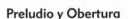

Bibliografía escogida y lecturas recomendadas

Preludio y Obertura

Aron, Elaine N. *The Highly Sensitive Person: How to Thrive When the World Overwhelms You.* Nueva York: Broadway Books, 1996.

Jung, Carl G. *Psychological Types.* Nueva York: Harcourt Brace & Company, 1923. Publicado en castellano por varias editoriales.

Kroeger, Otto y Janet M. Thuesen. *Type Talk: The 16 Personality Types That Determine How We Live, Love, and Work.* Nueva York: Delta, A Tilden Press Book, 1988.

———. *Type Talk at Work: How the 16 Personality Types Determine Your Success on the Job.* Nueva York: Delta, A Tilden Press Book, 1992.

Myers, David G. *The Pursuit of Happiness: Who Is Happy —and Why.* Nueva York: William Morrow and Company, 1992.

Myers, Isabel Briggs, con Peter B. Myers. *Gifts Differing.* Palo Alto, California: Consulting Psychologists Press, 1980.

Capítulo 1

Goleman, Daniel. *Emotional Intelligence: Why It Can Matter More Than IQ.* Nueva York: Bantam Books, 1997. *Inteligencia emocional.* Barcelona: Kairós, 2000.

Hirsh, Sandra y Jean Kummerow. *Life Types: Understand Yourself and Make the Most of Who You Are.* Nueva York: Warner Books, 1989. *Tipos de personalidad: Compréndete mejor y consigue dar lo mejor de ti mismo.* Barcelona: Paidós ibérica, 1998.

Segal, Nancy L. *Entwined Lives: Twins and What They Tell Us About Human Behavior.* Nueva York: Plume Books, 1999.

Capítulo 2

Brian, Denis. *Einstein: A Life*. Nueva York: John Wiley & Sons, 1996. *Einstein*. Madrid: Acento, 2004

Bruno, Frank J. *Conquer Shyness*. Nueva York: Macmillan Books, 1997.

Carducci, Bernardo J. *Shyness, a Bold New Approach*. Nueva York: HarperCollins Publishers, 2000.

_____. *Psychology of Personality: Viewpoints, Research, and Applications*. Pacific Grove: Brookes/Cole, 1998.

Zimbardo, Philip G. *Shyness, What It Is, What to Do About It*. Reading, Mass.: Perseus Publishing, 1989.

Capítulo 3

Acredolo, Linda y Susan Goodwyn. *Baby Signs: How to Talk with Your Baby Before Your Baby Can Talk*. Lincolnwood, Ill.: NTC/Contemporary Publishing Group, 1996. *Los gestos del bebé: Cómo hablar con tu hijo antes de que él sepa hablar*. Barcelona: Oniro, 2010.

Carter, Rita. *Mapping the Mind*. Berkeley: University of California Press, 1998. *El nuevo mapa del cerebro: Guía ilustrada de los descubrimientos más recientes para comprender el funcionamiento de la mente*. Barcelona: RBA LIBROS, 2001.

Conlan, Roberta, ed. *States of Mind: New Discoveries About How Our Brains Make Us Who We Are*. Nueva York: Dana Press, 1999. *Estados de ánimo*. Barcelona: Paidós, 2005.

Hammer, Dean y Peter Copland. *Living with Our Genes: The Groundbreaking Book About the Science of Personality, Behavior, and Genetic Destiny*. Nueva York: Anchor Books, 1999.

Hobson, J. Allan. *The Chemistry of Conscious States: How the Brain Changes Its Mind*. Nueva York: Little, Brown & Co., 1994. *La farmacia de los sueños: La alteración química de los estados de consciencia*. Barcelona: Ariel, 2003

Kosslyn, Stephen M. y Oliver Koenig. *Wet Mind: The New Cognitive Neuroscience*. Nueva York: Free Press, 1995.

Kotulak, Ronald. *Inside the Brain: Revolutionary Discoveries of How the Mind Works*. Kansas City, Mo.: Andrews and McMeel, 1996.

Pert, Candace B. *Molecules of Emotion: The Science Behind Mind-Body Medicine*. Nueva York: Touchstone, 1997.

Ridley, Matt. *Genome: The Autobiography of a Species in 23 Chapters*. Nueva York: HarperCollins Publishers, 1999. *Genoma - La autobiografía de una especie en 23 capítulos*. Barcelona: Taurus, 2002.

Schore, Allan N. *Affect Regulation and the Origin of the Self: The Neurobiology of Emotional Development*. Hillsdale, N. J.: Lawrence Erlbaum Associates, 1994.

Springer, Sally y Georg Deutsh. *Left Brain, Right Brain: Perspective from Cognitive Neuroscience*. Nueva York: W. H. Freeman & Company, 1997. *Cerebro izquierdo, cerebro derecho*. Barcelona: Gedisa, 2009

Capítulo 4

Avila, Alexander. *Love Types: Discover Your Romantic Style and Find Your Soul Mate.* Nueva York: Avon Books, 1999. *Los tipos de amor: Descubre tu estilo romántico y encuentra tu alma gemela.* Nueva York: Touchstone, 2002.

Emberley, Barbara. *Drummer Hoff.* Nueva York: Simon & Schuster, 1967.

Gottman, John M. y Nan Silver. *The Seven Principles of Making Marriage Work.* Nueva York: Three Rivers Press, 1999. *Siete reglas de oro para vivir en pareja: Un estudio exhaustivo sobre las relaciones y la convivencia.* Barcelona: DeBolsillo, 2010.

Hendricks, Harville. *Keeping the Love You Find.* Nueva York: Pocket Books, 1992.

Jones, Jane y Ruth Sherman. *Intimacy and Type: A Practical Guide for Improving Relationships.* Gainesville, Florida: Centro para la Aplicación de los Tipos Psicológicos, 1997.

Tieger, Paul D. y Barbara Barron-Tieger. *Just Your Type: Create the Relationship You've Always Wanted Using the Secrets of Personality Type.* Boston: Little, Brown & Co., 2000.

Capítulo 5

Bourgeois, Paulette. Serie *Franklin the Turtle series*, para niños de cuatro a ocho años; *Franklin's New Friend; Franklin's School Play; Hurry Up, Franklin; Franklin Forgets* y *Franklin in the Dark* son solamente unos pocos de los libros de esta encantadora serie que sería muy útil para los niños introvertidos. Están disponibles también en español (editoriales Bruño y Lectorum, entre otras). Nueva York: Scholastic Books.

Brazelton, T. Berry y Stanley I. Greenspan. *The Irreducible Needs of Children: What Every Child Must Have to Grow, Learn, and Flourish.* Reading, Mass.: Perseus Publishing, 2000. *Las necesidades básicas de la infancia.* Barcelona: Grao, 2005.

Galbraith, Judy y Pamala Espeland. *You Know When Your Child Is Gifted When... A Beginner's Guide to Life on the Bright Side.* Minneapolis: Free Spirit Publishing, 2000.

Greenspan, Stanley I., con Jacqueline Salmon. *The Challenging Child: Understanding, Raising, and Enjoying the Five «Difficult» Types of Children.* Reading, Mass.: Perseus Publishing, 1995.

Nolte, Dorothy Law y Rachel Harris. *Children Learn What They Live: Parenting to Inspire Values.* Nueva York: Workman Publishing, 1998.

Swallow, Ward. *The Shy Child: Helping Children Triumph Over Shyness.* Nueva York: Warner Books, 2000.

Tieger, Paul D. y Barbara Barron-Tieger. *Nurture by Nature: Understand Your Child's Personality Type —and Become a Better Parent.* Nueva York: Little, Brown & Co., 1997.

Capítulo 6

Branch, Susan. *Girlfriends Forever: From the Heart of the Home.* Nueva York: Little, Brown & Co., 2000.

Dimitrias, Jo-Ellen y Mark Mazzarella. *Put Your Best Foot Forward: Making a Great Impression by Taking Control of How Others See You.* Nueva York: Simon & Schuster, 2001.

Gabor, Don. *How to Start a Conversation and Make Friends.* Nueva York: Simon & Schuster, 2000. *Cómo iniciar una conversación y hacer amigos.* Barcelona: Amat editorial, 2002.

Garner, Alan. *Conversationally Speaking: Tested New Ways to Increase Your Personal and Social Effectiveness.* Licolnwood, Ill.: NTC/Contemporary Publishing Group, 1997. *Hable con soltura.* Barcelona: Random House Mondadori, 2002.

Horn, Sam. *Tongue Fu: Deflect, Disarm, and Diffuse Any Verbal Conflict.* Nueva York: St. Martin's Press, 1997.

Stoddard, Alexandra. *Daring to Be Yourself.* Nueva York: Avon Books, 1990. Stoddard ha escrito muchos libros maravillosos sobre los corazones introvertidos.

Capítulo 7

Balzamo, Frederica J.*Why Should Extroverts Make All the Money: Networking Made Easy for the Introvert.* Chicago: Contemporary Books, 1999.

Cooper, Robert K. *High Energy Living: Switch on the Sources to Increase Your Fat-Burning Power, Boost Your Immunity and Live Longer, Stimulate Your Memory and Creativity, Unleash Hidden Passions and Courage.* Emmaus, Pa.: Rodale Books, 2000.

Deep, Sam y Lyle Sussman. *Smart Moves for People in Charge: 130 Checklists to Help You Be a Better Leader.* Reading, Ill.: Addison-Wesley Publishing, 1995.

_____. *Smart Moves: 14 Steps to Keep Any Boss Happy, 8 Ways to Start Meetings on Time, and 1600 More Tips to Get the Best from Yourself and the People Around You.* Reading, Ill.: Addison-Wesley Publishing, 1990.

Gelb, Michael J. *Present Yourself! Transforming Fear, Knowing Your Audience, Setting the Stage, Making Them Remember.* Torrance, Calif.: Jalmer Press, 1988.

Kroeger, Otto y Janet M. Thuesen. *Type Talk at Work: How the 16 Personality Types Determine Your Success on the Job.* Nueva York: Delta, A Tilden Press Book, 1992.

Morley, Carol y Liz Wilde. *Destress: 100 Natural Mood Improvers.* Londres: MQ Publications, 2001. *Quiero desestresarme: 100 maneras naturales para mejorar.* Málaga: Pearson educación, 2002.

Murphy, Thomas M. *Successful Selling for Introverts: Achieving Sales Success Without a Traditional Sales Personality.* Portland, Oreg.: Sheba Press, 1999.

Nelson, Bob. *1001 Ways to Reward Employees.* Nueva York: Workman Publishing, 1994. *1001 formas de motivar.* Barcelona: Ediciones Gestión 2000, 2007.

Tieger, Paul D. y Barbara Barron-Tieger. *Do What You Are: Discover the Perfect Career for You Through the Secrets of Personality Type.* Nueva York: Little, Brown & Co., 2001.

Capítulo 8

Black, Jan y Greg Enns. *Better Boundaries: Owning and Treasuring Your Life*. Oakland: New Harbinger Publications, 1997.

Fadiman, James. *Unlimit Your Life: Setting and Getting Goals*. Berkeley: Celestial Arts, 1989. *Cómo suprimir las limitaciones*. Barcelona: Obelisco, 1997.

Lamott, Anne. *Bird by Bird: Some Instructions on Writing and Life*. Nueva York: Pantheon Books, 1994. *Pájaro a pájaro: algunas instrucciones para escribir y para la vida*. Ilustrae, 2009.

Levine, Stephen. *A Year to Live: How to Live This Year As If It Were Your Last*. Nueva York: Random House, 1998. *Un año de vida*. Madrid: Los libros del comienzo, 2001.

Patrone, Susan. *Maybe Yes, Maybe No, Maybe Maybe*. Nueva York: Orchard Books, 1993.

Sark. *A Creative Companion: How to Free Your Creative Spirit*. Berkeley: Celestial Arts, 1991. ¡Sus demás libros también son estupendos!

Wildsmith, Brian y Jean De La Fontaine. *The Hare and the Tortoise*. Londres: Oxford University Press, 2000.

Capítulo 9

Arnot, Robert. *The Biology of Success: Set Your Mental Thermostat to High with Dr. Bob Arnot's Prescription for Achieving Your Goals!* Boston: Little, Brown & Co., 2000. *La biología del éxito: Un programa personal para maximizar la energía mental y allanar el camino hacia el éxito*. Barcelona: Urano, 2001.

Carper, Jean. *Your Miracle Brain: Maximize Brain Power, Boost Your Memory, Lift Your Mood, Improve IQ and Creativity, Prevent and Reverse Mental Aging*. Nueva York: HarperCollins Publishers, 2000.

Carson, Richard. *Taming Your Gremlin: A Guide to Enjoying Yourself*. Nueva York: HarperPerennial, 1983.

Gardner, Kay. *Sounding the Inner Landscape: Music as Medicine*. Rockport, Mass.: Element Books, 1990.

Lee, Vinny. *Quiet Places: How to Create Peaceful Havens in Your Home, Garden, and Workplace*. Pleasantville, N.Y.: Reader's Digest Association, 1998.

Moore, Thomas. *Care of the Soul: How to Add Depth and Meaning to Your Everyday Life*. Nueva York: HarperCollins Publishers, 1998. *El cuidado del alma: Cultivar lo profundo y lo sagrado en la vida cotidiana*. Barcelona: Urano, 2009.

Pollan, Michael. *The Botany of Desire: A Plant's-Eye View of the World*. Nueva York: Random House, 2001. *La botánica del deseo*. San Sebastián: Grupo Ixo, 2011.

Seton, Susannah. *Simple Pleasures of the Home: Cozy Comforts and Old-Fashioned Crafts for Every Room in the House*. Berkeley: Conari Press, 1999. *Placeres sencillos para el hogar*. Barcelona: Oniro, 2000.

Sobel, David S. y Robert Ornstein. *The Healthy Mind Healthy Body Handbook*. Nueva York: Patient Education Media, Inc., 1996. *Manual de la salud del cuerpo y de la mente*. Barcelona: Kairós, 2005

Storr, Anthony. *Solitude: A Return to the Self.* Nueva York: Ballantine Books, 1988.

Capítulo 10

Axelrod, Alan y Jim Holtje. *201 Ways to Deal with Difficult People: A Quick Tip Survival Guide.* Nueva York: McGraw Hill, 1997. La editorial publicó una versión en castellano en el 2001.

Cooper, Robert K. *High Energy Living: Switch on the Sources to Increase Your Fat-Burning Power, Boost Your Immunity and Live Longer, Stimulate Your Memory and Creativity, Unleash Hidden Passions and Courage.* Emmaus, Pa.: Rodale Books, 2000.

DeAngelis, Barbara. *Confidence: Finding It and Living It.* Carlsbad, Calif.: Hay House, 1995. *Confianza y seguridad en uno mismo.* Barcelona: Urano, 1997.

Freeman, Criswell. *When Life Throws You a Curveball... Hit It! Simple Wisdom for Life's Ups and Downs.* Nashville: Walnut Grove Press, 1999.

Shaffer, Carolyn R. y Kristin Anundsen. *Creating Community Anywhere: Finding Support and Connection in a Fragmented World.* Nueva York: Tarcher/Putnam, 1993.

Tieger, Paul y Barbara Barron-Tieger. *The Art of Speed Reading People.* Nueva York: Little, Brown & Co., 1998.

Tourels, Stephanie. *365 Ways to Energize Body, Mind and Soul.* Pownal, Vt.: Storey Publishing, 2000. *365 formas de relajar tu mente, cuerpo y espíritu.* Barbara L. Heller, 2005.

Warner, Mark. *The Complete Idiot's Guide to Enhancing Self-Esteem.* Nueva York: Alpha Books, 1999.

Índice temático

Agradecimientos

Quiero dar las gracias a todo el mundo
que he conocido en mi vida

MAUREEN STAPLETON

Se necesitan muchas comadronas para dar a luz a un libro. Quiero agradecer a mi querida amiga Valerie Hunter por saber que podía escribir antes de saberlo yo misma. A Sylvia Cary, por confirmarme que estaba embarazada de la idea de un libro y ofrecerme comentarios sobre el neonato. A mi agente, Andrea Pedolsky, por haber reconocido las posibilidades que tenía la propuesta del libro y por su apoyo constante durante el gigantesco trabajo que supuso. A Peter Workman y a Sally Kovalchick, que eran conscientes de que los introvertidos necesitaban que naciera un libro sobre ellos. A mis editoras, Margot Herrera y Kitty Ross, por haber repasado todo mi manuscrito, redactado con el lado derecho del cerebro, y desenmarañar los atolladeros con sus mentes, del lado izquierdo. A Tia Magini, que debe de tener percepción extrasensorial para haber sido capaz de desentrañar las flechas, las tachaduras y los borrones de tinta del manuscrito. Gracias a todos los de Workman Publishing por haber trabajado hasta que nació el libro.

Un agradecimiento especial a todos los introvertidos a los que he entrevistado para esta obra. Quiero agradecer también por su entrega a todos los científicos y a los investigadores de muchos campos diferentes que se esfuerzan en ayudarnos a todos nosotros a comprender lo «sencillamente complejos» que somos los seres humanos.